사랑으로 성공하는 보험컨설팅

KI신서 770

사랑으로 성공하는 보험컨설팅

1판 1쇄 발행 2006년 3월 25일
1판 15쇄 발행 2017년 11월 30일

지은이 김승억 **펴낸이** 김영곤 **펴낸곳** (주)북이십일 21세기북스
편집 유소영
정보개발본부장 정지은
출판영업팀 김경희 이은혜 권오권
출판마케팅팀 김홍선 최성환 배상현 신혜진 김선영 나은경
홍보기획팀 이혜연 최수아 김미임 박혜림 문소라 전효은 백세희 염진아
제작팀 이영민 **제휴팀** 류승은

출판등록 2000년 5월 6일 제406-2003-061호
주소 (우10881) 경기도 파주시 회동길 201(문발동)
대표전화 031-955-2100 **팩스** 031-955-2151 **이메일** book21@book21.co.kr

(주)북이십일 경계를 허무는 콘텐츠 리더
21세기북스 채널에서 도서 정보와 다양한 영상자료, 이벤트를 만나세요!
장강명, 요조와 함께하는 팟캐스트 말랑한 책수다 '책, 이게 뭐라고'
페이스북 facebook.com/21cbooks 블로그 b.book21.com
인스타그램 instagram.com/21cbooks 홈페이지 www.book21.com

값 12,000원
ISBN 978-89-509-0838-6 13320

사랑으로 성공하는
보험컨설팅

김승억 지음

www.book21.com

"청함을 받은 자는 많되 택함을 받은 자는 적다!"

많은 젊은이들이 고액 연봉을 받을 수 있다는 부푼 꿈을 안고 보험업계에 뛰어듭니다. 보험에 대한 일반의 인식이 아직은 충분히 성숙되어 있지 않고, 보험인에 대한 주위의 시선도 그다지 곱지 않은 현실에서 이 업계에 뛰어든 사람이라면 어차피 프로의 세계이니 그 정도 어려움은 감수하겠다는 굳은 의지를 다졌겠지요.

실제로 보험회사들이 "당신을 억대 연봉자로 만들어 주겠다."고 유혹하기도 하고, "열심히 참고 훈련을 받으면 누구나 성공할 수 있다."고 부추기는 것 또한 사실입니다. 그러나 얼굴에 철판을 깔고 발이 부르트도록 다니겠다는 비장한 각오로 임한다고 해도 현실의 벽이 그리 호락호락하지만은 않을 것입니다.

아무리 열심히 노력해도 처음에 생각했던 것만큼 쉽게 소득도 오르지 않고, 만나는 사람들마다 냉담한 눈초리만 느껴지고, 더욱이 회사나 상사가 더 높은 실적을 다그치는 어려운 상황에 처해 있다면… 어쩌면 당신은 이미 보험업계에 발을 잘못 들여놓았다고 후회하고 있을지도 모르겠습니다. 남보다 쉽게 높은 실적을 올리고, 고액 연봉을 받으며, 자신감에 넘쳐 생활하는 사람들을 보면, 그들은 당신과 다른 특별한 사람일 거라고 스스로 안위하고 있지는 않습니까?

그렇다면 한 번쯤 시각을 바꿔 당신의 현재 위치를 다른 각도에서 바라보십시오. 어쩌면 당신은 자신이 AM 방송을 틀어 놓은 줄도 모르고 '왜 FM 방송이 안 나오지?' 하고 생각하고 있거나, 밖으로 밀어야만 열리는 문을 힘껏 안쪽으로 잡아당기면서 문이 왜 안 열리느냐고 불평하고 있는 건지도 모릅니다.

당신이 혹 이제 막 보험영업을 시작했거나 보험영업에 관심을 갖고 있는 후보자라면 당신은 행운아입니다. 남들이 겪은 시행착오를 최소한으로 줄일 수 있는 지혜를 얻게 될지도 모르기 때문입니다. 선입관이 없다는 것이 오히려 더 큰 깨달음의 효과를 얻을 좋은 조건일 수도 있습니다. 올바른 방법에 따라 차근차근 문제를 풀어 가다 보면 의외로 해답은 간단히 얻게 될 것입니다.

그동안 생명보험이 일반으로부터 서자 취급을 받아 온 이유를 알기 위해서는 생명보험이 본래의 사명을 다해 왔는가부터 생각해 봐야 할 것입니다. 생명보험을 필요로 하는 사람들의 진실은 언제 닥쳐올지 모르는 미래의 불행에 대비함으로써 오늘 사랑하는 사람들과의 삶을 안정되고 평화로운 마음으로 누리고 싶어하는 것입니다. 그 숭고한 '사랑'을 든든하게 지켜 주는 것이 생명보험사업의 사명이지요. 당신이 이 업계에 발을 들여놓은 순간 이 예사롭지 않은 사명은 이미 당신의 몫입니다. 그리고 여기가 당신의 출발 지점입니다.

자, 이제부터는 부디 고정관념을 버리고 마음을 열고 읽어 주시길…. 이 책에서는 다른 나라의 경험이나 보험학자들의 학문적 이론을 다루지 않습니다. 어쭙잖은 무용담이나 마법의 테크닉을 들려주려는 것도 아닙니다. 다만 필자는 실제 우리나라 보험업계에서 일어나고 있는 변화의 물결에 동참해 온 한 사람으로서 관찰한 바를 소개하고자 합니다. 이 책을 읽고 난 후 당신도 보험업계 변화의 대열에 함께 참여하게 되시길 바랍니다.

당신이 바라는 성공이 어떤 형태의 것이든 반드시 성취하십시오. 그리고 보험인으로서 진정한 기쁨과 보람을 얻게 되시길 기원합니다. 그리고 항상 기억하십시오. "청함을 받은 자는 많되 택함을 받은 자는 적다!"는 성서의 말씀을.

김승억

책머리에 | "청함을 받은 자는 많되 택함을 받은 자는 적다!"

제 1 장

마음의 평화를 나누는 사람들

제2장
새로운 전문직종, 보험컨설턴트

9

제**3**장
성공으로 가는 보험컨설턴트의 길

제4장

세일즈 프로세스

제1장

마음의
평화를
나누는
사람들

생명보험의 가치와
고객의 진실

1985년 8월 18일 오후 6시 15분. 일본항공 소속 보잉 747기 123번 여객기가 도쿄 나리타 공항을 이륙해 오사카로 향하고 있었다. 비행기는 524명의 승무원과 탑승객, 그리고 그 가족의 미래를 싣고 하늘을 날고 있었다.

45분 후, 이 여객기는 군마 현의 산기슭에 추락했다. 생존자는 4명뿐, 나머지 520명은 사망했다. 이 참사는 사람들에게 커다란 충격을 안겨 준 사건이었다. 왜냐하면 여객기가 폭발한 후 5분간을 공중에서 선회하다 추락했기 때문이다.

누구나 당시 여객기 내부의 혼란한 상황을 상상할 수 있을 것이다. 500명이 넘는 사람들이 화염과 살기에 휩싸인 마지막 5분 동안 자신의 안전과 생사의 갈림길 이외에 또 무엇을 생각할 수 있었을까?

도모코 여사는 비행기로 출장길에 오르는 남편을 배웅한 지 불과 한 시간도 안 되어 정말 믿을 수 없는 비보를 듣고 말았다.

가슴을 에는 심정으로 비행기 참사 현장으로 달려간 도모코 여사는 피범벅이 된 종잇조각을 하나 발견했다.

죽음을 앞둔 공포와 두려움에 울며 비명을 지르는 아비규환의 여객기 안에서 아버지이자 남편인 다니구치 씨가 자신의 아내에게 마지막 말을 남긴 것이다.

"도모코, 아이들을 당신에게 부탁하니 책임지고 키워 주시오!"

미처 준비도 없이 떠나는 생의 마지막 순간, 자신의 생사보다 아내와 아이들의 모습을 더 절박하게 떠올렸을 그가 남긴 애틋한 사랑의 흔적이었다.

오늘 자신이 그토록 아끼고 사랑하는 사람들을 남겨 놓고 영영 돌아오지 못할 길을 떠나게 된다면…, 특히 가장들에게 걱정스러운 것은 자신의 부재로 인해 현실에 남은 사람들이 감당해야 할 정신적·경제적 충격일 것이다.

언제 닥칠지 모르는 미래의 불안으로부터 가족을 안전하게 지키려는 가족 사랑의 마음, 한치 앞도 내다볼 수 없는 인생의 미로를 걸으면서 사랑하는 사람들과 두려움 없이 안심하며 오늘을 살아가기 위해 준비하는 것, 그것이 생명보험에 가입하는 고객의 진실이며, 그것을 보장해 주는 것이 생명보험이 지닌 고유한 가치다.

이항복의 소년 시절, 그는 매일 대장간에 와서 대장장이가 구워 놓은 말발굽 징들 위에 앉아서 놀다 가곤 했는데 돌아갈 때는 꼭 품안에다 징을 하나씩 넣어서 가져갔다. 대장장이는 처음에 그저 장난이려니 생각하고 모르는 척 지켜보기만 했는데, 하루도 거르지 않고 그 일이 계속되자 점점 괘씸한 생각이 들었다. 양반댁 도령이니 야단을 칠 수도 없고….

그러던 어느 날 대장장이는 이항복을 혼내 주려고 마음먹고, 불에 달군 징을 이항복이 즐겨 앉아 노는 곳에다 놓아 두었다. 여느 날처럼 대장간에 들른 이항복은 그런 줄은 꿈에도 모르고 매일 앉던 그 자리에 털썩 주저앉았다. 대장장이가 시치미를 뚝 떼고 지켜보았더니, 당연히 펄쩍 뛰며 소리를 지를 줄 알았는데 그는 잠시 어쩔 줄 모르는 표정만 지을 뿐 슬며시 자리를 옮겨 평상시처럼 놀다가 징을 또 한 개 품에 넣고서 가 버리는 것이었다. 대장장이는 별수 없다 생각하고 더 이상 신경을 쓰지 않았다.

그러다 하루는 대장장이의 부인이 외간 남자와 눈이 맞아 재산을 다 빼돌려 도망가는 사건이 일어났다. 모든 재산을 잃고 대장장이가 실의에 빠져 있을 때 이항복이 커다란 항아리를 하나 들고 찾아왔다. 안에는 그동안 날마다 한 개씩 주워 갔던 말발굽 징이 고스란히 들어 있었다. 그는 대장장이에게 새출발하는 밑천으로 쓰라며 그것을 건네주었다.

대장장이는 이항복의 깊은 뜻을 그제서야 알게 되었다. 대장장이 부인의 행실을 일찍부터 눈치챈 이항복은 대장장이를 위해 향후 언제 발생할지 모르는 위험한 상황에 대비해 왔던 것이다.

모든 재산을 다 잃어 버린 줄로만 알았던 대장장이는 '역시 큰 인물이 될 사람은 다르구나!' 하고 생각하며 고마워했고, 그동안 모아 놓은 징을 팔아 고비를 넘기고 새출발을 할 수 있었다.

순수하게 남을 위하고 미래의 곤경에 대비해 주려 한 소년 이항복의 마음과 지혜는 생명보험이 지닌 가치와도 일맥으로 닿는다.

가족 사랑을 전하는
사랑의 전도사
보험컨설턴트

"밤새 곡하고 나서 누가 죽었느냐고 묻는다."는 말이 있다.

사람들이 평소에 열심히 일하다가 문득 "내가 왜 이렇게 열심히 일을 하지? 무엇 때문에 일하는지 모르겠다."고 말하는 경우가 거기에 해당된다. 자기 일을 통해 생활의 보람과 의미를 찾기 어려운 요즘 사회에서 단지 하루하루가 무의미한 시간의 반복일 뿐이라는 회의를 품어 보지 않은 사람이 오히려 드물 것이다.

더욱이 "분명 이렇게 하면 다른 사람들에게 피해가 갈 텐데…"라고 생각하면서도 단지 상사의 지시에 못 이겨서, 혹은 자신의 업무 실적을 올려야 한다는 이유 때문에 스스로 께름칙한 일도 마지못해 해야 하는 불행한 직장인들도 적지 않을 것이다.

사회생활을 시작하는 많은 젊은이들이 처음엔 청운의 꿈을 안고 직업전선에 뛰어들지만, 얼마 지나지 않아 대부분 자신의 인생관과 직업적 가치관 사이에서 혼란스러워하다가 대충 적당주의로 흐르고 "뭐 인생이 다 그런 거지…." 하며 씁쓸한 기분으로 자신의 꿈을 포기한 채 살아가는 모습을 보게 된다.

그러나 만약 당신이 기왕이면 뭔가 의미 있고 남에게 도움이 되는 일을 열심히 해 보고 싶다는 생각을 가진 사람이라면, 보험컨설턴트 일이야말로 당신이 원하는 보람을 얻기엔 적격이다.

아무리 마음이 너그러운 사람이라도 남편을 잃고 슬퍼하는 미망인이나 부모를 잃고 절망에 빠져 있는 자녀들에게 수천만 원대의 격려금을 선뜻 내놓을 수 있을까? 아주 가까운 친구가 세상을 떠났다 해도 그 가족에게 용기를 잃지 말라는 위로의 말과 약간의 부조금을 전하는 것 외엔 현실적으로 큰 도움을 줄 수 없어 안타까워했던 경험을 해본 사람들도 있을 것이다. 그런데 만약 당신이 그 사람들을 위해 억대의 격려금을 전해 줄 수 있다면…?

그것도 단순히 돈만 전하는 것이 아니라 "이 돈은 남편께서 가족을 사랑하는 마음으로 어려운 중에도 마련하신 것입니다. 힘을 내십시오." 또는 "이 돈은 너희가 꿈을 잃지 않고 훌륭한 사람으로 자라 주길 바라는 아빠의 마지막 사랑의 선물이란다. 부디 아빠의 뜻에 따라 열심히 살아야 한다."라는 말과 함께.

그것이 바로 보험컨설턴트가 하는 일이다. 그것도 1년에 한두 건이 아니라 평생 동안 수십 또는 수백 건의 격려금을 전달한다.

진정한 보험컨설턴트는 단순히 보험 계약에 따르는 자신의 수입을 위해 일하지 않는다. 자신의 성공을 위해 일하는 것이 아니라 다른 가정의 행복을 위해 일한다. 불행을 당한 가정에 보험금을 전달하는 것이 가장 큰 목적이므로 건강할 때 만약의 경우를 대비하도록 많은 가장들에게 보험의 가치와 역할에 대해 진지하게 설명해 줄 뿐이다.

보험에 가입을 하든 안 하든 그 사람이 보험의 의미를 제대로 이해한다면 보험컨설턴트가 정성껏 제시하는 적절한 보장계획에 대해 감사할 것이며, 혹 제대로 이해하지 못해서 거절한다 해도 그 사람이 가족의 미래에 대해 생각할 기회를 가져 보게 한 것만으로도 큰 의미가 있다.

보험컨설턴트 일을 하면서 보람과 감동을 가장 크게 느끼는 때는 실제로 보험금을 지급할 때다.

한번은 보험금 지급 후 보험컨설턴트에게 아주 값비싼 양복을 선물한 미망인이 있어서 그 이유를 물어보았더니 이렇게 대답했다.

"처음에 보험컨설턴트가 저희 집을 찾아왔을 때는 귀찮은 보험 아저씨가 왔다는 생각에 쌀쌀맞게 차 한잔도 대접하지 않았습니다. 그런데도 그분은 노여워하지 않고 끝까지 보험에 대한 설명을 해 주셨고, 덕분에 저희 남편이 보험에 가입을 하게 되었지요. 얼마 전에 사업하던 남편이 사고를 당했는데, 남편의 보험금 3억 원으로 부도도 막고 집도 지킬 수 있었습니다. 만약 제가 거절했을 때 그분이 그냥 가 버렸다면 우리 가족은 어떻게 되었을까요? 생각만 해도 끔찍합니다. 그분이야말로 저희 가족에게 은인입니다. 제가 그분께 양복을 사 드린 이유는 그 옷을 입고 일하시다가 다른 누군가로부터 거절을 당할 때 부디 그때마다 저를 기억하고 참아 주시길 바란다는 뜻입니다."

비록 지금은 남들이 알아주지 않더라도 소중한 '가족 사랑, 인간 사랑'의 정신을 실천하기 위해 열심히 일하는 보험컨설턴트들을 혹자는 '사랑의 전도사'라고 부르기도 한다. 어떤 사람이 감히 건강하게 생활하고 있는 가장에게 "당신이 오늘 당장 죽을 수도 있으니 준비해야 한다."고 이야기할 수 있겠는가? 진정한 충정과 사랑, 용기를 지닌 사람이 아니면 불가능할 것이다.

부부가 살다가 어떤 이유에서건 헤어지게 되면 사랑했던 부인에게 위자료를 지급하고 싶은 것이 인지상정일 것이다. 하물며 사랑하는 부인에게 가족의 미래를 맡기고 먼저 가족을 등져야 한다면 될 수 있는 한 많은 금액의 사망위자료를 주고 싶은 것이 당연하지 않은가? 그러나 사망위자료라는 개념조차 없는 가장들에게 "사랑하는 아내를 위해 사망위자료를 준비하라."고 엄숙하게 권유하는 직업이 바로 보험컨설턴트다. 누군가의 오해처럼 생명보험은 죽음을 불러오는 것이 아니라 죽음에 대비하는 것이다. 그 평범한 진리를 전파하는 것이 보험컨설턴트의 사명이다.

같은 금융업이라도 은행이나 증권회사에서 영업을 한다고 할 때보다
보험영업을 한다고 할 때에 흔히 가족의 반대에 부딪히는 경우가 많
다. 또 젊고 유망한 사람에게 보험영업을 권유하면 정색을 하며 화를
내는 일도 있다.

지금은 크게 성공한 한 보험컨설턴트의 이야긴데, 그는 처음에 보
험컨설턴트를 해 보라는 제안을 군대 후배에게서 받았다고 한다. 당시
에는 얼굴이 달아오르고 너무 화가 나서 세 시간이나 후배에게 호통을
치며 기합을 주었다고 한다. 물론 나중에는 공식적인 자리에서 그 후
배에게 자신의 인생을 바꾸어 준 은인이라며 치하하고 용서를 빌었다
지만 말이다. 왜 그런 선입관을 갖고 있었을까?

그것은 우리나라에 보험산업이 도입될 때부터 잘못 소개되었기 때문일 것이다. 드라마 〈허준〉에서 허준이 아무리 우수한 재능이 있었다 해도 출생 시기나 부모의 신분, 성장 환경 때문에 큰 어려움을 겪은 것처럼 말이다. 만약 허준이 반상의 구분이 없는 현대에 태어났더라면, 그는 재능을 널리 인정받아 유명한 의사의 길을 걸으며 보다 쉽게 부와 명예를 얻었을 것이다.

그동안 우리나라에서 보험영업이 일반에게 서자 취급을 받아 온 이유는 다음과 같이 생각해 볼 수 있다.

보험산업의 도입 시기가 너무 일렀다

어느 나라를 살펴보더라도 금융업의 발전단계는 다음과 같은 일정한 패턴을 보이고 있다.

이 같은 현상은 국민의 경제상태와도 밀접한 연관이 있다. 상식적으로 생각해도 의식주 해결이 어려운 시절에 금융업이 발전하기는 어렵다. 일반적으로 사람들은 의식주 문제가 어느 정도 해결되고 난 다음이라야 저축을 생각하기 시작하므로 당연히 그 정도 경제 수준에 도달한 이후에 은행업도 발전한다. 우리나라는 6·25의 상처에서 벗어나기 시작한 1960년대부터 은행업이 발전하기 시작했다고 해도 크게 틀린 말이 아니다.

경제가 발전하면 위험 부담이 있더라도 사람들이 좀더 큰 수익을 올릴 수 있는 방법을 찾게 되고 그때부터는 증권업이 호황을 맞는다. 우리나라에서 증권회사는 1980년대 들어 활황을 이루었지만, 그보다 불과 몇 년 전만 해도 누군가 증권업에 종사한다고 하면 "거 참, 안됐다."는 시선으로 쳐다보던 시절이 있었다.

필자는 어릴 적에 이상한 가방을 옆구리에 낀 사람이 골목길을 돌며 "채권 삽니다. 머리카락 삽니다. 구멍 난 냄비 삽니다."라고 외치고 다니던 기억이 난다. 그때 필자는 '도대체 채권이 무엇일까?' 궁금했다.

일반적으로 보험산업은 사람들이 자신의 사망이나 질병, 노후 등에 대해 걱정할 정도로 여유가 생기고 경제가 안정되었을 때 비로소 발전할 조건이 마련된다. 우리나라에서 보험산업이 언제부터 발전했는가에 대해서는 견해가 다양하지만 최소한 일반인이 "보험이 필요하다."고 말하게 된 것은 그리 오래된 일이 아니다.

우리나라에 처음 보험회사가 설립된 시기는 1950~1960년대 무렵이었다. 필자가 대학을 졸업할 때만 해도 국내 대그룹에 입사하여 그룹 계열사 중 보험회사로 발령이 났다는 이유로 그 직장을 포기하는 사람들도 있었다. 1950~1960년대 보험회사의 여건을 보면 보험에 대한 필요성을 느끼기엔 대다수 국민의 경제적 수준이 낮았기 때문에 원천적으로 무리가 따랐다.

비전문적인 영업조직의 대량 도입 및 대량 탈락이 지속되었다

보험시장의 여건이 열악하고 보험에 대한 일반의 인식도 부정적이었던 탓에 보험회사들은 우수한 영업조직을 확보하기 어려웠고, 불가피하게 채용이 좀더 용이한 비전문가들을 파트타임 형식으로 고용하게 되었다. 직업의식이나 보험지식이 부족한 상태에서 영업조직의 대량 도입, 대량 탈락의 악순환이 계속됨에 따라 국민에게 보험영업은 정규 직장에 속하지 못한 사람이 누구나 하는 것이라는 왜곡된 인상을 심어 주게 되었다. 그 결과, 현재 유능한 인력으로 선발된 전문 보험설계사들도 이전에 쌓여 온 이미지 때문에 아직도 제대로 평가를 받지 못하고 있다.

연고나 인정에 의한 의리판매가 성행한 탓이다

보험에 대한 편견이 만연했던 시기에 비전문적인 영업조직이 보험을 판매할 수 있는 유일한 방법은 연고나 의리에 의존하는 것이었다. 보험설계사들은 단지 자신의 성공을 위해 주변의 아는 사람들에게 무조건 보험 가입을 강요했고, 보험의 필요성도 느끼지 못한 채 보험에 가입한 사람들은 자연히 보험을 귀찮은 것으로 생각하게 되었다. 점차 사람들은 보험설계사를 만나는 것조차 꺼리게 되었고, 결국 보험업이 구걸산업이라는 혹평까지 얻었다.

안면 때문에 하는 수 없이 보험을 들어 주는 사람들도 자신의 손해를 최소화하기 위해 원금이 보장되는 단기 상품을 선호하여, 보험회사들은 생존을 위해서라도 보장 기능보다 저축 기능이 강한 상품 개발에 주력하게 되었다.

저축성 위주의 유행상품을 주력으로 개발·판매했다

보험회사의 저축성 상품은 비전문적인 영업조직을 통해 연고판매를 하기에 적합한 상품으로서 한국 보험업계 성장에 큰 일조를 했음에는 틀림없으나 보험영업에 대한 신뢰를 떨어뜨린 부정적 측면도 함께 지니고 있다.

저축성 보험은 보험의 본래 기능인 '보장' 기능에 주력하기보다 일반인의 저축 니즈에 호소하여 원금보장 또는 고수익성을 강조하는 상품이다. 그러나 상품 구조상 납입금액 전액을 부리하는 은행권과 달리 계약자의 납입금액에서 사업비 부분을 제외하고 부리해야 하는 한계 때문에 수익률 경쟁에서 열세에 놓일 수밖에 없었고, 일부 보험설계사들이 판매를 위해 확실하지 않은 수익률 보장 등의 판매화법을 사용하여 여러 차례 민원을 일으키기도 했다.

보장 측면에서는 보장기간이 단기간일 뿐 아니라 적은 보험료로 보

금융업의 발전 단계 비교				
업종	은행	증권	보험	
발전시기	1960년대	1980년대	1990년대	
경제상태	안정기	여유기	성숙기	
영업조직	고학력 Full-Timer	고학력 Full-Timer	현실	이상적 형태
			비전문가 중심 Part-Timer	고학력의 전문가 Full-Timer
판매상품	저축성	투자성	저축성 위주	보장성 위주
판매방식	컨설팅 판매	컨설팅 판매	연고 위주의 의리판매	개별 컨설팅을 통한 맞춤식 판매

장을 제공하다 보니 일반 사망보다는 휴일 사망, 교통재해 사망, 고도 장애 등 특수한 경우에만 높은 보장을 하게 되어 사람들은 보험금 타는 것을 제비뽑기나 복권 같은 확률게임처럼 인식하게 돼 버렸다.

따라서 실제 보험금 수령시 지급액은 고객이 기대한 금액과 큰 격차를 보여 보험회사의 약속을 신뢰하지 못하게 되는 부작용을 초래했다. 또한 사회의 다변화로 국민의 관심사가 달라짐에 따라, 변화에 부응하기 위해 지나칠 정도로 많은 종류의 유행성 상품을 경쟁적으로 개발하여 판매하다가 단기간에 판매를 중단하는 일이 반복된 것도 고객에게 혼란을 가중시켰다.

보험영업에 대한 편견이 우리나라 보험업계의 잘못된 관행에서 비롯되었다면, 보험회사들이 고객의 신뢰를 바탕으로 운영하여 보험에 대한 편견을 바로잡을 수만 있다면 보험업은 지금보다 훨씬 더 빠르게 성장할 것이다. 지금이야말로 일반인에게 보험이 꼭 필요한 시기이므로 보험회사들이 제대로 된 '보장'을 전달할 수 있는 상품을 개발·판매하는 데 주력하여 보험에 대한 기존 인식을 변화시킬 수 있는 절호의 기회다.

사람들이 이전과 달리 보험을 필요로 하는 이유는 다음과 같다.

지금은 대가족제도에서 핵가족제도로 완전히 이행된 시기다

대가족제도에서는 보장의 필요성이 그렇게 심각하게 대두하지 않았다. 3대 이상이 한 집에 동거하던 대가족제도에서는 한 사람이 사망한다 해도 나머지 가족이 그 역할을 나누어 분담했기 때문에 경제적으로 크게 타격을 받지 않았기 때문이다.

　그러나 핵가족제도에서는 한 사람의 사망이 나머지 가족에게 치명적인 경제적 타격을 안겨 준다. 사랑하는 형님이 사망했다고 가정해 보자. 동생인 당신이 형수와 조카들의 인생을 책임질 수 있는가? 현실적으로 대부분의 사람들에게 전혀 불가능한 일일 것이다. 따라서 자기 가족에 대한 보장은 가장 스스로 준비하는 것이 핵가족시대의 과제다. 합리를 제일로 추구한다는 서구 사람들이 소득 가운데서 가장 먼저 보험료를 지출하는 것도 근본 요인은 핵가족제도 때문이 아닐까.

산업사회와 자본주의의 발전이다

과거 농경 위주 사회에서는 자기만 주의한다면 급작스런 사망사고가 일어날 일이 별로 없었다. 그러나 산업사회가 발전하면서 교통사고를 비롯한 수많은 사고의 발생률이 높아졌고, 공해 · 스트레스 등으로 인한 여러 가지 새로운 질병이 늘어나는 등 예기치 못한 사망사고가 증가하게 되었다.

　또한 자본주의의 발달은 부익부 빈익빈 현상을 심화시켰고, 어릴 적부터 재정적으로 충분히 뒷받침을 받는 자녀와 그렇지 못한 자녀는 개인의 능력을 개발할 수 있는 교육의 기회 면에서도 격차가 따르는 것이 냉엄한 현실이다. 따라서 이 시대의 가장들에게 자녀를 위해 준비해야 할 보장의 필요성은 더욱 커졌다.

보험 고유의 '보장' 기능에 대한 선호도가 점차 증가하고 있다

정보의 공유 및 소비자의 의식 수준이 높아짐에 따라 일반 국민으로부터 자기 가족의 안전을 보장하기 위한 전문적인 프로그램을 요구하는 목소리가 커지게 되었다.

더 이상 은행업의 아류가 아닌 금융업의 고유한 한 분야로서, 가정경제 안정을 위한 금융 포트폴리오의 일부로서, 국민은 전문가에게 충분한 컨설팅을 받아 보험 고유의 '보장' 기능에 충실한 보험상품에 가입하기를 원한다. 따라서 우리가 제대로 된 보험을 판매할 수만 있다면 이제부터야말로 본격적인 보험업 발전의 전성기를 맞이할 수 있을 것이다. 더욱이 아직 보장성 종신보험 시장은 그야말로 미개척지라고 말할 수 있다.

보험은 인생의
브레이크장치

생명보험은 소중한 가족의 미래를 100퍼센트 안정되게 보장하기 위한
비용이다. 마치 나라에서 국토 방위를 위해 막대한 국방비를 지출하면
서도 전쟁이 일어나지 않기를 바라는 것처럼 보험도 사고가 일어나지
않기를 바라면서 지출하는 비용인 것이다.

　누구에게나 가족은 소중한 존재다. 특히 가장에게 부인은 평생의 동
반자이자 친구다. 자녀들은 어떤가? 기쁨의 근원이요 희망찬 미래가
아닌가? 이들이 있기 때문에 아무리 하루 일과가 힘들어도 가정으로
돌아가면 용기와 위안을 얻게 된다.

　누구나 소중한 가족을 위해 열심히 일하며, 보다 나은 가족의 장래
를 위해 여러 가지 꿈과 계획을 세운다. 그리고 가족의 안정된 미래를
위해 수입을 쪼개어 저축도 하고 투자도 하는 것이다.

그러나 모든 것이 가장이 살아서 가족을 돌본다는 전제하에서 가능하다. 만약 가장이 중도에 사망하는 일이 발생한다면 함께 세워 놓은 가족의 꿈과 계획은 어떻게 될까?

　　대개의 가정에서 가장이 저축해 놓은 금액만으로 남은 가족이 안정된 생활을 꾸려 가기에는 턱없이 부족할 것이다. 가장을 잃어 버린 정신적 충격도 크겠지만 남은 가족이 감당해야 할 경제적 충격 또한 엄청날 것이다. 정신적 충격은 시간이 지나면 줄어들지 모르지만 경제적 충격은 시간이 지날수록 더욱 심각해진다. 영화 〈사랑과 영혼〉에서처럼 죽은 사람이 가족의 곁에 머물면서 가족을 돌보아 줄 수도 없고….

　　따라서 지혜로운 가장들이 서로 합심하여, 가족의 미래를 운명에 맡겨 두는 대신 만일의 경우에라도 가족의 꿈과 희망을 안전하게 성취시키고자 고안한 제도가 보험이다. 죽어서 보험금을 타기 위해 보험에 가입하는 것이 아니라 본인이 평생 가족을 부양하기를 원하되 최악의 경우에도 가족을 지키겠다는 소중한 마음으로 보험에 가입하는 것이다.

　　쉽게 비유하자면, 인생에서 보험은 자동차의 브레이크 장치와도 같다. 브레이크는 기본적으로 자동차를 멈추게 하는 장치이지만 고급 자동차일수록 성능이 좋고 비싼 브레이크를 장착한 것을 볼 수 있다. 그것은 좋은 브레이크를 장착함으로써 그 자동차를 달리지 못하도록 하려는 것이 아니라 오히려 마음껏 속력을 낼 수 있도록 하기 위해서다. 아무리 외양이 번듯한 자동차일지라도 브레이크가 부실하다면 마음 놓고 달릴 수 없는 것이다.

　　마찬가지로 보험에 가입한다는 것은 사랑하는 가족의 미래를 어떤 경우에라도 안전하게 보장하겠다는 의지이며, 온 가족이 마음의 평화를 유지하고 자신 있게 현재의 삶을 영위할 수 있도록 해 주는 인생의 브레이크인 셈이다.

폭풍우가 몰아치는 날, 높은 언덕 위에 튼튼하게 지어 놓은 집에 사는 사람들은 따뜻한 차와 함께 음악을 들으며 비 오는 모습을 감상할 수 있지만, 저지대에 사는 사람들은 비가 올 적마다 집이 침수될까 봐 불안에 떨 수밖에 없다. 이처럼 보험의 의미를 알고 미리 준비한 사람들의 심정은 든든하고 여유가 있는 것이다.

현재 우리나라에서 의료시설이 가장 잘 되어 있다는 한 병원에 가 보면 죽은 사람을 위한 영안실도 생활공간 못지않게 잘 꾸며 놓은 것을 볼 수 있다. 이것은 죽음을 삶에 대한 부정으로서가 아니라 삶의 한 부분으로 긍정하려는 인식의 변화를 반영한다. 이제 죽음에 대해 소극적인 자세로 방관하며 기다리기만 할 것이 아니라 적극적이고 활기찬 인생을 위해 긍정적으로 받아들이고 지혜롭게 대처하는 것이 현명하다.

훈련받은
'재정안정 설계 전문가'
보험컨설턴트

그렇다면 보험은 무조건 많이 들어 놓을수록 좋은가?

절대 그렇지 않다. 보험은 비용이기 때문에 필요 이상으로 보험에 많이 가입하면 오히려 손해다. 반면, 가입하지 않거나 필요한 만큼의 보장보다 적게 가입하는 것도 문제가 있다.

그렇다면 필요한 만큼의 보장이란 얼마만큼인가? 재정상태나 가족의 수 등 개인의 니즈와 상황이 각각 다르기 때문에 필요한 보장액도 가정마다 다르다. 개인의 니즈와 상황에 근거한 보장의 크기와 개인의 납입능력에 맞는 합리적인 보험료를 산출하는 과정에는 반드시 훈련받은 전문가가 필요하다. 고객에게 개인의 가치와 재정에 관한 컨설팅을 해 주고 최적의 보험료로 최적의 보험상품에 가입하도록 도와주는 보험 전문가, 그를 '보험컨설턴트'라고 한다.

'전문가'의 의미는 시대에 따라 변해 왔다. 우리 사회에서 대표적인 전문가 직종으로 꼽는 의사만 해도 예전에는 양반 계급이 아닌 중인이 담당하던 직업이었다. 그러나 경제의 발전 및 수요와 공급의 원리에 따라 지금은 최고 전문가 직종이 된 것이다.

요즘도 사회가 변화함에 따라 새로운 전문가 직종이 계속 늘고 있다. 예를 들면 펀드 매니저, 인터넷 관련 전문가, 영화감독, 프로 스포츠 선수 등 다양한 분야의 전문가들처럼 보험컨설턴트라는 전문직도 역시 사회의 변화에 따르는 새로운 수요를 반영한다.

보험컨설턴트가 최적의 보장계획을 설계할 때는 다음 3단계를 거치게 된다.

보험 니즈 분석

가장 사망 시 그 가정에 필요한 자금 내역 및 필요 금액을 정확히 파악해야 하는데 이 자금들을 보험 니즈라고 한다. 보험 니즈는 가정마다 생활 수준이 다르고, 가족 구성원이 다르고, 꿈이 다르기 때문에 다를 수밖에 없다.

그러나 기본적으로 각 가정에 공통적으로 필요한 자금이 몇 가지 있다.

① 가족 생활자금
가장 사망 후 가족이 생활하기 위해 필요한 자금이며, 가장 기본적이고 심각한 니즈다. 어떤 사람은 "나 죽으면 그만이지 돈이 무슨 필요가 있나요? 사람마다 다 자기가 먹을 것은 갖고 태어난다던데 어떻게 되겠지요."라고 말한다.

그러나 정말 그럴까? 우리나라처럼 여성에게 취업이 제한적인 사회에서 결혼한 여성, 게다가 자녀까지 딸린 미망인이 직업을 구하기란 쉬운 일이 아니다. 여성이 남편과 함께 맞벌이하는 경우에는 경제적 부담을 함께 진다는 보람과 함께 사회 참여와 자아 실현이라는 긍지도 가질 수 있겠지만, 선택의 여지 없이 생계를 꾸려 나가야 할 처지라면 이야기는 달라진다. 열악한 근무조건과 가사를 겸해야 하는 여건에서 보람과 여유를 찾을 수 없음은 물론이고 자존심에도 상처를 입기 쉬운 것이 현실이다.

다행히 운이 좋아 좋은 직장을 얻었다 해도 자녀들은 누가 돌보겠는가? 자녀가 학교에서 돌아왔을 때 따뜻하게 웃으며 맞이하는 대신, 식은 밥상 위에 "이 밥 데워 먹고 열심히 공부하기 바란다."는 쪽지밖에 남겨 놓을 수 없다면 자녀들의 허전함은 누가 달래 주겠는가? 집 열쇠를 목에 걸고 동네 놀이터에서 놀고 있는 어린아이들의 모습이나 엄마가 문을 잠가 놓고 직장에 나간 사이에 아이들이 방 안에서 불장난을 하다 목숨을 잃었다는 이야기는 종종 우리 가슴을 아프게 한다.

몇 년 전 신문기사에서 요절한 무명 시인의 미망인이 자살하면서 남긴 유서를 읽은 적이 있다. 오랜 기간 가족의 반대를 무릅쓰고 힘들게 결혼하여 임신한 상태에서 남편이 그만 암으로 세상을 떠났다. 부인은 생활비를 벌기 위해 직장을 구하러 다녔으나 제대로 대우도 받지 못하고, 오히려 미모의 미망인에게 추근대는 남성들의 희롱에 부딪히게 될 뿐이었다. 그래도 태어날 아이를 위해 수모를 참으며 살아가려 했으나 너무 과로한 탓에 유산을 하고 말았다. 죽은 남편에게 면목도 없고 남성들의 희롱이 두려워진 미망인은 남편의 시집 속표지에 다음과 같은 유서를 써 놓고 사살을 택했다.

"여보, 당신을 따라갑니다. 이 세상에서 당신을 생각하며, 당신과 나의 사랑의 결실인 아기를 건강하게 낳아 잘 키우며 살고 싶었지만 세상은 그렇게 절 내버려 두지 않았습니다. 여자의 몸으로 남성들 사이에서 살아가는 것이 이렇게 힘든 일인 줄 몰랐습니다. 더 이상 당신에게 부끄럽기 전에 당신에게로 갑니다. 부디 하늘나라에서는 당신과 우리 아기와 함께 행복하게 살고 싶습니다. 당신은 저를 이해하고 용서해 주시리라 믿습니다."

만약 가장이 사랑하는 가족을 위해 충분한 생활자금을 마련해 주었더라면 상황은 크게 달라졌을 것이다. 핵가족사회에서는 아무도 남의 가족에게 생활자금을 대신 제공해 주지 않는다. 때문에 가장이 가족의 생활자금을 준비하는 것은 반드시 필요한 일이고 가장의 기본적인 도리다.

② 주택자금

가장 사후, 집이 없다거나 대출금을 다 상환하지 못했다면 가족은 현실적으로 살고 있는 집을 비워야 하는 어려움에 직면하게 될 것이다. 자녀에게는 친구들과 고향을 잃고 더 열악한 환경으로 이사해야 한다는 정신적 충격이 더 클 것이다.

오랫동안 저축한 끝에 꿈에도 그리던 자기 집을 장만한 보험컨설턴트가 이사를 앞두고 생각지도 않았던 자녀의 반대에 부딪혀 애를 먹는 모습을 본 적이 있다. 자녀들에게는 새 집으로 이사하는 기쁨보다 한 동네에 살던 친구들과 헤어져야 한다는 슬픔이 더 컸던 것이다. 다행히도 이 경우는 보다 큰 자기 집으로 이사하게 되어 자녀들을 설득할 만한 요소가 있었지만, 만약 가장의 사망 때문에 변두리 작은 집으로 이사하게 된다면 그 자녀들의 슬픔이 얼마나 클 것인가? 게다가 오르는 전세자금을 마련하지 못해 매년 그 슬픔을 반복해야 한다면….

③ 교육자금

얼마 전 성묘를 갔다가 무덤가에서 슬피 우는 청년을 만났다. 하도 마음이 쓰이길래 그 이유를 물었더니 "아버지가 일찍 돌아가셔서 어렵게 중·고등학교를 졸업하고 힘든 중에도 열심히 공부해 대학에 합격했지만 등록금을 마련하기가 쉽지 않았습니다. 오늘이 등록 마감일인데, 여기저기 돈을 구하러 돌아다녀 보았지만 결국 마련하지 못했습니다. 너무나 아버지가 원망스러워 이렇게 신세한탄을 하고 있는 중입니다."라고 했다.

실제로 좋은 대학에 들어갈 수 있는 우수한 청소년들이 학자금 마련이 어려워 대학을 포기하고 실업계 학교로 진학해 곧바로 취업하는 경우를 많이 본다. 대학을 나오는 것이 꼭 좋다고 단정지을 수는 없지만 경제적인 이유 때문에 자녀들이 자신의 가능성을 펼쳐 보지도 못한다면 가정적으로나 사회적으로 큰 손실이다.

④ 결혼자금

인생을 새 출발 하는 시점에서 부채를 지고 시작한다면 출발선부터 남보다 훨씬 뒤져 있는 것이나 다름없다. 아직도 우리나라에서는 혼수 문제로 갈등을 겪는 일이 종종 있다. 서로 사랑한다면 혼수가 무슨 문제냐고 말들은 하지만, 결국 이런 일에 부딪히면 빚을 내어 갈등을 무마하고 결혼하는 경우가 많다. 아무리 혼수 때문이 아니라 해도 새살림을 꾸리는 데 자금이 들지 않겠는가. 아직 우리 사회에서 자식이 출발부터 부채를 지지 않을 만큼 최소한의 결혼자금을 마련해 놓는 것은 부모의 책임이다.

⑤ 사후정리자금

가장이 사망하면 가족에게는 정신적 충격 외에도 병원비, 장례비는 물론이고 부채 및 미지불금 상환 등 당장 많은 자금이 필요이다. 모순되게도 이러한 사후정리자금은 세상을 떠난 사람에게는 마지막으로 쓰이는 자금이지만, 남아 있는 가족에게는 첫 번째로 필요한 자금이다. 의외로 많은 가정이 사후정리자금에서부터 부채를 떠안고 힘든 생활을 시작한다. 사후정리자금을 충당하기 위해 자기 집을 팔고 전셋집으로 옮겨 가야 하는 현실은 가족의 마음을 더욱 아프게 할 것이다.

⑥ 배우자의 노후생활자금

핵가족시대에 자녀를 출가시킨 후 남은 배우자가 생활을 영위할 노후자금 마련은 필수다. 품위 있는 노후생활은 경제적 여력과도 직결되기 때문이다.

⑦ 긴급 예비자금

인생에는 예기치 못한 일 때문에 목돈이 필요한 경우가 많다. 갑작스런 병이나 사고, 생활공간 이전(갑작스런 이주의 필요) 등 예상 외의 지출에도 대비해 놓아야 한다.

일곱 가지 기본자금 외에도 가정마다 특수한 필요자금이 있을 것이다. 보험컨설턴트는 면담을 통해 각 가정의 필요자금 내역 및 금액을 확정하게 된다.

납입 가능한 보험료 산출

'보험 니즈 분석'이 완료되었다고 해서 곧바로 보험 가입이 되는 것은 아니다. 보험은 공짜가 아니기 때문에 매월 납입할 수 있는 적정 보험료의 규모를 산출하는 일은 대단히 중요하다.

일시적인 감정으로 지나치게 많은 보험료를 납입하다 보면 경제적으로 무리가 생겨 계속 유지하기 어렵고, 보험계약 실효·해약 시에는 보장 혜택이 중단될 뿐 아니라 납입 보험료의 대부분을 손해 보게 된다. 이런 상황은 보험회사나 보험컨설턴트, 계약자 누구에게도 도움이 되지 않는다.

납입 가능한 보험료의 규모는 사람마다 다르겠지만, 일반적으로 매월 저축 가능한 금액의 1/3 정도를 보험에 할당하고 나머지 2/3는 저축과 투자에 할당하는 것이 바람직하다. 가장이 살아 있을 때 저축과 투자금액을 활용하고, 만일의 경우 보험이 그 가정을 지켜주는 것이

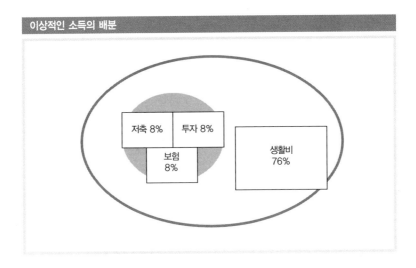

다. 그러나 대부분의 사람들은 저축 가능 금액을 모두 저축과 투자에만 집중하고 있다. 그렇기 때문에 가장 유고 시에 큰 문제가 발생하는 것이다. 가장 이상적인 소득의 배분을 계란 흰자와 노른자에 비유하면 위와 같은 그림이 된다.

보험 상품 설계

보험 니즈와 납입 가능 보험료를 결합하는 단계다. 안경이나 양복을 개인의 신체 조건에 맞추듯이 각 가정의 최적인 보험상품을 개별적으로 맞추는 과정이다. 설계 내용이 계약자에 따라 다른 것은 물론이고 같은 계약자라도 보험컨설턴트의 경험과 수준에 따라 다르게 설계할 수 있다. 최선의 보험료로 자신에게 가장 적합한 보험에 가입하고 나서 걱정 없이 인생을 살아가기 위한 것, 이것이 보험제도의 진정한 의

미라고 하겠다.

　보험컨설턴트는 보장에 대한 설계뿐 아니라 폭넓은 지식과 고객에 대한 투철한 서비스 정신으로 고객의 전 생애에 걸쳐 재정 컨설팅을 담당하며, 보험금이 지급될 때에야 비로소 그 임무를 다하게 된다. 따라서 보험컨설턴트는 고객과 평생을 함께하는 인생의 동반자인 셈이다.

좋은 보험 상품이란

흔히들 어떤 보험 상품이 가장 좋은가라는 질문을 한다.

아마도 시대의 흐름에 따라 보험 상품의 종류도 많아지고, 특약이 다양해지며, 투자 및 뱅킹 기능 등이 추가되는 신종 상품들이 개발됨에 따른 질문일 것이다. 결론부터 말하자면 생명보험은 좋은 상품, 나쁜 상품이 없다. 다만 고객의 니즈에 잘 맞는 상품과 덜 맞는 상품이 있을 뿐이다.

소비재 성격의 유형상품은 일정한 수명이 있어서 시대의 흐름에 따라 신상품이 나오면 기존의 상품은 폐기되고 나쁜 상품으로 치부되기 때문에 사람들은 생명보험도 신상품이 나오면 기존의 보험상품이 사라지는 것으로 오해하는 경향이 있다. 또한 과거에 보험회사들이 비전문적인 보험설계사들을 위해 유행성 보험상품 개념의 마케팅 전략을 활용해 온 것도 사실이다.

그러나 생명보험은 상품이라기보다 오히려 만약에 대비한 사전준비(보장플랜)의 성격이 강하다. 누구나 사랑하는 가족과 함께 행복하게 생활하기를 꿈꾸지만, 현실에는 행복한 생활을 위협하는 공통적인 요소들이 있다. 그런 요소들을 인식하여 사전에 대비하는 합리적인 계획(보장플랜)이 필요한데, 그것이 생명보험이다.

행복한 미래는 그것을 위해 준비하는 사람들에게만 보장될 것이다. 준비하는 사람들에게는 안정된 미래가 있지만, 준비하지 않는 사람들에게는 불안정한 미래가 있을 뿐이다. 사람들은 대부분 실패하기 위한 계획을 수립하지 않지만, 계획을 수립하는 데 실패하기 때문에 불행에 빠지게 되는 것이다. 가족의 행복을 위협하는 공통적인 요소에 대비해 개인적으로는 감당하기 어려운 보장계획을 다른 사람들과 함께 수립함으로써 위험을 분산하고 서로 돕는 합리적인 제도가 생명보험이다. 그래서 혹자는 생명보험을 인간이 만든 가장 소중하고 합리적인 제도라고 말하기도 한다.

결국 생명보험 상품의 종류는 사람들의 행복한 생활을 위협하는 요소에 따라 구분되는 것이지 유행 상품처럼 어느 순간 나타났다가 사라지는 것이 아니다. 비록 시대의 흐름에 따라 약간씩 선호도의 차이는 있지만, 사람들의 기본적인 니즈가 변하지 않는 한 그 니즈를 보장하는 생명보험 상품은 영원하다.

사람들의 행복을 위협하는 공통적인 요소는 다음과 같은 네 가지다.

1. 일찍 사망하는 위험(Die too soon)

가장 기본적이고 생명보험만의 강점이 있는 영역으로 제1보장영역이라 부른다. 인류가 존재하는 한 영원토록 필요한 우선적으로 해결해야 할 보장 분야이며, 타 금융권과 경쟁이 거의 없다. 니즈에 맞는 상품으로 종신보험, 변액종신보험이 있다.

2. 오래 사는 위험(Live too long)

의술의 발달에 따른 노령화 사회의 진전으로 대두되는 영역으로 제2보장영역이라 부른다. 은행권과 경쟁이 불가피한 보장 분야이며, 니즈에 맞는 상품으로 연금보험, 변액연금보험이 있다.

3. 치명적인 질병 및 고도 장애(Critical illness and Become disabled)

성인병 등 각종 질병 및 사고의 증가에 따라 필요성이 증대되는 보장 분야로 제3보장영역이라 부른다. 손해보험과 경쟁이 불가피하며, 니즈에 맞는 상품으로 CI보험, 간병보험 등 건강보험 상품과 재해보장 상품이 있다.

4. 재산의 축적과 보호(Asset accumulation and Tax planning)

생명보험회사의 종합 금융화 전략에 따라 급격하게 떠오르는 시장으로 제4보장영역이라 부른다. 보험료 금액이 크고 부유층 고객을 대상으로 한다는 장점이 있지만, 전 금융권과 경쟁이 불가피하여 전문적인 금융지식과 높은 수준의 역량을 갖춘 소수의 보험컨설턴트들만이 성공할 수 있는 위험한 분야이기도 하다. 야구의 마이너리그에서 충분한 경험과 실력을 쌓은 선수가 메이저리그에 진출하는 것처럼 제1~3보장영역에서 충분히 경험과 실력을 쌓고 키맨들을 확보한 후에 도전해야만 실패할 확률이 적다. 니즈에 맞는 상품으로 VUL(변액유니버셜 보험), UL(유니버셜 보험) 종류가 있다.

　　보험컨설턴트로 성공하기 위해서는 유행성 보험상품(좋은 상품)의 개념으로 고객을 발굴하고 만나기보다 먼저 고객의 다양한 니즈를 인식시키고 유행 여부와 관계없이 그 니즈에 맞는 보험상품을 설계해 주는 것이 효과적이다. 또한 제4보장영역으로 갈수록 니즈를 인식하기 쉬운 장점이 있는 반면 타 금융권과 경쟁이 치열해지며 제1보장영역으로 갈수록 니즈를 인식하기 어렵지만 타 금융권과의 경쟁도 약하고 보험컨설턴트로서 보람과 사명감을 느낄 수 있게 된다는 점에 유의해야 할 것이다.

　　유행성 상품개념을 따를 때는 신상품이 기존상품을 대체하게 되어 생산성이 정체되지만, 고객 니즈에 의한 상품개념을 따를 때는 신상품이 개발될수록 고객의 다양한 니즈를 더 잘 충족시키게 되는 시너지 효과가 발생하여 보람과 함께 생산성도 증가될 수 있다.

보험으로 만난 가족 같은 인연
고객과 보험컨설턴트

여기에 소개하는 글들은 고객과 보험컨설턴트의 생활 속의 소중한 만남과 감동을 담은 이야기들이다. 생명보험정신에 깃들어 있는 무형의 '가치'가 무엇인지 독자에게 생생한 느낌으로 전달되기를 바란다. 또한 글을 싣도록 허락해 주신 분들께 감사드린다.

사랑하는 나의 가족에게

만일의 경우 제가 영원히 가족을 떠나게 되는 날, 생명보험이 사랑하는 우리 가족의 미래를 지켜 주는 역할을 해 주리라 믿으며 보험증서와 함께 이 유서를 남깁니다.

사람은 한 번 태어나면 언젠가는 죽음의 길을 가게 되어 있어. 이것만은 인간의 힘으로 할 수 없는 하느님의 힘이지.

사랑하는 사람이, 가까이 있던 사람이 갑자기 떠나 버린다는 것은 슬픈 일이지만, 너무 슬퍼하지 말고 자신이 처해 있는 곳에서 최선을 다하면서 삶이 끝날 때까지 성실하게 살았으면 해.

더 깊이 사랑하지 못했던 일, 가족이라서 함부로 대하거나 쉽게 생각했던 일, 그리고 이렇게 떠나게 된 일… 정말 미안하게 생각해, 깊이깊이….

수영이, 수창이, 수민이… 엄마는 정말 사랑과 깊은 관심으로 너희를 잘 키우려고 늘 노력했단다. 엄마가 너희에게 너무 심하다고 느껴질 때가 많았을 거야. 하지만 그건 너희를 힘들게 하려 했던 것이 아니라, 변명 같지만 너희를 향한 사랑의 방식이었단다. 너희가 잘 자라서 훌륭한 사회인이 되었으면 하는 것이 엄마의 마음이었음을 이해하고 받아 주겠니?

원래 엄마는 너희에게 경제적인 유산을 남기려는 생각은 없었다. 하지만 그 생각이 틀렸다는 것을 할아버지의 죽음을 통해 깨달았단다. 그것이 자식을 사랑하는 부모로서 당연히 해야 할 일이며 자식을 위하는 길임을.

엄마의 욕심일지 모르지만, 그래도 우리 아이들은 바른 심성을 지닌 훌륭한 사람으로 잘 자라서 결코 돈의 노예가 되지 않고 좋은 곳에 잘 쓸 수 있는 성숙한 사람들로 성장했을 거라고 믿는다.

그리고 사랑하는 남편 최기충 씨!

이 젊은 날에 유서를 써 보니 가족에 대한 사랑을 다시 한번 깨닫게 됩니다. 언젠가 되돌아갈 인생이고, 생각하면 짧은 시간입니다. 이 유서를 읽기 전에 더 많이 사랑하고 서로에게 후회 없는 삶을 살 수 있도록 함께 노력하면서 행복하게 살아요.

하느님의 무한한 사랑 안에서.

사랑하는 아내이자 엄마인

강현주 씁니다.

(강현주 고객 / 담당 보험컨설턴트 명재상)

세상의 다른 아내들과 어머니들에게

세상의 다른 아내들과 어머니들께서 저와 같은 큰 실수를 하지 않기를 바라는 마음으로 이 글을 씁니다.

저는 여덟 살과 두 살의 자식을 둔 어머니입니다. 이제 곧 셋째 아이를 출산할 예정입니다. 몇 개월 전에 생명보험회사의 보험컨설턴트 한 분이 저희 집을 방문하셨습니다. 제 남편도 그날 집에 있었습니다. 그분은 남편에게 만약의 사태가 발생할 경우를 생각해서 자식과 제가 곤란을 겪지 않도록 생명보험에 가입해 두지 않으면 안 된다고 말씀하셨습니다. 권유하셨던 것은 종신보험으로, 남편이 사망하는 경우 1억 원, 재해 사망인 경우 1억 5천만 원을 추가로 보장해 준다는 내용이었습니다.

남편은 이 생명보험에 가입하려고 마음을 먹었습니다. 하지만 제가 반대했습니다. 이미 가입해 둔 보험이 몇 개 있었고, 그 이상은 필요하지 않다고 생각했기 때문입니다.

보험컨설턴트께서 저를 설득하려고 하셨지만 제 마음은 변함이 없었습니다. 솔직히 당시에는 정말로 생명보험의 가치를 그다지 인식하지 못했기 때문입니다.

남편도 마침내 제게 동조했습니다. 남편은 "하지만 최저 2천만 원 정도의 생명보험은 들어 두는 게 좋아. 충분하지는 않아도 없는 것보다는 나으니까."라고 말하며 2천만 원의 보험에 가입했습니다.

그런데 지난 초가을의 일입니다. 생명보험에 가입한 지 몇 개월도 지나지 않아 남편은 교통사고로 사망했습니다. 생각하지도 못한 일이었습니다. 남편의 소식을 듣고 그 보험컨설턴트가 찾아오셨고, 정말로 친절하게 여러 가지를 보살펴 주셨습니다. 남편이 가입한 보험의 보험금 청구서를 작성하는 것도 도와주시고….

그러고 난 후 지금은 그렇게 받은 보험금이 아주 적다는 느낌입니다. 이제부터 세 아이들과 함께 생활해 가지 않으면 안 되는 몸입니다. 남편의 이야기를 들었을 때는 2천만 원을 아주 큰 금액으로 생각했지만… 지금은 매우 후회하고 있습니다. 만약 그 당시에 보험컨설턴트께서 말씀하신 대로 가입했더라면 2억 5천만 원이라는 돈을 받아 우리 네 식구의 생활에 큰 도움이 되었을 텐데….

제 커다란 실수였음을 지금 절실히 느끼고 있습니다. 하지만 후회해도 소용이 없습니다. 여러분께서는 저와 같은 잘못을 하지 않으시길….

우리 부부의 꿈과 사랑과 희망을 비추어 보며

우리 부부는 개인사업을 하는 남편의 여건상 힘겨운 고비도 많았고, 경제 흐름에 따라 숱한 우여곡절을 겪으면서도 사실 보험 같은 것은 모르고 살아왔습니다.

그러다가 생활이 안정을 찾기 시작하고 남편의 나이 마흔을 넘어 얻게 된 늦둥이 아들을 보면서 아이의 장래와 알 수 없는 미래에 대해 많은 생각을 하게 되었지요. 그리고 그제야 부랴부랴 온갖 종류의 보험에 가입하기 시작했습니다.

　자세한 내용은 알지 못해도 매달 통장에서 빠져 나가는 적지 않은 금액의 돈과 서랍 안쪽에 넣어 둔 보험증권을 보면서 막연히 안심하면서 말예요.

　그렇게 시간을 흘려 보내다가 보험컨설턴트 전동수 씨를 만났습니다. 전동수 씨는 남편의 대학 후배였고, 가족이 함께하는 동문 모임을 통해 자연스럽게 만나 얘기를 나눌 수 있는 기회가 많았지요.

　늦은 나이에 어린 아들을 낳아 키우며 행복해하는 우리 부부의 모습이 전동수 씨에게 종신보험을 꼭 권해야만 하는 가정이라는 느낌을 주었다고 하더군요. 처음에는 '무슨 보험을 또 들어?' 하고 생각했지만, 늘 예의 바르고 사람 좋은 웃음을 짓는 전동수 씨를 떠올리며 집으로 찾아와 우리 부부에게 설명할 내용이 있다는 말을 기쁘게 받아들였습니다.

　전동수 씨가 찾아와서 들려준 얘기는 무조건 보험 가입을 권유하는 것이 아니었습니다. 그것은 뭐랄까… 우리 가족의 삶과 아이의 장래, 부부간의 사랑과 알 수 없는 미래에 대한 부모로서 또는 부부로서의 책임이랄까. 아무튼 그 모든 것을 새롭게 볼 수 있는 혜안을 열어주었다고나 할까요?

　전동수 씨가 돌아가고 그날 저녁 우리 부부는 곤히 잠든 아이의 얼굴을 들여다보면서 아이의 그 맑은 얼굴에 우리 부부의 꿈과 사랑과 희망을 비추어 보았습니다. 참으로 많은 얘기를 나누었지요. 그리고 정말 우리 삶에 종신보험이 꼭 필요한 것임을 두 번, 세 번 확인했습니다.

하지만 보험에 가입하기까지의 과정이 그리 쉽지만은 않았습니다. 원래 담배는 피우지 않지만 사업상 폭음의 기회가 잦은데다 과체중인 남편의 첫 건강검진 결과에서 간기능 수치가 보험 가입 심사를 통과할 수 없을 정도라는 결과가 나왔거든요.

우리나라 40대 가장들에게 흔한 일이라고는 했지만, 그 사실은 남편과 제게 큰 충격이었습니다. 누구보다도 열심히 살아왔고 건강만큼은 늘 자신 있어 하던 남편의 건강상태가 보험 가입도 어려울 정도라는 사실이 정말 믿기지 않았습니다.

보험 가입 여부를 떠나 남편의 간기능 수치를 정상으로 끌어내리기 위한 노력을 시작하면서 보험컨설턴트가 보여 준 모습은 정말 감동적이었습니다.

본인도 놀랐다면서 한 가정의 가장으로서, 남편으로서, 아이의 아버지로서 남편의 건강을 진심으로 염려해 주었고, 수시로 위로와 격려의 전화를 해 주었을 뿐 아니라 간 회복에 좋은 방법들을 작은 부분이라도 놓치지 않고 알려 주었습니다. 건강검진 때도 늘 동행하고 또 바쁜 남편을 위해 간호사가 집으로 방문하도록 하기도 했고요. 이런 대접은 지금까지 내가 알던 보험설계사 그 누구에게도 받아 보지 못한 것이었습니다.

일단 술을 끊고 식이요법과 규칙적인 생활습관을 지켜 나가기 시작하자 남편의 건강은 눈에 띄게 좋아지기 시작했습니다. 이런 과정에서 저는 두 가지 욕심이 생기기 시작했습니다. 한 가지는 이번 기회를 통해 남편의 건강을 확실히 챙겨야겠다는 것이었고, 또 한 가지는 종신보험에 꼭 가입해야겠다는 것이었지요. 그리고 저는 두 가지를 모두 이룰 수 있다고 확신했습니다.

이런 생각을 하게 된 계기는 단순히 보험 가입 때문이었지만, 그 계기를 통해 우리 가족이 얻은 것은 정말 많았습니다. 그리고 그 속에는 보험컨설턴트 전동수 씨가 늘 함께했구요. 그분은 남편의 건강 회복과 가족의 불안한 미래에 대한 완벽한 보장까지… 우리 가족을 이끌어 주신 분입니다.

전동수 씨는 최근의 제 생일에 아름다운 글과 함께 축하전화를 해 주었고, 혹 남편이 잊지는 않았는지 귀띔까지 해 주어 다시 한번 우리 부부를 감격케 했지요.

전동수 씨와의 소중한 인연과 그를 통해 알게 된 보험 내용을 저만 누리기에는 너무 미안한 느낌이 있어 얼마 전 그에게 제 후배 부부를 소개해 지금은 그들도 함께 보험가족이 되었습니다. 전동수 씨에 대한 고마움의 표시였지만 또 한편 너무나 만족스러워하는 그 부부를 보며 좋은 일을 했다는 만족감도 크네요.

저와 제 남편은 우리가 복이 많은 사람들이라는 얘기를 자주 합니다. 좋은 사람 만나고, 건강도 찾고, 좋은 보험도 알게 되었으니까요. 우리 부부는 이제 아무 걱정 없이 아이의 맑은 미소와 함께 사랑하며 꿈꾸며 열심히 살기로 했습니다. 이 모든 것이 있도록 해준 제 보험컨설턴트 전동수 씨, 정말 고맙습니다.

(신순성 고객)

지금까지 살면서 내 노력 혹은 정성으로 남을 감동시켜 본 적은 여러 번 있지만, 그것은 철저하게 경쟁사회에서 남을 누르고 좋은 결과를 얻었을 때 직장 상사나 동료에게서 받은 부러움과 내 능력에 대한 박수였다. 모 방송국에서 〈칭찬합시다〉라는 프로그램을 방영한 적이 있다. 방송에 나온 주인공들처럼 사회 음지에서 남을 도우며 사는 이 시대의 진정한 리더들에게 우리는 마음속에서 우러나오는 박수를 보내기도 하고, 또 그렇게 살기를 희망하기도 한다. 그러나 우리는 남에게 봉사하기보다 자신의 나은 삶을 위해 때로 남에게 못할 짓을 하게 될 적도 있음을 부정할 수 없을 것이다.

처음 보험이라는 직업을 선택했을 때, 가장 큰 목적은 우선 나의 발전이었다. 나를 위해서 일하지만 남에게도 도움을 주는 일이므로 나름대로 작은 보람도 있다는 데 만족하려고 했던 것 같다.

시간이 지나면서 그러한 생각은 점차 바뀌었다. 과거에는 이 세상에서 가장 소중한 직업을 꼽으라면 먼저 의사를 생각했는데, 사람의 생명을 구하는 일보다 더 중요한 일은 없을 거라고 생각했기 때문이다.

그러나 이 일을 하는 동안, 생명을 구하는 것도 중요하지만 한 가정을 위험으로부터 구해 내는 일도 무척 중요하다는 것을 깨달았다. 고객 한 분 한 분께 소중한 보험의 가치와 가족의 소중한 행복의 조건 등에 대해 진심으로 전달하려고 노력해 왔다.

신순성 고객의 남편은 건강에 대해 무척 자신하고 있었지만, 건강검진 결과 방치하면 자칫 좋지 못한 상황까지 전개될 뻔한 경우로, 보험이 아닌 한 집안의 가장을 살렸다는 데 무한한 자부심을 느꼈다. 내가 하는 일이 정말 소중한 일이라는 생각이 더욱 깊어지는 결정적인 계기가 되었음은 물론이다. 힘이 닿는 한 이 일을 오래 하고 싶은 마음이 간절하다.

잘될 때도 있지만 정말 힘들 때도 많았던 것 같다. 하지만 나를 믿고 계약하신 고객 한 분 한 분을 늘 마음속에 생각하며 열심히 일할 것이다.

(전동수 보험컨설턴트)

딸에게

푸르디푸른 하늘 가득 국화 향기가 퍼지는 가을은 참 좋은 계절이야,
그치?

이 좋은 가을에 엄마는 너에게 글을 쓸 수 있다는 게 행복하단다.

어느 날, 하늘나라의 신이 거울에게 물었단다.

"거울아! 거울아! 저 아름다운 지구에서 누가 제일 착하지?"

"네에, 임경희라고 하는 여인입니다."

그런 꿈을 꾸고 10개월 후에 네가 태어났단다. 엄마는 네가 너무나
예뻐서 깨물어 주고 싶었단다. 그런데 네가 태어난 지 1년이 되던 어
느 날, 막 말을 배워서 이 엄마에게 무언가를 말하려고 하는 순간, 하
늘나라의 신은 신하를 시켜 네 온몸을 불덩어리로 만들어 버렸지. 엄
마는 너무… 너무 억울해 엉엉 울면서 매달리며 애원했단다.

"차라리 그 불덩어리를 내게 주지, 왜? 왜? 내 딸에게 그래요?"

"안 돼요! 절대 안 돼요!"

하지만 신하는 아주 큰 소리로 엄마에게 대답했단다.

"당신은 하늘나라의 일을 몰라서 그렇지, 당신의 딸은 하늘나라에
서 모두 좋아하는 공주님이었기에 하늘나라의 비밀을 너무 많이 알고

있어! 그 비밀이 탄로나면 안 되기 때문에 당신 딸의 아름다운 목소리를 불덩어리로 감싸 버렸어."

그런 일이 있고 난 뒤에 세상 사람들은 네가 말을 못 한다고 지금도 수군대곤 하지. 하지만 이 엄마는 조금도 부끄럽지 않단다. 너는 말을 못 하는 게 아니라 하늘나라의 비밀을 지키기 위해서 말을 하지 않는 것뿐이야, 맞지?"

그렇지만, 사랑하는 딸아! 하늘나라의 비밀만 빼고 이 엄마에게만 네 아름다운 목소리를 조금만이라도 들려줄 수 없겠니…?

엄마가 창 밖으로 수군대는 세상을 바라보고 있을 때, 넌 조용히 내게 따뜻한 커피 한 잔을 내밀었지. 커피를 마실 동안 넌 옆에서 방긋이 웃으며 바라보다가 하얀 커피향이 하늘로 날아가는 것을 손으로 잡곤 했지. 엄마는 그 하얀 향기 따라 네가 하늘나라로 가 버릴까 봐 또 마음 졸였단다.

항상 마음 졸이며 살아가는 이 엄마에게 네 삼촌이 김종석 보험컨설턴트님을 소개해 주었지.

"이제는 마음 놓으세요."라는 김종석 님의 한마디는 엄마에게 무서운(?) 용기를 주었단다. 또 너를 위해 새벽기도를 해 주기도 하셨고, 많은 편지도 보내 주셨지. 덕분에 우리 가족은 아주 편안한 마음으로 살아갈 수 있었단다. 엄마는 김종석 님이 우리 곁에 있음이 얼마나 고마운지 모른단다.

내 사랑스러운 딸아, 우리 이제 세상을 향해 용기 있게 나아가자 꾸나.

김종석 님은 우리에게 보험을 권한 것이 아니라 용기를 권해 주셨잖니…. 참 따뜻한 분이라고 생각한다. 이 가을에 우리 보험컨설턴트님께 커피향같이 은은한 국화 향기 한아름 보내 보자. 사랑하는 내 딸!! 파이팅!!

너의 열두 해 가을에 사랑하는 엄마가.

(임경희 고객)

추운 나라에 사는 푸슈킨이 이런 말을 했다고 한다. "삶이 그대를 속일지라도 슬퍼하거나 노여워하지 마라." 말은 고상하고 그럴듯하지만, 자신의 고요한 삶 가운데 갑자기 천둥 벼락을 맞는다면 과연 누가 그렇게 대처할 수 있단 말인가? 의아심을 가질 수밖에 없는, 실천하기에는 너무나 어려운 명언이다.

그런데 3년 전 울산에 사는 나라네 가족을 방문했을 때, '그래도 그렇게 아름답게 살아갈 수 있구나!' 하는 사실을 확인할 수 있었다. 왜냐하면 엄마의 표현대로 하느님께서는 하늘나라의 비밀을 사람들에게 말하지 못하도록 '나라' 라는 소녀에게 침묵을 지킬 운명을 내리셨다. 하지만 그 가족의 모습은 여느 행복한 가정보다도 우리가 항상 외치고 부르짖는 '가족 사랑' 이 담겨 있는 모습 그 자체였다. 상담을 마치고 그 집을 나오면서, 내심 어느 상담보다도 진지하고 충실했다고 느껴지는 내 마음이 오히려 부끄러웠다. 아마도 세상에 축복이라는 것이 있다면 이 가족을 위해 반드시 실현될 것이라 믿어 의심치 않는다.

지난 겨울이었던가? 우연히 방문했던 내게 잠시 다녀온다며 기다리라고 하시더니 '나라' 어머니께서는 바다에서 바로 잡은 '게찜'을 요리해 주셨다. 물론 다 먹었다. 맛있었다. 그런데 그보다 백 배나 더 값지고 맛있었던 것은 마치 처가에 가면 장모님이 '씨암탉'을 잡아 주시듯 귀함과 정성으로 맞이해 주시는 그 마음이었다.

식사 후 '나라' 어머니께서는 나에게 이렇게 말씀하셨다. "김종석 님이 곁에 계셔서 든든해요. 자주 오세요. 그리고 가끔 힘든 일이 있더라도 오랫동안 우리 가족과 함께하셔야 합니다." 고객이 담당 보험컨설턴트에게 내리는 지상의 명령이다. 나는 약속을 지키기 위해 최선을 다하라고 자신에게 명령할 수 있지 않을까? 고객과 보험컨설턴트의 상호 관심. 그것이 고객의 보험유지와 담당 보험컨설턴트의 롱런의 함수관계가 아닐까 생각해 본다.

(김종석 보험컨설턴트)

제2의 인생 반려자, 나의 보험컨설턴트

난 올해로 회사생활 9년째를 맞는 평범한 샐러리맨이다. 개구쟁이 아이의 친구이자 아빠고, 한 여인의 무덤덤한 남편이다. 가정을 이루기 전에는 나도 세상 무서울 게 없었다. 남들보다 배짱이 두둑한 것도 아니었으나 스스로 항상 자신만만했고 어떤 어려움에도 굴하지 않을 용기가 있다고 자부했다.

하지만 결혼 후 가정을 꾸리며 나 하나만 바라보는 아이들과 아내의 그 눈빛은 나를 점점 현실적이고 소극적인 사람이 되도록 이끌었고, 때로는 크나큰 부담감으로 다가오기도 했다. 간혹 잠자리에 눕기 전 아이들의 양볼에 입을 맞춰 주면서도 '이 녀석들을 잘 키울 수 있을까?' 하는 두려움이 앞섰다.

내 보험컨설턴트는 대학 후배로, 이전에 같은 업종에 근무했던 김병철 씨다. 우리는 한 달에 한 번씩 만나 업무 이외에 세상 사는 이야기를 하곤 했는데, 이 친구가 얼마 후 다니던 직장을 그만두고 보험회사에 입사한다는 소식을 전해 왔다. 다소 의외이기는 했지만 사람 좋아하고 활동성이 강한 후배라 잘된 일이라고 생각했다.

어느 날 그가 인사차 찾아왔다가 내게 불확실한 미래에 대해 어떤 준비를 하고 있는지 물었다. 당시 주택 구입 후 이자와 원금 상환에 정신이 없던 나는 사실 아무런 대책도 없었기 때문에 그 답답한 심정을 토로했다.

누구나 한 번쯤 생각해 보았을 자신의 사후 문제들! 만약에, 만약에… 내가 갑자기 죽는다면 가장 걱정스러운 것은 가족의 미래! 생각하고 싶지는 않지만 인간인 이상 피할 수 없는 운명이 아닐까!

늘 고심해 왔던 문제인지라 난 후배와 함께 오랜 시간 상의한 끝에 종신보험에 가입했다. 서류에 사인하며 조금이라도 가족을 위해 준비한다는 것이 가슴 뿌듯하게 느껴졌다.

며칠 후 잠자리에 들기 전 집사람이 나를 흘겨보며 낮에 은행에서 통장을 정리했는데 얼마가 모자라더라며 의심 가득한 눈초리를 보내는 것이었다. 난 좋은 일에 사용했노라 얘기했지만 집사람은 사용처를 명백히 밝히라며 조금도 물러서지 않았다. 난 사실대로 보험에 가입했노라 이야기했다. 집사람은 지금 때가 어느 땐데 그 비싼 보험에 가입했느냐고 했고, 우리는 한바탕 옥신각신했다.

난 아내에게 그 보험은 나 자신을 위한 것이 아니라 내가 이 세상 사람이 아닐 경우 가족을 위해 무언가 보탬이 되어야 한다는 절박한 심정에서 가입한 것이라고 조용히 설명했다. 집사람은 돌아누워 아무런 말이 없었다. 난 아직도 화가 난 모양이라 생각하고 그냥 잠을 청했다.

다음 날 아침 출근할 때 아내의 눈이 부어 있기에 너무 속이 상해 밤새 울었나 생각하며 그냥 인사도 없이 출근했는데, 회사로 아내에게서 전화가 걸려 왔다. 남편의 속도 모르고 바가지를 긁은 자신이 미안하다며 내게 고맙다는 이야기를 수도 없이 하는 것이었다.

보험 가입 후 우리의 여섯 번째 결혼기념일에 김병철 보험컨설턴트가 꽃다발과 케이크를 사 들고 집으로 찾아왔다. 난 반가움과 놀라움에 그를 맞이했고 그는 나와 집사람에게 보험증권을 전달하며, 가정을 지키려는 내 노력과 아내의 사랑 어린 감동이 자신에게도 큰 힘이 된다며 우리 가정의 행복을 기원해 주었다.

집사람에게 명함을 건네며 "종원 형이 가족을 정말 사랑하고 형수님이나 두 아이들을 자신보다도 소중히 여긴다는 것을 알아 달라."고 당부했다. 또 그런 일이 있어서는 안 되겠지만 만약에 자신이 필요할 때가 온다면 언제든 서슴지 말고 연락 달라는 인사도 잊지 않았다.

난 후배를 돌려보낸 후 집사람과 마주 앉아 정말 대단한(?) 후배에 대해 이야기했다. 후배의 집은 수유리고, 우리 집인 일산에서 한참을 가야 하는데 밤늦은 시간에 저녁도 못 먹고 꽃다발과 케이크를 들고 우리 집을 찾은 그 정성이 놀라웠다. 과연 나라면 고객에게 그런 정성을 기울일 수 있었을까?

얼마 후 고마움을 표하기 위해 후배에게 전화를 했는데 후배는 오히려 자신이 내게 더 많은 고마움을 느낀다며 몇 가지 이야기를 했다. 내 보험 가입과 집사람의 감동 어린 눈물은 어려운 환경에 적응하고 있던 자신에게도 너무나 큰 힘과 보람이 되었다는 것이다. 후배는 그때 내 전화를 받고 눈물을 흘리며 내 이야기를 동료들 앞에서 발표했다고 했다. 자신의 업무에 긍지와 자부심을 느끼는 순간이었다고….

사실 우리나라에서 보험에 대한 인식은 아줌마 부대의 무차별한 친지·이웃 공격으로 매우 좋지 않은 게 사실이었고, 전직을 하겠다는 말에 주위의 반대도 상당히 거셌다고 한다. 좋은 직장 놔두고 보험 세일즈라니…. 막상 시작한 업무에서 초조함과 이질감, 주위의 시선 등으로 한참 어려움을 겪고 있던 그 무렵 내 전화 한 통은 너무도 큰 힘이 되었다며 고마워했다.

후배의 성실함과 열정에 지금도 박수를 보낸다. 자신의 업무에 보람과 긍지를 지니는 사람, 참으로 프로가 아닌가! 지금 어딘가에서 새로운 고객과의 상담에 여념이 없을 내 보험컨설턴트! 내겐 집사람에 이은 제2의 인생 반려자다.

(최종원 고객)

최종원 님은 내 1년 4개월여 보험컨설턴트 생활에서 눈물을 쏟아 내게 만드신 분이었다. 부인과 상의 없이 내 말에 깊은 동감을 느끼고 청약을 한 후 내 두 눈을 보며 이렇게 말씀하셨다.

"진정 내게 어려움이 닥쳤을 때 오늘 내가 이 계약서에 서명하는 내 마음을 아내와 두 아들에게 전해 주게. 진정으로 사랑하고 있었다고."

그 말을 듣는 순간 마음속 깊은 곳으로부터 차오르는 감동 때문에 계약서를 작성하기가 힘들었다. 다시 한번 그날을 되새겨 볼 때면 내가 왜 이 일을 해야 하는지, 그리고 얼마나 소중한 일을 하고 있는지 새삼 새로운 마음을 다지게 된다.

간혹 전화를 드릴 때 그분이 나를 후배로서가 아니라 가족의 일원으로, 그리고 인생의 동반자로 대해 줄 때면 그분과 나를 이어 주는 보험의 '가치'를 다시 한번 실감한다. 모든 생명보험 고객들과 보험컨설턴트들이 이런 사랑의 마음을 나눌 수 있기를….

(김병철 보험컨설턴트)

남이 아닌 가족처럼

창문 너머로 성큼 다가선 동산의 잡목들이 시나브로 수수한 옷으로 갈아입고, 가녀린 코스모스의 몸놀림이 바쁜 일손을 잠시 쉬어 마음의 고요를 찾게 한다.

그 언제였던가, 세상의 근심 걱정을 나 혼자 다 짊어진 것처럼 삶의 무게로 너무 힘들어할 때 따뜻한 햇살처럼, 훈훈한 바람처럼 항상 옆에 있던 그분이 생각난다. 병원에서는 간단한 위염이라는데 남편의 고통은 날로 심해졌고, 급기야 하던 일을 접고 한 달 단식에 들어갔다.

보고 싶은 마음에 두 아이를 데리고 그가 외로이 견디고 있는 하동 골짜기로 떠났다. 차창 밖으로 개나리, 진달래가 만발했지만 눈에 들어오지 않았다. 우리 가정이 이렇게 힘든 것과는 상관없이 세상은 잘 돌아가는구나 하는 야속함과 예전엔 나도 그들 중의 한 사람이었다는 부끄러움이 들었다.

상상보다 더 초췌해진 그 모습 앞에서 그동안 잘 참았던 눈물이 봇물처럼 터져 흐를 때 그가 하는 말이,

"여보, 미안하구려. 오늘이 당신 생일이구려."

자기 걱정보다 마누라 생각을 하는 그가 더 야속했다.

축 늘어진 모습으로 돌아와 보니 긴 하루 동안 우편함에 고개를 쏘옥 내민 연분홍 편지 한 통이 기다리고 있었다. 정성껏 써 내려간 그 글들을 읽고 또 읽으며 한 번 더 눈물을 쏟고 말았다.

예쁜 장미 꽃다발이 그려진 생일 축하 카드는 내게 한 장의 종이가 아니라 '진심으로 우리를 생각해 주는 가족이 또 있었구나!' 하는 고마움과 기쁨의 눈물을 흘리게 하는 것이었다.

그 뒤 큰아이, 작은아이 생일을 잊지 않고 보내 준, 정성이 듬뿍 든 생일 축하 카드를 받을 때마다 상상 속의 박상훈 씨를 그려 보았다. 여느 보험처럼 계약으로 끝나지 않고 고객을 감동시킬 수 있는 이런 분이라면 평생 고객으로 남고 싶다. 그분이 보내 오는 우편물 속에는 남편의 건강을 같이 걱정해 주고 염려해 주는 가족과 같은 진정한 마음이 배어 있다.

오늘도 우리 부부는 보통 사람이 아닌 대단하신 분, 박상훈 보험컨 설턴트에 대해 이야기를 나누며 우리도 누군가에게 그런 사람이 되어 야겠다는 희망을 가져 본다.

(심수근 고객)

늘 고객과 함께할 수 있기를 바랐지만 이처럼 자랑스럽게 여겨 주시는 고객분들이 계시다니…. 그분들께 감사드리며, 또한 모든 고객분들께 감사드린다.

보장이란 불확실한 미래를 위한 준비일 뿐 아니라 자신의 능력을 충분 히 발휘할 수 있는 자기계발, 그리고 건강관리의 소중함을 일깨우는 것 이다. 항상 위로가 되고 함께해 주시는 모든 고객분들께 다시 한번 감사 드리며 행운이 있기를….

(박상훈 보험컨설턴트)

"에이, 형님도 참! 사고는 안 나야죠."

길연하, 그는 나의 담당 보험컨설턴트다. 그와의 만남은 기이했다. 작 년 가을쯤 내가 근무하는 병원으로 그가 찾아왔다. 말쑥한 차림에 생 명보험회사 영업사원이라고는 믿기지 않을 만큼 훤칠한 키, 수수하고 호감이 가는 외모였다. 한참 환자를 보고 난 후 아직도 안 가고 있는 그에게 "누구신지?" 하고 물었더니 "○○생명보험에서 왔습니다." 하고 인사를 했다.

"○○생명보험?" 내가 여태까지 만난 생명보험회사 직원들이 떠올랐다.

대개의 생명보험회사 직원들이 그렇듯이 끈질기게 상품을 설명하고 권유할 것으로 생각하고 우선은 손사래를 치면서 "이미 여러 군데 많이 들었는데…."라고 하니까 그는 "그러시겠죠." 하면서 명함과 회사소개서와 상품설명서를 건네고 "바쁘신데 이만 가 보겠습니다. 다음에 뵙죠." 하며 그날은 그냥 인사만 하고 갔다.

그 후로 그 일을 잊고 있었다. 그런데 올해 봄, 그가 다시 찾아왔다. "안녕하셨어요?" 하기에 "응! 길연하 씨 아닙니까? 오랜만에 오셨네요." 하니 "어떻게 제 이름을…?" 했다.

사실 주고 간 명함을 보니 성도 특이하게 길씨고, 상품 내용도 읽어 보니 지금까지 알고 있던 생명보험 상품과 달리 고객편의 위주로 특이하게 설정돼 있어서 "어! 좀 다른 경영 기법인데…" 하고 호기심이 일 때쯤 그가 다시 방문한 것이다. 사실 요즘은 누구든 친구나 친척 중 보험회사에 다니는 사람이 한둘쯤은 있게 마련이어서 생명보험에 한두 개 아니면 여러 개씩 체면 혹은 안면 때문에 가입한 사람들이 대부분일 것이다.

여태까지의 생명보험은 일이 생기면 이럴 땐 안 된다, 저럴 땐 안 된다 하면서 어떻게 하면 보험금을 주지 않을까 하는 데에만 신경을 쓰는 것 같았고, 보험약관 또한 고객한테 불리하도록 되어 있는 경우가 많았다. 그런데 평생에 대한 보장과 질병, 재해를 망라하여 반드시 지급을 보장한다는 점이 마음에 들었다. 죽거나 사고당하는 것만도 억울한데 보험금마저 이래서 저래서 지급이 안 된다고 하면 누가 안심하고 보험을 들겠느냐 말이다. 그래서 나는 그때까지 인사치레로 계약한 적은 금액의 보험을 아예 가입하지 않은 셈치고 붓고 있었다.

길연하 보험컨설턴트는 나와 같은 Y대학을 나온 후배였다. 반가웠다. 우선은 학교 후배가 설마 선배한테 엉뚱한 상품을 소개하진 않겠지, 안심이 됐다. 그래서 권하는 대로 종신보험에 가입했다. 좀더 고액 상품으로 하고 싶었으나 요즘 경기가 안 좋아서 후일을 기약했다. 부부가 같이 보장받고 아내의 보험료가 더 저렴하다 해서 이참에 같이 가입했다.

그리고 여름 휴가철이 왔다. 나는 운동을 좋아해서 매일 새벽 아이스 링크에 가서 쇼트트랙 스케이팅을 한다. 매주 일요일엔 MTB(산악자전거)나 도로 사이클링을 한다. 스케이팅의 보조운동이 자전거 타기이기 때문이다. 때문에 우리 스케이트 클럽에서는 여름 휴가 때 백두산 천지를 자전거로 등정하기로 계획하고, 7월 5일 속초에서 페리 호에 몸을 싣고 러시아 자루비노를 거쳐 훈춘·연길·안도·백두산까지 왕복 800킬로미터 사이클 투어를 하고 돌아왔다. 9박 10일의 긴 여정이었다.

마침 천우신조로 날씨가 좋아서 맑고 깨끗한 백두산 천지를 볼 수 있었다. 포장이 안 된 거친 만주 벌판의 도로와 경사가 급하고 위험한 백두산 산길을 오르면서 한 가지 든든한 위안은 보험에 들고 오길 잘 했다는 생각이었다. 물론 사고가 안 나게끔 안전조치가 뒤따르긴 하지만 사람 일은 모르는 것이 아닌가.

사이클 투어를 다녀온 후 곧 추석이 다가왔다. 길연하 후배가 방문했다. 백두산 잘 다녀오셨느냐고 묻기에 보험 덕분에 안심하고 다녀왔다고 했더니 "에이, 형님도 참! 사고는 안 나야죠."라고 말해, 우리는 큰소리로 같이 웃었다.

추석 전날 길연하 후배로부터 배가 한 상자 택배로 보내져 왔다. 아는 분이 나주에서 배농사를 짓는다고 들은 바가 있어 '아하! 추석 선물 겸 맛 좀 보라고 보냈구나!' 생각하고 뜯어 보았더니 일주일이나 걸린 운송기간 때문인지 전부 짓무르고 상해서 먹을 수가 없었다. 그래도 성의가 고맙다고 생각하고 있었는데 전화가 왔다.

"선배님, 잘 드셨어요?" 하기에 사실대로 말했더니, 극구 말렸는데도 불구하고 기어이 수일 후 크고 싱싱한 배 한 상자를 다시 보내 주었다. 덕분에 우리 가족 모두 한동안 맛있는 배를 맛보았다. 값이 문제가 아니라 성의가 고마웠다.

어떤 암 환자가 쓴 책을 읽어 보니 장암에 걸려 무진 고생을 하는 중에도 한 가지 다행인 것은 얼떨결에 들은 보험 덕택에 치료비 걱정은 안 한다고 했다. 이 얼마나 고마운 일인가. 사람이 아프거나 사고를 당하면 우선 치료비 걱정이 제일 앞서는 것임을 볼 때 보험은 절대로 필요하다는 것을 다시 한번 깨달았다.

후배, 아니 아우 길연하 보험컨설턴트에게도 고마움을 전하며 계속 열심히 맡은 바 소임을 다해 주길 바라는 마음 간절하다.

(허형범 고객 / 담당 보험컨설턴트 길연하)

제2장

새로운
전문직종,
보험컨설턴트

생명보험의
장미정원 가꾸기

성공한 보험컨설턴트들을 보면서 무엇보다도 놀라운 것은 그들의 일하는 모습이다. 그들은 아침 8시 이전에 출근하여 밤 11시가 넘도록 너무나 즐겁게 일에 몰두한다. 보험컨설턴트들의 이런 모습을 처음 접하는 사람은 누구나 '무엇이 그들을 이토록 미치게 만드는가?' 의아하게 생각한다. 그러나 분명 개인의 성공이나 돈을 벌기 위한 목적 때문만은 아니다. 단순히 그런 목적이라고 보기엔 보험컨설턴트들이 일하는 시간이나 영업 실적이 그 기대치를 훨씬 상회하고 있기 때문이다. 그렇다면 그 이유는 무엇일까?

한국 보험업계에 새로운 문화를 만들어 나가고, 보험에 대한 일반의 인식을 바꿔 놓겠다는 보험컨설턴트들의 사명감이 바로 성공의 비밀이며, 그 이면에는 생명보험의 아름다운 장미정원을 가꾸겠다는 열망이 담겨 있다.

왜 '장미정원' 인가?

화려한 것으로 치자면 다른 꽃들도 수없이 많은데 왜 하필 장미정원이라 할까? 생명보험정신이 제대로 전달되지 못하는 경우에는 볼품도 없고 마치 장미 가시에 찔린 것처럼 누군가 상처를 입고 혐오하게 되지만, 제대로 꽃을 피우기만 한다면 그것은 아름답고 기품 있는 장미이며 그에 비할 만큼 아름다운 꽃은 드물다.

그동안 회사의 영리만을 목적으로 하거나 영업사원들의 실적주의를 부추기던 이전의 그릇된 보험업계 관행 때문에 보험에 대한 일반의 인식이 왜곡되어 온 것이 사실이다. 이런 거칠고 열악한 환경에서 고객에게 재정적 안정과 마음의 평화를 전달하려는 진정한 사명감을 가진 보험컨설턴트는 우아하고 아름다운 장미와도 같은 존재다.

보다 아름다운 장미정원을 가꾸기 위해서는?

첫째, 잠재력 있는 장미 묘목(또는 씨앗)을 선택하여 올바르게 심어야 한다.
(Recruiting & Selection)
묘목을 선택하는 과정에서 아무리 예쁜 백합이나 다른 꽃을 만난다 해도 절대 타협해서는 안 된다. 목표는 여러 가지 다른 종류가 혼합된 여느 정원을 만들려는 것이 아니라 장미정원을 만드는 것(Mission)이다. 힘이 들고 시간이 걸리더라도 꾸준히 장미 묘목만을 찾아 내야 한다.

건강한 장미 묘목을 찾아 내어 올바르게 심어 놓기만 한다면 목표의 절반은 이룬 셈이다.

장미 묘목의 특징은 이렇다.
- 마음이 따뜻하다(남을 도우려는 열망이 있는 사람).
- 자기 관리 능력이 있다(스스로 목표를 세우고 실천하는 사람).
- 사람 만나기를 좋아한다(친화력이 좋고 우호적인 사람).
- 정신회복력이 강하다(스트레스를 극복할 줄 아는 사람).
- 경쟁심이 강하다(남보다 뛰어나고 싶은 사람).

보다 잠재력이 큰 장미 묘목을 찾는 일은 마치 바닷가에서 예쁜 조개껍데기를 줍는 것과 같다. 더 멀리 돌아다닐수록 더 예쁜 조개껍데기를 주울 확률이 높듯이, 현재 수준에 만족하지 않고 더 많은 사람을 만날수록 더 잠재력이 큰 보험컨설턴트 후보자를 만나게 될 것이다.

둘째, 장미꽃에 가장 적합한 토양을 만들어야 한다.
(Company Culture, Belief & Value System)
생명보험은 상품을 판매하는 것이 아니라 '가족 사랑, 인간 사랑'이라는 가치를 전달하는 것이다. 실적이나 수입 커미션을 위해 판매하는 것이 아니라 보험금을 지급하기 위해 판매하는 것이다.

보험컨설턴트들은 고객 사망 시에 보험금을 전달하여 가족에게 '재정적 안정'을 제공하는 사명과 함께, 고객이 생존 시에도 생명보험의 가치를 깨달아 '마음의 평화'를 누리며 살아가도록 하는 사명도 지니고 있다.

따라서 기업의 문화는 실적을 부추기는 문화가 아니라 가치를 숭상하는 문화여야 한다. 또한 보험컨설턴트와 보험컨설턴트 간, 회사와 임직원 간도 경쟁이나 갈등 관계가 아닌 서로 협조하고 격려하는 관계가 되어야 한다. 우리가 얻을 수 있는 영감이나 교육이 대부분 사람들로부터 오기 때문이다.

과연 이러한 보험컨설턴트십이 일반적인 세일즈맨십보다 성공하는 데 도움이 될 것인가? '보험컨설턴트의 성공'은 흔한 '세일즈맨의 성공'과는 다른 각도에서 생각해야 한다. 보험컨설턴트와 고객의 관계를 벌과 꽃에 비유하면 이해가 빠를 것이다.

벌이 꽃을 방문하는 목적은 당연히 꿀을 얻기 위해서다. 벌은 더 많은 꿀을 얻어서 자신과 가족이 풍요롭게 살기 위해 꽃을 방문한다. 따라서 열심히 꽃을 방문해야 성공한다는 논리나 한 번의 방문에서 더 많은 꿀을 따려는 노력에 그다지 잘못은 없다.

그러나 꽃의 입장에서 생각해 보자. 꽃은 벌이 얼마나 꿀을 얻는가에는 관심이 없다. 꽃의 유일한 관심은 자신의 꽃가루가 잘 수분되어 후손이 번창할 수 있는가 하는 것이다. 다시 말하면 꽃가루의 수분을 위해 벌에게 꿀을 주는 것이다.

만약 벌이 꽃가루의 수분보다 꿀에만 관심이 있다고 생각해 보라. 배고픈 벌들은 꿀만 따먹기에 바빠 수분은 대충 하고, 배부른 벌들은 더 이상 꽃을 방문하지 않을 것이다. 그렇게 되면 꽃들의 숫자가 점점 줄어 가고, 벌에게 다른 꽃을 소개하기는커녕 벌의 방문조차 싫어하게 되어 결국은 벌도 꽃도 함께 멸종하고 말 것이다.

반대로, 벌이 꿀보다는 꽃가루의 수분에 더욱 관심이 있다고 생각해 보자. 벌로 태어나서 온 세상에 아름다운 꽃이 번창하도록 만드는 일은 얼마나 멋진 사명인가? 열심히 꽃을 방문하여 정성껏 수분을 해 준다면 당연히 온 세상이 꽃으로 가득 차게 됨은 물론, 벌은 저절로 꿀을 많이 얻게 될 것이다.

무엇보다도 기쁜 것은 꽃들로부터의 감사와 중요한 일을 하고 있다는 보람에서 오는 마음의 평화일 것이다. 이처럼 가치 있고 즐거운 일을 할 때에는 시간이 가는 줄도 모르게 된다.

보험컨설턴트들이 고객을 방문할 때 본능적으로 실적을 의식할지 몰라도, 고객은 자신의 사랑이 어떻게 가족에게 올바로 전달될 수 있는가에 관심을 갖고 보험컨설턴트를 맞이한다.

따라서 보험컨설턴트십만이 성공을 더 쉽고 기쁘게 만드는 지름길이다. 개인의 성공보다 우선하여 고객을 돕겠다는 보험컨설턴트십을 고양하는 문화가 장미꽃을 가장 잘 자라게 하는 토양이다.

셋째, 장미꽃을 잘 가꾸는 기술이 있어야 한다.
(Training & Structured Management)
세상에는 마음만 갖고는 안 되는 일이 너무나 많다. 모든 부모가 자녀를 사랑하고 훌륭하게 키우고 싶어하지만 자녀가 부모에게 반발하고 잘못되는 경우도 비일비재하다. 의사가 환자를 사랑하는 마음으로 수술에 임하더라도, 기술이나 의료 지원 시스템이 부족하다면 오히려 환자를 죽이는 결과를 가져오게 되는 것이 냉엄한 현실이다.

그렇다면 훌륭한 보험컨설턴트를 육성하기 위한 관리 시스템의 요건은 무엇일까?

① 관리자의 지속적인 자기계발과 헌신이 중요하다.

CEO를 비롯한 관리자들에게 보험컨설턴트십이 충만하지 못하면 보험컨설턴트들은 고객에게 생명보험업의 미션을 전달할 수 없게 된다. 고객에게 그들이 만나는 보험컨설턴트가 회사이듯, 보험컨설턴트에게는 그들이 만나는 관리자가 곧 회사다.

　그러므로 관리자들은 생명보험업의 미션에 입각하여 보험컨설턴트들에게 끊임없는 보험컨설턴트십과 영감의 근원이 되도록 지속적인 자기계발과 헌신을 해야만 한다.

② 보험컨설턴트 교육이 체계화되어 있어야 한다.

훌륭한 자녀를 육성하기 위해 출생 전 어머니의 태교, 학교 교육, 사회 교육이 체계적으로 연결되어야 하듯, 훌륭한 보험컨설턴트를 육성하기 위해서는 보험컨설턴트에 대한 단계별 트레이닝 목표가 정립되어야 한다. 이것을 '보험컨설턴트의 성공을 위한 프로젝트'라고 말할 수 있다.

　체계적인 교육을 위해서는 보험컨설턴트를 채용하기 전 오리엔테이션, 직무설명회, 선별면접 과정을 태교처럼 활용하여 입사 전에 후보자가 올바른 미션을 정립하도록 해야 한다. 입사 후에는 학교 교육에 해당하는 FTP(First Month Training Program), BTP(Basic Training Program), Sales Meeting(지점 미팅) 등을 통해 구체적인 보험컨설턴트십과 세일즈맨십을 고취하고, 생활 교육에 해당하는 영업현장에서는 자기사업가 정신을 토대로 TBO(Training by Objective : 현장활동 분석 결과에 기초한 교육 방법)에 입각한 체계적인 활동 시스템(Structured Activity)을 정착시켜야 한다. 보험컨설턴트십과 자기사업가 정신은 보험컨설턴트의 성공을 위한 두 개의 바퀴와 같다.

③ 보험컨설턴트 육성은 자율성에 근거할 때 최대 효과를 거둘 수 있다.

정규 교육 프로그램을 통해 보험컨설턴트들에게 줄 수 있는 교육은 습득해야 할 전체 교육의 1/3에 불과하다. 1/3은 자신의 경험을 통해, 1/3은 동료 보험컨설턴트를 통해 배운다.

따라서 수동적으로 참석하게 되는 회사의 정규 교육 프로그램보다는 보험컨설턴트들이 스스로 교육의 필요성을 느끼고 서로에게서 배우려고 할 때 교육의 효과가 극대화될 수 있다. 보험컨설턴트들의 경험 공유 시간(Buzz Session)이 유용한 것은 바로 이 때문이다. 이러한 자율적 교육이 활성화되려면 정규 교육에서 '어떻게 해야 하는가' 보다는 '왜 해야 하는가' 를 인식시키는 데 집중하는 것이 필요하다.

한때 아름다운 정원으로 만족할 것인가?

한때 아름답던 정원도 아무 손길이 닿지 않은 채 시간이 지나면 잡초밭으로 변하고 만다. 세상에는 '아름다운 정원 가꾸기'에 관한 책이 수없이 많지만 '정원을 잡초밭으로 만들기'에 관한 책은 없다. 왜 그럴까? 이유는 간단하다. 정원을 잡초밭으로 만들려면 정원에다 관심을 쏟지 않고 가만히 놔두기만 하면 되기 때문이다.

아름다운 장미정원을 가꾼 후 지속적으로 잡초를 뽑아 주고, 가지도 잘라 주고, 보다 나은 장미 묘목을 심지 않으면 어느 순간 정원이 잡초밭으로 변하는 것이 당연한 자연의 이치다. 아름다운 정원을 일구어낸 기술을 다른 곳에도 전파하여 기쁨을 나누고, 지금보다 더욱 아름다운 정원을 만들도록 끊임없이 노력하지 않으면 정원은 금세 빛을 잃고 말 것이다.

보험컨설턴트 일에
'한계'는 없다

보험컨설턴트십이란 보험컨설턴트의 역할에 대한 확고하고도 정확한 인식이다. "보험컨설턴트는 단지 생명보험을 판매하는 세일즈맨이 아니라 생명보험의 진정한 가치와 의미를 통해서 '인간 사랑, 가족 사랑'을 실천하는 사람이다."라는 신념과 의지이며, 이것은 보험컨설턴트 생활의 처음이자 마지막인 기본정신이다.

보험컨설턴트십에 대해서는 말로써 그 의미를 완성할 수 없다. 왜냐하면 보험컨설턴트들이 항상 지니고 다녀야 할 나침반처럼 그들이 나아가야 할 방향을 제시해 주는 정신적 지침이기 때문이다.

보험컨설턴트 출신으로 미국 푸르덴셜의 회장을 지낸 로버트 벡(Robert Beck)은 보험컨설턴트의 일을 다음 열 가지로 설명한 바 있다.

① 업무의 스케줄 및 내용을 자율적으로 결정한다.

② 프로페셔널하고 전문적인 지식을 필요로 한다.

③ 전 생애를 통해 배운다.

④ 보수는 자기 자신이 창출하는 결과에 달려 있다.

⑤ 성실한 활동을 통해 신뢰와 존경을 받는 직업이다.

⑥ 여러 사람과 만나며 폭넓은 인간관계를 형성하는 직업이다.

⑦ 지정된 고객을 만나는 것이 아니라 자신이 선택하여 고객을 만난다.

⑧ 긍지를 가질 수 있는 직업이며, 회사와 파트너십으로 신뢰를 유지한다.

⑨ 사회에 공헌하며 사람들에게 사랑과 행복을 제공한다.

⑩ 전문가로서의 보험컨설턴트와 관리자 중 자신의 적성에 따라 선택 가능하다.

대체로 평범한 직장인에게는 몇 가지 넘기 어려운 한계선이 있다.

첫째, 본인의 능력이 아무리 뛰어나고 열심히 일해도 궁극적으로는 연공서열의 굴레를 벗어나기가 어렵다는 점이다. 개인의 실적보다는 자신이 속한 부서나 조직의 실적에 연동하여 평가를 받게 되고, 아직 우리 사회의 현실은 열심히 일하는 사람들이 소외당하거나 눈총받기 쉬운 풍토다.

둘째, 자신의 미래를 상사의 처분에 맡길 수밖에 없는 것이 현실이다. 우리 사회의 병폐인 학연이나 지연에 의존하는 관습이 아마도 여기에서 비롯되지 않나 싶다. 승진이나 좋은 평가를 위해서는 상사의 눈치를 볼 수밖에 없고, 인사고과 점수가 매년 연봉에 곧장 반영되어 샐러리맨들은 몇 퍼센트 연봉이 오르고 내리는 데에 따라 일희일비하게 된다. 2~3퍼센트라도 더 올려 보려고 농성까지 불사하는 절박한 사태가 해마다 일어나고 있지 않은가.

셋째, 자신의 생체 리듬이나 업무 능률에 상관없이 회사가 규정한 타율적인 근무시간에서 자유롭지 못하다. 자기 일이 끝났다 해도 상사가 퇴근하기 전까지는 마음대로 퇴근할 수 없고, 야근을 해도 자신을 위해 돌아오는 급부가 별로 없다.

많은 직장인들이 흔히 이러한 이유로 좌절하여 그 한계선을 넘어보고자 자기사업을 꿈꾸기도 한다. 그러나 자기사업을 하는 데엔 여러 가지 만만치 않은 난관이 도사리고 있다.

첫째, 막대한 사업자금을 마련해야 한다. 요즘은 대출받기도 어렵지만, 대출을 받을 수 있다고 해도 대출이자를 상환하는 문제가 쉽지는 않다.

둘째, 쌓아 놓은 노하우가 없으면 성공하기 어렵다. 자기 스스로 일의 모든 과정을 감당할 능력이 없어 다른 사람의 힘을 빌려 사업을 하겠다는 생각이라면, 어렵사리 마련한 눈먼 돈을 노리는 위험이 도처에 수두룩하다. 장기 근속한 공무원이나 교사가 소중한 퇴직금을 날리는 경우가 비일비재하다.

셋째, 계속되는 리스크 부담이다. 자본을 먼저 투자하고 나서 잘되면 돈을 벌지만, 실패하면 모두 잃게 되는 것이다. 조금 잘되는 업종이 있다고 하면 그 주변에 너도나도 뛰어들어 서로 덤핑 공세를 벌이고, 결국 모두 손해를 보는 경우가 부지기수다. 잘되는 업종도 선두주자로 나선 경우에는 이익을 남기지만, 경제환경이나 유행의 변화에 민감하지 못해 후발주자로 따라가다 보면 결국 하루아침에 투자한 돈을 모두 잃고 만다.

그러나 보험컨설턴트 일에는 한계가 없다.

첫째, 일에 대한 보상은 나이나 경력, 학력과 관계없이 실력으로 결정된다. 또 팀 실적과 상관없이 순수한 자신의 실적만큼 보상받는다.

둘째, 자신이 가치 있다고 생각하는 일을 소신껏 할 수 있다. 남들의 평가에 연연할 필요 없이 내가 만나는 고객에게만 최선을 다하면 그 결과에 따라 성공이 보장된다.

셋째, 연봉을 자신이 결정한다. 금년보다 300퍼센트 인상을 원한다면 단지 지금보다 세 배 더 일하면 된다. 자신이 일하고 싶은 시간에, 일하고 싶은 만큼 마음껏 일할 수 있고 일한 만큼 대가가 돌아온다.

넷째, 사업자금이 필요 없다. 필요한 것은 열정과 체력이다.

다섯째, 성공을 위한 노하우는 회사의 교육과정을 통해 철저히 배울 수 있다. 회사와 관리자들은 검증된 노하우를 제공해 주려고 안달이 나 있다.

여섯째, 지속적인 발전이 가능하다. 사람이 존재하는 한 '가족 사랑, 이웃 사랑'은 지속될 것이고, 가장이 사망하면 남은 가족은 경제적으로 타격을 받는다. 가장이 사망했을 때 가족이나 친척 외에 찾아오는 사람은 고인에게 받을 돈을 챙기려는 사람들뿐이다. 유일하게 돈을 주려고 찾아오는 사람은 보험컨설턴트밖에 없다. 보험컨설턴트 일을 바르게만 한다면 대다수 보험설계사와는 구별될 수밖에 없다.

　일곱째, 무한대의 꿈을 가질 수 있다. 당신 앞의 기회는 무한하다. 소득이면 소득, 보람이면 보람, 명예면 명예. 보험컨설턴트의 한계는 당신이 생각할 수 있는 그곳까지다. 당신은 당신이 꿈꾼 만큼만 성공을 거둘 수 있다.

직업 이전에
생활이다

샐러리맨은 대부분 자신의 진정한 삶의 부분이 가족과 함께하는 시간이나 취미생활, 좋아하는 사람들과 보내는 시간이라고 생각한다. 직장은 다만 생활을 영위하는 데 필요한 수입을 얻기 위한 방편으로 여긴다. 그래서 그들은 직장에서 보내는 시간을 아까워하고 빨리 퇴근시간이 돌아오길 기다린다. 그런 이유로 한때 〈9 to 5〉 같은 영화나 노래가 유행했는지도 모르겠다. 출퇴근 시간이 일정하고 급여를 많이 주는 직장이 좋은 직장이라고 생각하는 것이 당연하다.

또 어떤 사람들은 가족과 함께 있을 때는 남들을 사랑하고 양보하라고 하면서, 직장에서는 자신의 성공을 위해서라면 남을 물리치고 살아남는 처세술을 발휘한다. 직업과 개인 삶의 가치관이 서로 부딪치는 이중적인 생활을 하고 있는 것이다. '직장생활(사회생활)에서 성공하는 방법'에 관한 책을 읽거나 강의를 들으며, 그들은 두 얼굴을 가진 사람들이 되어 간다. 성공하기 위해서 마음에도 없는 말이나 행동을 해야 하는 비참함, 남의 약점을 공략해야 하는 약육강식의 논리 때문에 윤리의식이나 종교의식이 강한 사람들이 특히 가치관의 혼란을 겪는 것도 사실이다.

개인 삶의 철학과 직업의 철학이 같을 수 있다면 얼마나 좋을까? 보험컨설턴트 일을 제대로 하자면 바로 그래야만 한다. 보험컨설턴트 일이란 직업이자 삶이므로. 아니, 직업 이전에 생활이므로.

많은 사람들을 만나서 가족에 대한 책임을 다하도록 상담해 주고, 어린 세대들이 사회에 대한 따뜻한 시각을 가지고 꿈을 키워 나갈 수 있도록 보장해 주는 일, 평생에 걸쳐 깊은 신뢰를 바탕으로 한 인간관계를 맺으며 정직하게 봉사하는 일, 상대방의 가치를 존중하여 서로 이익을 나누는 일(Win-Win), 성공을 위한 적극적이고 긍정적인 마음 자세, 규칙적인 생활태도, 지속적인 자기계발 등 보험컨설턴트의 생활은 우리가 추구하는 이상적인 삶의 모습을 많이 갖고 있다. 가치관의 혼란 없이 최선을 다해 보람 있는 인생을 살아가는 일, '가족 사랑, 인간 사랑, 사회 봉사' 등을 자신부터 실천하는 생활, 무지와 불안에 처한 사람들에게 길을 제시하고 용기를 주는 생활, 그 모두가 보험컨설턴트의 생활이다.

어떤 의사가 한 보험컨설턴트에게 말했다.

"저는 의사가 되려고 열심히 공부했습니다. 인턴과 레지던트의 힘든 수련 과정을 거쳐 이제 남들에게 성공했다는 말을 듣기는 하지만 제가 하는 일이란 하루 종일 좁은 병원에서 병든 사람들을 만나는 것 뿐입니다. 그런데 당신은 여러 곳을 다니며 성공한 사람들만 만나고 가족 사랑이라는 좋은 이야기를 하고 다니니 참 부럽군요."

어떤 고객은 설날, 추석 등 연휴기의 항공권 구입을 보험컨설턴트에게 부탁하기도 한다. 또 좋은 세무사를 소개해 달라는 사람도 있다. 음식점을 개업하고 싶은데 도움이 되는 사람들을 알려 달라고 요청하는 고객도 있다.

왜 그럴까? 그것은 보험컨설턴트 일이 피플 비즈니스이기 때문이다. 보통 사람들은 평생 200~300명의 사람들과 친분을 맺는다고 한다. 반면, 보험컨설턴트들은 이 일을 하는 동안 수천 명의 사람과 친분을 맺는다. 그것도 그냥 스쳐 지나가는 정도가 아니라 평생의 동반자 관계를 유지하므로 어떤 고객은 형제보다 더 가깝게 지내기도 한다.

다양한 사람들이 살아가는 모습과 그들의 지혜로부터 배우는 기쁨, 성공한 사람을 통해 접하게 되는 새로운 세계, 이런 것들은 보험컨설턴트 일의 부수적인 장점이다. 아무리 어렵고 힘들더라도 한 사람의 기인을 만나서 길을 찾게 되고 그의 적극적인 협조를 통해 성공의 조건이 이루어지고 그 성공 대열에 동참하게 되는 것, 이것이 피플 비즈니스의 묘미가 아니겠는가.

한 성공한 보험컨설턴트의 에피소드다.

그는 택시를 타거나, 식당에 가거나, 슈퍼마켓에 가서까지 만나는 사람들에게 "보험이 무엇인지 아십니까?"라고 이야기하곤 했다. 심지어 집에서 잠을 자다가도 "보험은 꼭 필요합니다."라고 잠꼬대를 해서 가족이 크게 웃었다고 한다.

하루는 그가 이발소에서 면도를 하면서 보험 이야기를 하던 중에 이발사에게서 이발소 앞의 분식집 주인이 보험 가입 때문에 고민하고 있다는 이야기를 들었다. 그는 한쪽 면도를 하다 말고 분식집으로 달려갔다. 보험컨설턴트가 분식점 주인과 보험에 대한 이야기를 나눌 때, 보험을 저축의 한 가지로만 알고 있던 부인은 처음에 설거지를 하면서 큰 소리를 내어 이야기를 방해했다.

보험컨설턴트는 당황하지 않고 그 부인이 보험의 의미를 이해할 때까지 천천히 설명을 계속했다. 그러자 부인은 어느 새 손을 닦고 보험컨설턴트 곁에 앉아 이야기를 들으면서 흡족하게 보장성 보험에 가입하게 되었다.

보험 가입을 끝낸 후 다시 이발소로 돌아와 나머지 면도를 마친 보험컨설턴트에게 이발사가 물었다. "보험이 그렇게도 좋습니까?" 그 보험컨설턴트의 대답이 걸작이다. "그럼요. 남을 도우면서 내 일을 하는 직업이 어디 또 있나요? 내가 하는 일은 불행이 그 가정을 방문하기 전에 1초라도 먼저 찾아가서 보장을 해 드리는 일인데 때와 장소를 가릴 수 없지요."

이 보험컨설턴트의 말 때문에 한때 "보험컨설턴트는 때와 장소를 가리지 않습니다." "고객이 잠든 시간에도 보험컨설턴트는 고객의 가정을 위해 일합니다."라는 조크가 유행한 적이 있다.

MDRT와
한국 보험업계의
위상

2000년 11월 전 세계 보험업계의 '명예의 전당' MDRT(Million Dollar Round Table:백만 달러 원탁회의)가 한국에서도 발족했다. MDRT의 한국 내 발족은 우리나라가 명실상부한 보험 선진국으로서 자격을 갖추게 되었으며, 국내 생명보험사들의 국제적 위상도 한층 높아졌음을 의미한다.

이와 때를 맞춰 총회 참석차 방한한 세계 MDRT 회장 토니 고든(Tony Gordon)은 "MDRT 본회도 한국 보험영업인 교육에 필요한 각종 자료를 제공하겠다."며 한국 MDRT에 대한 지원을 약속했다. 그는 "전 세계적으로 우리 업무 영역 내에 대중, 미디어 매체, 다른 프로페셔널 조직들이 MDRT와 일하는 것이 최고의 사람들과 일하는 것임을 인식시켜야 한다. 우리는 우리 분야에서 최고이고, 지금 세계에 그것을 알려야 한다. 나는 시간과 자원을 투자하는 데 있어 이 프로젝트보다 나은 것을 생각할 수 없다."며 '베스트 오브 베스트'로서 MDRT의 위상과 긍지를 다시 한번 강조했다.

또한 고든은 MDRT의 메시지를 공유하며 자신감과 높은 윤리적 기준을 가질 것을 이야기하고 이 조직의 목표를 달성하는 데 열정과 비전 그리고 능력으로써 성공을 이루어내자고 다짐했다.

미국 일리노이 주 시카고에 본부를 두고 있는 MDRT는 전미 생명보험협회(NALU) 하부 기구의 하나로 1927년 발족하였다. 테네시 주 멤피스에서 열렸던 전미 생명보험협회의 연차대회에서 당시 부회장이었던 클라크와 32명의 우수 생명보험 영업인들이 원탁에 둘러앉아 비공식 회의를 개최한 것이 계기가 되어 1928년 디트로이트 연차대회에서 공식적인 활동을 하게 되었다.

MDRT의 회원이 되는 것은 그 엄격한 자격 기준과 높은 명예로 인해 보험영업인이라면 누구나 선망해 마지않는 '최고의 꿈'이다.

회원 자격은 그 명성에 걸맞게 까다롭기로 정평이 나 있다. 정회원인 성적자격 회원(Qualifying Member), 성적자격 종신회원(Qualifying and Life Member), 종신회원(Life Member)의 세 종류로 구분되는데, 그해 초년도 수수료(신규 고객과의 계약 체결에 따라 받는 첫해분 영업수당, 계약유지수당, 보너스 등을 포함하는 연간 수입의 50~60퍼센트에 해당)가 6만 3천 달러(2005년 기준)를 넘어야 한다.

이를 연간 수입의 절반 정도로 보면 연봉 1억 원 이상인 사람들이다. 또 연간 25명 이상의 신규 가입자를 확보해야 회원 자격을 유지할 수 있다. 10회 이상 회원이 되면 종신회원 자격을 얻는데 종신회원이 되려면 별도의 신청 절차를 거쳐야 한다.

MDRT 회원은 물론 영업소득이 높아야 자격이 되지만, 고소득 영업자라는 사실보다 명예를 중시하므로 회원 윤리기준이 매우 엄격하다. MDRT 회원은 자기 개인이나 소속회사의 이익보다는 철저하게 고객의 입장에 서서 계획을 세우고 봉사정신을 관철해야 한다. 그래서 자기 계약자와의 분쟁이 단 한 건도 있어서는 안 되며, 회원 자격도 1년 간만 인정한다.

MDRT 본부는 생명보험 영업인의 직업적 수준 및 명예를 향상시키기 위해 윤리규범을 마련하고 회원에게 철저히 수행하도록 교육하고 있다.

MDRT 윤리강령

MDRT 회원은 MDRT 윤리강령의 철저한 준수가 회원 자격 기준을 가장 수준 높게 유지하는 데 필수적이라는 것을 항상 마음 깊이 간직해야 합니다. 이런 기준은 소비자, 생명보험업계, 그리고 이에 관련된 재정 서비스·상품에 도움이 될 것입니다. 따라서 회원은 다음 사항을 준수해야 합니다.

1. 항상 자신의 직·간접적인 이익보다 고객의 이익을 최우선으로 두어야 합니다.
2. 가장 높은 수준의 전문가적 능력을 유지하면서 전문적인 지식, 기술, 그리고 유능함을 지속적으로 유지, 향상시킴으로써 고객에게 최선의 조언을 제공할 수 있어야 합니다.
3. 고객의 모든 사업과 사적인 정보에 대해 사명감을 갖고 철저히 비밀을 유지해야 합니다.
4. 고객이 합리적인 의사결정을 내릴 수 있도록 모든 관련된 사실을 정확히 알려야만 합니다.
5. 생명보험업계와 MDRT에 긍정적으로 평가될 개인 행동을 유지해야 합니다.
6. 생명보험이나 금융상품의 계약 대체가 있을 경우에는 항시 고객에게 이익이 가도록 의사결정을 해야 합니다.
7. MDRT 회원은 사업을 영위하는 국가와 지역의 모든 법과 규정 조항을 준수해야 합니다.

보험금 지급 사례

여기에 소개하는 글들은 보험컨설턴트로서 임무의 완성인 보험금 지급 사례다. 고객과 인연을 맺은 이후 고객의 재정적 안정과 마음의 평화를 지켜 주는 일은 보험컨설턴트의 일이자 생활이자 사명이다.

일반 사망 보험금 지급 사례

10월 20일 아침, 여느 때와 같이 고객과 만날 약속이 있어 준비를 하고 사무실을 막 나서려는 순간 핸드폰이 울렸다.

"허인 씨? 나 김계장이에요. 아침부터 좀 안 좋은 소식을 전하게 되어 미안합니다. 어제 저녁 권○○ 계장이 과로로 쓰러졌는데, 그만 오늘 새벽에 유명을 달리했어요. 가장 먼저 허인 씨에게 연락하는 것이 옳을 것 같아서 전화했어요."

오, 하느님! 이 소식은 꿈속에서 들은 것으로 하면 안 되겠습니까? 하지만 그 소식은 엄연한 사실이었다.

고 권○○ 계장은 나와 같이 컴퓨터에 입문했던 친구다. 나는 ○○ 정보 시스템에, 그는 ○○공사 전산실에 입사하여 지금까지 열심히 근무했다. 내가 생명보험회사로 직장을 옮긴 후 서로 연락이 뜸하다가 어느 날 문득 그에게 전화를 걸었다. 현재 내가 하는 일에 대해 얘기를 했더니 그는 흔쾌히 방문을 청했다.

그에게 알맞은 보장을 설계하여 제시했더니 그는 일단 부인과 상의하겠다고 했다. 내가 다시 설득하자 그는 보험납입액을 자기 용돈 한도에 맞추어 달라고 제안했다. 지금에 와서는 너무나 후회가 남는 장면이지만, 하는 수 없이 보장을 낮춰 계약을 했다.

조문을 마치고 부인에게 인사를 하는 순간, 그의 어린 아들이 장난감 자동차를 가지고 노는 모습이 눈에 들어왔다. 아들은 아빠의 죽음에 대해 아직 모르는 것 같았다.

부인에게 명함을 건네면서 "혹시 저를 아시겠어요?" 물었다. 부인은 명함을 유심히 다시 보고는 "아, 보험회사에 다니신다는 아이 아빠 친구가 아니신가요? 한 2년 전에 아이 아빠가 퇴근해서 제게 보험 이야기를 하기에 내가 다 알아서 들어 놨으니 당신은 걱정 말라고 했는데, 아마 허인 씨 보험에는 가입하지 않았을 거예요. 저는 생명보험에 대해 매우 긍정적으로 생각하기 때문에 이것저것 많이 가입했거든요."

그 말을 듣는 순간 나는 너무도 후회가 되었다. 이 정도로 보험에 관심이 있는 부인이었다면 부인과 상의하겠다는 의견을 차라리 받아들일 것을….

"권 계장이 혹시 이런 일이 있을 때를 대비해서 미리 준비해 놓은 것이 있으니 삼우제가 지난 후 제가 연락을 드리겠습니다." 했더니 부인은 너무도 놀란 듯이 "아니, 아이 아빠가 그러면 따로 생명보험에 가입했단 말입니까? 제가 용돈을 충분히 드리지도 못했는데 어떻게 그걸 유지했는지 모르겠군요." 하면서 하염없이 흐느끼기 시작했다.

그곳을 나오는 발걸음이 너무도 무거웠고, 고인이 되어 버린 권 계장에 대한 한없는 미안함이 내 가슴을 눌렀다.

그 후 보험금이 지급되었고, 보험금 지급증서를 가지고 다시 부인을 방문했다. 그때까지도 아빠의 죽음을 아는지 모르는지 어린 아들은 신나게 장난감을 가지고 놀고 있었다. 그날 부인은 너무도 지쳐 보였다. 너무 힘들어하며 부인은 말했다.

"오늘 다른 생명보험회사에 다녀왔어요. 제가 생각했던 것과는 너무도 현실이 다르더군요. 다 제가 나서서 가입한 보험들이었는데 막상 이런 일이 벌어지고 나니 너무도 황당합니다. 서류가 잘못되어서 보험금 지급이 어렵다고 다른 서류를 준비해 다시 오라고 하질 않나, 남편의 사망이 과로사이기 때문에 보험 혜택과 무관하다고 하질 않나, 심지어 사촌언니한테 가입한 보험마저도 기본 보험금밖에 지급할 수 없다고 합니다. 전혀 기대도 하지 않았던 허인 씨께서 손수 모든 것을 처리해 주시니… 정말 고맙습니다."

나는 보험금 지급증서를 내보이면서 부인에게 말했다.

"이 증서를 좀 보관했으면 합니다. 어쩌면 이 증서가 저 아이들에게 바른 삶을 살도록 인도하는 중요한 역할을 할지도 모른다는 생각이 듭니다. 권 계장도 지금 그걸 바라고 있을 거예요. 그리고 혹시 제 도움이 필요하면 언제든 연락을 주십시오. 권 계장과 그렇게 하기로 약속했거든요."

내 말에 부인이 말했다.

"그저 고맙고 감사할 뿐입니다. 우리 아이들을 훌륭히 키울 테니 지켜봐 주세요. 정말로 고마워요, 허인 씨."

보험회사에 입사한 지 어느덧 4년을 지나고 있지만 내가 하는 일이 어떤 것이고 어떻게 해야 하는지 정확한 정의를 내리지 못한 채 그저 열심히만 하면 되는 줄 알고 있었다. 그러나 이번 일은 보험컨설턴트로서 내가 해야 할 일이 무엇인지를 명확히 알게 된 계기가 되었다.

"10년 이상 보험컨설턴트로 활동하지 않고는 결코 생명보험에 관해 논하지 말라."던 어느 MDRT 종신회원의 말을 다시 한번 가슴에 되새겨 본다.

(허인 보험컨설턴트)

재해 사망 보험금 지급 사례

8월 초 무더위에 지친 나는 가족과 함께 보령 해수욕장에서 휴가를 보내고 있었다. 그러던 중 8월 4일 오후 갑자기 휴대폰이 울렸다. 그 순간 '해약? 아니면 해피콜?' 생각이 교차하였다. 그러나 예상과 달리 전화를 건 것은 대학 후배였다. 목소리가 평소와 달리 다소 가라앉아 있어 이상한 예감이 들었다.

"선배님, ○○의 보험이 아직도 유효합니까?"

○○에게 무슨 일이 생겼구나 하는 생각이 들어, 얼른 되물었다.

"사고 났니?"

그러자 후배는 "○○가 익사했어요."라고 대답했다.

나는 현기증이 났다. 내 계약자 중에 이런 일이 일어나다니…. ○○의 계약 내용을 떠올렸다. 그리고 실효는 나지 않았는지….

안절부절못하는 동안 머릿속에 그의 가족이 떠올랐다. 스물아홉 살의 제수씨와 여섯 살, 네 살의 두 아이들. 아! 이럴 수가….

나는 다음 날 아침 사고 지점에 도착할 생각으로 그날 저녁 곧바로 귀경했다. 그리고 보험금 지급에 관해 회사에 연락을 취하고 영안실로 향했다.

고인은 나의 절친한 대학 후배로 매우 가깝게 지내는 사이였다. 그는 직장생활을 청산하고 자기 사업을 시작한 지 얼마 되지 않아 기반이 잡히지 않은 상태였으므로 청약하던 그날도 "형, 오늘 저녁이나 같이 먹자. 보험 얘기는 하지 말고."라고 했었다.

그래서 망설이다가 저녁식사 후 조심스럽게 가족의 보장에 대해 이야기하기 시작했다. 예상대로 보험료 납입에는 많은 걸림돌이 있었다. 하지만 가족의 보장에 관해서는 후배도 동의했으므로 당시 상황에서 가능한 최적의 보장을 가져가기로 결정하고 5년 만기 정기보험을 선택했다. 그가 하는 사업이 비전이 있고 유망한 업종이었으므로 차후 종신보험으로 전환할 것도 약속했다.

사고는 예기치 않은 곳에서 발생했다. 고인은 어머님을 모시고 전 가족이 함께 매형 집이 있는 한탄강 유역에서 휴가를 보내고 있었다. 그는 낚시를 하고 있는 형님에게 다가가다 실족해 물에 빠진 것이다. 순간 매형이 뛰어들어 손을 잡았으나 워낙 물살이 거세 매형도 함께 떠밀려 내려가게 되었다.

두 사람 모두 강물에 휩쓸려 가던 중 매형은 바위틈에 발이 걸려 구조되었고 ○○는 흔적도 없이 사라졌다. 가족은 거의 뜬눈으로 사흘을 찾아 헤매다 최후의 수단으로 잠수부를 동원할 준비를 했다. 그러던 중 약 7킬로미터 하류에서 시신이 떠올랐다. ○○는 이미 물을 많이 먹고 호흡곤란으로 사망한 상태였다.

영안실에서 고인의 곁을 지키고 있는 동안 나를 알고 있는 문상객들은 하나같이 ○○가 보험에 가입했는지 물어 왔다. 그 자리에서 만약 보장을 전하지 못했다면 마치 죄인처럼 괴로워했을 내 모습을 떠올렸다.

발인까지 빈소를 지키며 슬픔에 잠긴 미망인과 아이들을 바라보면서 앞으로 유가족이 살아가는 동안 어떻게 생활해 나갈지 그것까지 지켜봐야 하는 것이 보험컨설턴트의 임무이며, 그 소중하고 중요한 일을 하고 있는 나 자신을 발견했다. 그러므로 정직하고 책임감 있게 보장을 전달하는 일이야말로 한 가정을 지켜 주는 일이고, 현재의 청약도 중요하지만 마지막까지 고객과의 약속을 성실하게 지키는 것이 더욱 중요하다는 사실을 깨달았다.

(이필구 보험컨설턴트)

LNB 보험금 지급 사례

대학 동창이면서 전 직장에서 같이 근무했던 그 친구가 생명보험에 가압히게 된 것은 아주 우연한 기회를 통해서였다. 우리는 오랜 시간 같이 지내 온 탓에 서로를 너무 잘 알고 있었다. 그 친구는 내가 보험회사에 입사한 후로도 꾸준히 만났지만 한 번도 보험에 대한 권유는 하지 않았다.

그러던 중 전 직장에서 근무하던 또 다른 대학 동기와 상담을 했는데 우연히 그 친구가 합석을 하게 되었고, 잠자코 듣고 있던 친구가 자신도 가입하겠다며 말을 건넸다.

"가까운 친척 때문에 들어 놓은 보험이 있긴 한데 해약하기는 어렵고, 10만 원이 내가 지출할 수 있는 최대 예산이니까 이 범위 내에서 나와 집사람 둘 다 보장을 받게 해 줘."

다음 해 8월, 갑작스레 그 친구가 전화를 걸어 왔다.

"난데, 내가 가입한 보험 아직 유효한 거지? 나 백혈병이래."

단순히 몸살이나 만성피로인 줄로만 알고 있던 중 큰맘 먹고 정밀검진을 받은 친구는 '급성 임파구성 백혈병'이라는 낯선 병명을 선고받았다. 처음에는 생각보다 증세가 심각하지 않아 희망을 가지고 치료를 시작했다. 골수이식 수술도 매우 성공적이라는 담당 의사의 말에 안심을 했다.

하지만 한 달에 1천만 원이 넘게 드는 치료비는 언제 끝날지 모르는 투병생활을 더욱 힘들게 했고, 갖고 있던 재산은 치료비로 다 들어가게 되었다. 골수이식 수술 후 다소 호전되는 듯하던 그의 병세는 곧 다시 재발, 긴 입원과 짧은 퇴원을 수차례 반복했으나 병세는 점점 악화되어만 갔다.

그 후 친구와 나는 조심스럽게 LNB(여명급부 특약)에 대해 이야기를 나누었다. 이제 더 이상 물러설 곳이 없는 낭떠러지 위에 서 있는 지금, LNB가 지급된다면 한 번 더 희망을 내어 치료를 받아 보겠노라고 친구는 눈물을 글썽이며 약속했다.

그리고 다음 해 5월, 3천만 원의 여명급부금이 친구에게 지급되었다. 처음에 좀더 신경을 써서 제대로 된 보장을 권유했더라면 더 많은 도움을 줄 수 있었을 텐데…. 후회가 밀려들었지만 이미 때는 늦었다.

예전의 단단했던 체구는 어디로 갔는지 보이지 않고 퀭한 눈에 모자를 쓰고 환자복 소매 사이로 보이는 손목이 점점 가늘어지더니, 어느 날 친구는 모진 생명의 끈을 놓아 버렸다.

추석 연휴가 끝난 직후, 친구의 죽음을 전하는 ○○ 엄마의 흐느낌이 그의 죽음을 실감케 했다.

주마등처럼 스치고 지나가는 친구와의 추억들…. 같은 사무실에서 때로는 밤을 새워 가며 토론에 열을 올렸던 일, 직장 상사 이야기를 안주 삼아 같이 술잔을 기울이던 일, 재발과 수술을 반복하며 때론 좌절하고 또다시 희망을 다지던 지난날들…. 나도 모르게 눈물이 흘러내렸다.

서둘러 남은 보험금을 신청했다. 본사에서도 이런 급한 마음을 알아주었던지, 그날 오후 5시경 보험금을 송금받을 수 있었다. 정작 본인이 가고 없는 마당에 보험금이 죽은 사람을 살릴 수는 없지만 유가족의 경제적 고통을 조금이라도 덜어 줄 수 있을 것으로 기대하면서 다음 날 장지에 동행했다.

서울 벽제 화장터, 화장이 진행되는 내내 ○○ 엄마와 함께 앉아 어떻게 하면 조금이라도 슬픔을 덜어 줄 수 있을까 생각했다. 그러나 2시간 후 다 타 버린 뼈 몇 조각이 되어 나온 친구의 마지막 모습을 보고 몸도 가누지 못할 만큼 괴로워하는 ○○ 엄마에게 더 이상 내가 건넬 말이 없었다. 이제 다섯 살배기 ○○는 아빠의 죽음을 아는지 모르는지 계속 천진난만하게 장난을 쳤다.

"엄마, 하느님이 치료하신다고 아빠 데려가신 거랬지? 근데 ○○

보러는 언제 와? 아빠 보고 싶어."

보험금이라도 충분했더라면 좀더 위안이 됐을 텐데…. 다시 한번 보험컨설턴트로서 충분한 보장을 전달해 주지 못한 내 자신을 자책하면서 비로소 정말 보험컨설턴트십이라는 것이 무엇인지 눈을 뜨는 느낌이 들었다.

우리가 하는 일이 얼마나 중요한 일이고, 어떤 마음을 가지고 해야 하는지 수시로 자문해 본다. 자신의 혈육을 대하듯 진심으로 고객을 대하고 있는지….

먼저 간 친구에게

잘 가라는 인사도 미처 못 했네. 지금은 어디쯤 가고 있는지….
지금 이 순간, 다시금 자네가 이 세상에 없음이 실감나는군.
인생이란 얼마나 짧고 쉽게 무너질 수 있는지,
너무도 쉽게 망각한 채 살고 있음을 자넬 보내고서야 깨달았지.

이제는 더 이상 고통을 느끼지 않을 너를 생각하며,
슬픔을 억누르는 네 아내의 모습은 차라리 소리쳐 토해 내는
오열보다도 더 큰 북받침으로 느껴졌네. 지켜보는 우리에겐
가고 없는 너보다도 앞으로 너 없이 살아갈
어린 네 아들과 네 아내가 더 큰 걱정이더구나.
남기고 간 네 흔적 속에서, 함께하지 못하는 안타까움과
일상 속에 녹아든 경제적 고통들….

남편 없이, 아빠 없이 살아가는 이 세상이 얼마나 험난한지
피부로 느끼는 나날이 이어지겠지.

하지만 친구, 너무 걱정하지 말게, 너무 자책하지도 말게.
○○엄마는 네 아내로서는 여리고 가냘펐을지 모르지만
강한 어머니의 모습으로 그 험난함을 이겨 나갈 거네.
꿋꿋이 일어서서 뚫고 나갈 거야.
그래도 힘들면 우리가 도울 걸세.
모든 걱정과 미련은 이 세상에 떨쳐 놓고 편히, 부디 편히 쉬게.

(이종명 보험컨설턴트)

보험 가입 하루 만에 사망하여 10억 지급한 사례

가족을 잃은 슬픔을 어떻게 표현할 수 있을까? 특히 한 집안의 가장을 잃은 가족의 슬픔은 이루 말할 수 없을 것이다. 사람을 잃은 빈자리는 물론, 가장이 책임지던 경제적인 문제도 신경 써야 하기 때문이다.

1999년 겨울, 한 고객의 소개로 고인을 알게 되었다. 그는 당시 들어 놓은 보험이 많아 신규 가입은 힘들고 2년 후쯤에 검토해 보겠다고 했다. 그러나 나는 상황이 가입 당시보다 많이 변했다고 설명하며 재상담을 받아 볼 것을 권했다.

그 후 고인을 소개해 준 고객과 저녁식사 약속이 있던 날, 고객의

친구들과 같이하는 자리에서 우연히 고인과의 두 번째 만남이 이루어졌다. 그 자리에서 나는 고교 선배의 친구였던 고인과 자연스럽게 대화를 나눌 수 있었고 보험의 보장에 대한 이야기도 꺼낼 수 있었다.

고인은 보장과 연금에 더 많은 관심을 보였고, 가족을 위한 보장 내용에 상당히 만족해했다. 그러나 당시의 납입능력 때문에 가입시점을 2년 후로 미루기를 다시 원했다. 그 부인은 보험보다 저축에 더 관심이 많았다. 결국 부인도 고인의 설득으로 가족을 위한 보장에 관심을 기울였지만 당장 가입하지는 않았다. 재차 보장의 필요성과 중요함을 설명한 후 신중한 검토를 부탁하고 그날은 일단 돌아섰다.

네 번째 만남 때 고인은 보장 내용을 조금 줄일 것을 제안했고, 나는 대안을 갖고 다시 찾아뵙기로 했다.

1999년 11월 23일, 고인과 계약이 성사되었다. 다른 고객에게 새 천년의 다이어리를 전하며 한해 인사를 하고 있던 중 고인에게서 전화가 왔다. 약속장소에 가서 다시 설계된 보장 내용과 원 보장 내용에 대해 설명했다.

당시 고인이 갖고 있던 보험이 대부분 저축성이어서 제대로 된 보장은 하나도 없었다. 다시 '보장'의 개념을 설명하고 필요성을 강조했더니 결국 고인은 처음의 원 보장 내용에 흔쾌히 서명을 했다.

의사였던 고인은 넉넉하지 못한 환경 때문에 대학을 늦게 졸업한 사람이었다. 게다가 한 가정의 가장으로서, 한 가족의 장남으로서, 만약 자신의 부재시 생길 수 있는 일들에 대비하는 것이 바람직하다고 막연히 생각하고 있던 차였다. 그때 나를 만났고, 다시 한번 보장의 필요성을 느껴 계약을 하게 된 것이다.

고인은 계약을 한 후 가족을 위해 소중한 일을 했다고 뿌듯해하며, 적지 않은 보험료를 걱정하는 아내에게 자신이 직접 보장의 중요성을 설명하기까지 했다고 한다.

그런데 웬일인가? 계약이 이루어진 뒤 18시간 만에 비보가 날아들었다. 계약이 성사되고 채 하루도 되지 않아 고객이 심근경색으로 사망했다는 소식이었다.

'무슨 말씀을 드려야 하나, 어떤 위로의 말씀을 드려야 하나…'

만감이 교차하는 가운데 고인의 빈소에서 부인을 만났다. 전날 고인과 맺은 계약은 정당했고, 고인이 별다른 지병이 없었다면 이 계약은 정당하게 지켜질 것이라는 말과 함께 모든 일처리가 신속하게 이루어지도록 최선을 다하겠노라고 약속했다.

2000년 1월 4일, 고인에 대한 일반 사망 보험금으로 10억 원 지급이 확정됐다. 유족을 만나 지급증서와 위로의 말을 전하고 나오는데 부인이 두 손을 꼭 잡으며 "성낙준 보험컨설턴트님은 저희 가족의 평생 은인입니다. 고맙습니다. 고맙습니다…" 하며 눈물을 흘렸다.

이번 일을 계기로 어디에선가 보장의 필요성을 듣기 위해 보험컨설턴트를 기다리는 수많은 고객에게 한 발 더 빨리 다가서야겠다고 다짐해 본다.

(성낙준 보험컨설턴트)

제3장

성공으로
가는
보험컨설턴트의
길

뉴 프로페션
– 혁신적 성공관을
실천하는 파이오니어

보험컨설턴트는 사업적 성공과 개인적 삶에서의 성공을 모두 추구한다. 보험컨설턴트 일은 직업이자 곧 생활이므로 두 가지는 떼어 놓고 생각할 수 없다.

전 세계 보험인의 명예의 전당인 MDRT가 추구하는 '전인적 인간'의 개념은 그 일곱 가지 조건으로 신체적 건강, 가족 사랑, 정신 건강, 교육, 재정적 안정, 봉사활동, 업무능력을 들고 있다. 이것은 바로 보험컨설턴트가 지향해야 할 인성 안에서 개인적 가치와 사회적 가치가 균형과 조화를 이루기 위해 갖춰야 할 조건들이다.

자기사업가이기도 한 보험컨설턴트가 성공하려면, 생명보험업 종사자에게 요구되는 높은 윤리성과 헌신적인 봉사정신 외에 사업적 관점에서 목표를 설정하고 그것과 자신이 지닌 잠재력 사이의 격차를 줄여 나가는 노력이 필요하다.

목표를 현재 자신의 수준보다 높게 설정하면 잠재력을 실현시켜 나가야 할 방향이 생기고 자연히 일과 삶의 태도가 달라질 것이다. 목표를 향해 적극적으로 나아가는 열정을 유지하는 힘은 '나는 누구이며' '내가 하고 있는 일이 옳은 일인가'에 대한 확고한 신념 여하에 달려 있다.

'가족 사랑'과 '보장'이라는 생명보험의 무형의 가치에 대한 신념을 갖고 고객에게 '가족의 재정적 안정'과 '마음의 평화'를 제공한 데 대한 정당한 대가로서 주어지는 보수와 실적, 그리고 보람은 보험컨설턴트의 사업적 활동과 노력이 개인의 가치 실현으로 보답되는 과정이기도 하다.

세일즈 경쟁이 이처럼 치열한 곳도 없다는 보험업계에서 사업적 성공뿐 아니라 개인적 삶의 성공을 동시에 추구하다니…. 이러한 성공관은 단순히 세일즈 업계뿐 아니라 전 비즈니스 영역을 통틀어 가히 '혁신적'이라 할 만하지 않은가.

우리나라에 자본주의가 도입된 이래 노동은 자본에 의해 소외당해 왔고 자본의 '이윤추구'만이 기업활동의 목적이었다. 자유민주주의를 표방하는 사회 내부에는 빈부 격차에 따라 보이지 않는 계급이 존재하고 사회구성원 사이에 출세지향적 성공관이 팽배해 있다.

개인의 직업과 삶이 조화를 이루는 '성공'을 꿈꾸는 것이 아직은 때이르다 싶은 만큼 현실은 비록 각박하지만, 이제 우리나라 생명보험사업은 기존의 생명보험에 대한 인식을 근본적으로 바꿔 놓으려는 파이오니어의 꿈을 실현하고자 하는 시점에 와 있다. 따라서 그 사명감을 위해 봉사하고 최선을 다해 헌신하는 보험컨설턴트들을 이제 단순한 '프로페션'이 아닌 '뉴 프로페션'이라 불러도 좋을 것이다.

이러한 혁신적인 성공관을 실현하기 위해서 보험컨설턴트는 이전 보다 더욱 강한 정신력과 전문적인 능력을 갖추기 위한 훈련을 게을리 하지 않는다.

성공하는 보험컨설턴트가 갖춰야 할 덕목은 크게 '보험컨설턴트십, 세일즈맨십, 전문가 정신, 스포츠맨십' 네 가지다. 물론 보험컨설턴트는 프로 세일즈맨으로서 자질을 갖춰야 하고, '고객 개인의 니즈 분석과 재정 설계'라는 전문 영역을 담당해야 하므로 전문가 정신도 갖춰야 함이 당연하다. 하지만 무엇보다도 일반 프로 세일즈맨과 보험컨설턴트를 구분짓는 기준은 보험컨설턴트십이다.

성공하는 보험컨설턴트의 첫 번째 덕목으로 꼽는 보험컨설턴트십 (Life planner-ship)이란, 보험컨설턴트가 일을 하는 목적과 일에 대해 지니는 철학을 말한다. 즉, 보험컨설턴트는 자신의 성공이나 돈과 명예가 아니라 다른 '가족의 재정적 안정'과 '마음의 평화'라는 이타적인 목적을 우선 추구해야 한다.

교회를 짓는 세 명의 목수가 있었다. 한 사람은 일을 해서 돈을 버는 것이 목적이었고, 또 한 사람은 재능을 한껏 발휘하여 멋진 건축물을 세우는 목수로서의 명예가 목적이었다. 나머지 한 사람은 하나님께 영광을 돌리는 것이 목적이었다. 과연 누가 가장 열정적으로 많은 일을 훌륭하게 해냈을까.

같은 일을 하는 사람들 중에도 각자 설정한 목적에 대한 가치의 크기에 따라 일에 임하는 자세와, 느끼는 보람과, 결과에 대한 평가가 달라진다.

"죽고자 하는 자는 살고, 살고자 하는 자는 죽는다."는 말처럼 자신을 위해서 일하는 보험컨설턴트는 실패하고 남을 위해서 일하는 보험컨설턴트는 성공할 것이다.

성공하는 보험컨설턴트가 갖춰야 할 두 번째 덕목은 세일즈맨십(Salesmanship)으로, 세일즈에 임하는 자세와 기술에 해당한다.

현실 세계에서는 포부만 원대해 봐야 되는 일은 그리 많지 않다. 2002년 한일 월드컵 전만 해도 한국 축구가 월드컵 16강을 달성하겠다는 열망은 어느 나라보다 강했지만 결과는 번번이 실패뿐이었다. 월드컵 본선 진출을 네 번이나 했지만 단 1승도 거두지 못했다. 왜 그럴까? 자녀를 사랑하지 않는다고 말하는 부모는 없다. 그러나 자녀가 부모를 원망하며 가출하는 일은 종종 벌어진다. 왜 그럴까?

뜨거운 마음만 있을 뿐이지 훈련과 기술이 부족한 탓이다. 훈련과 기술이 받쳐 주지 못하는 마음은 사상누각일 뿐, 오히려 또 다른 갈등과 문제를 초래할 수도 있다.

남에게 도움이 되겠다는 마음에서 열심히 이야기를 해도 적절한 커뮤니케이션 기술이 없다면 상대방은 강요받는 것으로 생각해 부담을 갖게 된다. 가망고객의 상황과 심리에 맞추어 보험의 필요성을 쉽게 이해시킬 수 있는 판매기술이 보험컨설턴트에게 반드시 필요하다.

성공하는 보험컨설턴트가 갖춰야 할 세 번째 덕목은 전문가 정신

(Professionalism)이다. 보험컨설턴트는 고객의 니즈를 분석하고 전문적인 재정 컨설팅을 제공하는 직업이므로 폭넓은 지식을 갖춰야 하며 스스로를 경영할 줄 아는 지혜가 필요하다.

보험컨설턴트 일은 취미활동이나 봉사활동이 아닌 자기사업이다. 아마추어가 아니라 프로의 일이다. 결과에 의해 보상받고, 많은 경쟁의 대열에 참여해야 하며, 무엇보다 자신과의 싸움에서 이겨야만 성공할 수 있다. 오늘보다는 내일이 나아야 한다. 오늘의 승자가 내일의 패자가 될 수도 있지만, 한 번 실패했다고 해서 영원한 패배자가 되는 것도 아니다. 경쟁이 치열한 프로의 세계에서 남보다 뛰어나지 못하면 스스로 도태되고 만다. 그러므로 끊임없는 자기계발과 자기관리를 통한 전문가 정신이 요구된다.

마지막으로 스포츠맨십(Sportsmanship)은 고객이나 동료에 대한 예의를 말한다. 한 건의 계약을 놓친다고 해서 보험컨설턴트의 생계에 지장이 생기는 것은 아니다. 한 건의 계약을 더하기 위해서 거짓말을 하거나 남의 마음을 아프게 한다면 일시적인 이익은 있을지 모르나 결국 실패하는 결과를 낳고 만다.

다른 보험컨설턴트와 경쟁하되 공정하고 깨끗하게 해야 한다. 부끄럽게 승리하기보다는 떳떳하게 패배를 인정하는 것이 스포츠맨십이다. 돈은 일단 성취하고 나면 허무감을 느끼게 되지만 명예는 영원하다. 실적이 아무리 좋더라도 동료 보험컨설턴트들로부터 존경받지 못한다면 외로운 늑대처럼 결국은 쓸쓸히 사라질 수밖에 없다.

보험컨설턴트의
성공 방정식

보험컨설턴트 일이 사업적 성공과 개인적 삶의 성공을 모두 지향한다
고 할 때 생산성(Productivity)의 극대화란 무엇을 말하는가.

생명보험사업은 그 가치가 숭고하고 고결한 만큼 과정이 평탄하고
순조롭기만 한 일이 아니다. 어떤 비즈니스보다도 험하고 두려운 난관
을 많이 통과해야만 하고, 그것은 끝이 보이지 않는 과정이다. 따라서
이 사업에서 성공이란 어떤 종착점을 말하는 것이 아니라 끊임없는 과
정 속에서 안정을 유지하는 것이다.

보험컨설턴트의 성공 방정식은 다음과 같다.

생산성 = 목표 + α 〔활동량 × 기술〕

"시작이 반이다."라는 말처럼 목표 설정이 성과를 결정짓는 첫 번째 요인이다. 성공이란 자신의 능력과 잠재력 사이의 격차를 최대한 줄여 나가는 과정이다.

목표는 자신의 능력보다 높게 설정하는 것이 좋다. 목표가 원대하고, 명확하고, 구체적이어야만 적극적인 활동이 가능하다. 목표를 높게 세우는 것을 두려워 마라. 평범한 샐러리맨은 목표달성률에 의해 평가받지만 자기사업가는 절대 실적에 의해 보상을 받기 때문이다.

세일즈 진행과정에서 고객과의 커뮤니케이션 기술은 철저한 훈련과 반복학습을 통해 습득된다. 높은 목표를 수립하고 고도의 세일즈 기술을 지닌 사람이 밤낮없이 열심히 일한다면 높은 성과는 보장된 것이나 다름없다.

여기까지는 일반 세일즈맨에게도 모두 동일하게 적용되지만, 보험컨설턴트로서 성공하려면 또 다른 무형의 요소들이 필요하다.

여기서 지금까지 성공한 보험컨설턴트들의 가장 기본적인 공통점 한 가지를 밝힌다면 그들은 '이 일을 진심으로 사랑한다'는 것이다. 그들의 사랑은 고객이나 동료에게 적극적이고 당당한 모습으로 비쳐지고, 신뢰감을 주며, 때로는 존경심까지도 자아낸다. 그들의 일에 대한 사랑은 다른 무형의 요소들로부터 비롯되는데, 그것이 바로 보험컨설턴트 성공 방정식에서의 알파(α)다.

그것은 우선 생명보험의 가치 전달에 대한 사명감이다. 사명감 없이는 고객의 거절로 인한 자존심의 상처를 치유할 수 없고, 고객에게 따뜻한 인생의 동반자가 되어 줄 수 없기 때문이다. 판매 실적이 아무리 뛰어나다 해도 마음이 차가운 보험 세일즈의 터미네이터(?)는 지속적으로 성공하기 어렵다.

또 한 가지는 변화에 대한 도전의식이다. 성공의 극대화를 원한다면 스스로 끊임없이 변화해야 한다. C=C(Contribution=Compensation)라는 말은 'Change= Change' 라는 뜻으로 해석되기도 한다. 자신이 변화한 만큼 결과가 변한다는 의미다. 과거의 것은 변화시킬 수 없지만 미래의 변화는 현재 당신이 어떤 변화를 추구하는가에 달려 있다.

항상 네 가지 질문을 스스로에게 던져라.

- 나는 어디에 있는가?
- 내가 가고 싶은 곳은 어디인가?
- 내가 변화해야 할 부분은 무엇인가?
- 어떻게 변화할 수 있는가?

성공하고자 한다면 성공의 대가를 지불해야 한다. 이 일을 사랑하고 헌신할 마음의 준비가 되었다면 스스로 피나는 노력을 통해 자신의 내부를 변화시켜라.

적당주의의 타성에 젖어 자신의 기본을 잊어 버리고 단지 보험판매에만 급급하다면 고객을 희생양으로 삼아 거짓을 파는 '사기꾼' 에 지나지 않을 것이다.

보험컨설턴트의
미션

당신이 보험컨설턴트가 되었다고 말했을 때 그 이야기를 처음 들은 사람들은 아마도 이렇게 질문할 것이다.

"왜 보험컨설턴트가 되었는가?"

이 질문에 대한 대답에 당신의 미래가 달려 있다. 왜냐하면 그 대답의 내용이 당신이 이 일에 대해 갖고 있는 미션(Mission)이기 때문이다. 그때 만일 당신이 이렇게 대답한다면…,

"일한 만큼 수입이 따르기 때문에, 시간적으로 자유롭기 때문에, 적성에 맞아서, 회사의 지원체계가 마음에 들어서…."

그 대답을 들은 상대방의 느낌이 어떨지 생각해 보자. "잘 해서 높은 수입을 올릴 수도 있고 시간적으로 자유롭다 해도 보험업에 뛰어든 사람들이 모두 성공하는 것은 아닐 텐데…." 하고 우려를 표명할 것이다. "보험영업은 험하고 힘들기로 유명한데, 강한 사람들도 버티기 힘든 일을 당신 같은 평범한 사람이 도전하는 것은 무리 아닐까?"라고도 생각할 것이다. 또 당신이 성공한다 해도 결국은 자신들에게 폐를 끼치면서 성공하려 할 거라는 생각에 만나는 것조차 꺼릴지 모른다.

그 사람들을 찾아가서 "보험은 가족 사랑"이라고 이야기한들 당신의 말을 믿기보다는 "보험회사에서 교육은 참 잘 받았구나!"라고만 생각할 것이다. 왜냐하면 그들은 당신이 보험컨설턴트가 된 이유가 당신 자신의 성공을 위해서라는 것을 잘 알고 있기 때문이다.

그들의 마음속에서 보험설계사에 대한 부정적 편견이 작동하여 당신을 무시하는 태도를 보이고, 이는 당신의 마음을 아프게 할 것이다.

그렇다면 당신은 어떻게 대답할 것인가? 고객을 향해 마음을 열고 성실하고 정직하게, 그들이 이해하기 쉬운 말로 대답하라.

"우연한 기회에 보험의 진정한 의미를 알게 되었고, 그 중요성을 많은 사람들에게 알려 주고 싶어 보험컨설턴트가 되었습니다. 소득이 적고 힘들지도 모르지만 뭔가 의미 있고 보람된 일을 하고 싶습니다. 이제까지 사람들이 보험에 대해 잘못 알아 왔던 부분들을 바로잡아 주고 싶습니다."

이런 대답을 들은 사람들은 여러 가지 생각을 하게 될 것이다.

어쩌면 "아직 보험영업의 현실을 잘 모르면서 덤벼드는구나."라고 생각할지도 모르지만, 한편으로는 "진정 보험이라는 것이 뭐길래 저런 이야기를 할까?" 하는 궁금증을 갖게 될 것이다. 마치 직장생활 잘하던 사람이 어느 날 뭔가 의미 있는 일을 해야겠다며 성직자의 길로 들어서는 걸 볼 때와 비슷한 느낌을 받을 것이다.

그런 사람으로부터 "보험은 사랑이다."라는 말을 들으면 고객은 그

진심을 헤아리게 된다. 고객은 그를 기존의 보험설계사에 대한 선입관을 갖고 대하는 대신, 남을 위해 헌신하려는 소신 있는 사람으로 대우해 줄 것이다.

실제로 보험컨설턴트 일은 그런 것이다. 나보다는 다른 사람들의 성공을 위해 일한다고 생각할 때 더욱 떳떳해지고 막강한 힘도 낼 수 있는 것이다.

가장 가까운 배우자만 해도 단지 남편이 보험컨설턴트이기 때문에 할 수 없이 매월 보험료를 낸다면, 별로 기쁜 마음도 들지 않고 친한 사람들을 소개하고 싶지도 않을 것이다. 또 당신이 언제 힘들다며 그만둘지 몰라서 불안해할 것이다. 그러나 당신이 다른 사람들의 가족을 위해 헌신적으로 일한다는 것을 알게 된다면 보험료를 낼 때마다 '가족 사랑'을 생각하며 보람을 느낄 것이고, 당신을 자랑스러워하며 아는 사람들을 소개해 줄 것이다.

당신이 고객이라면 자신의 성공을 위해 일하는 보험컨설턴트와 다른 사람의 성공을 위해 일하는 보험컨설턴트 중 누구의 고객이 되고 싶은가? 또 누구에게 아는 사람을 소개하고 싶은가?

당신이 보험컨설턴트가 된 이유를 모든 사람들에게 정확히 이야기하라. "나는 당신과 당신 가족의 사랑을 영원토록 보장해 드리기 위해 보험컨설턴트가 되었노라."고.

보험컨설턴트 교육의
핵심은 '사랑'

생명보험업에서의 교육은 단순히 지식을 전달하기 위한 것이 아니라 보험컨설턴트가 현장에서 직면하는 문제를 해결할 수 있는 능력을 갖추도록 하기 위한 것이다.

보험컨설턴트가 근본적인 시장경쟁력을 갖기 위해서는 보험 고유의 사명에 충실하려는 정신인 올바른 보험컨설턴트십을 정립하는 문제가 관건이다. 보험컨설턴트의 저력이 바로 '교육'을 통해 육성된다는 것은 맞는 말이다. 그러나 보험컨설턴트에게 지식이나 기술을 전달하는 교육 프로그램에는 보험인들의 뿌리 깊은 '사랑'이 과정마다 깊이 스며들어 있다는 점을 눈여겨보아야 할 것이다. 즉, '사랑과 교육의 복합체'가 보험컨설턴트들이 지닌 저력의 실체다.

같은 교육 프로그램이라 하더라도 교육의 목적과 환경, 가르치는 사람과 배우는 사람의 마음가짐에 따라 그 결과에 커다란 차이가 나타나게 된다. 회사 정규 교육인 각종 교육 프로그램을 통해서 보험컨설턴트가 배우는 것은 전체의 1/3에 불과하다. 나머지는 자신의 경험과 동료들을 통해 배운다.

보험컨설턴트가 자신의 경험을 통해 배운다는 것은 무슨 뜻인가?

우선 영업현장에서 보험컨설턴트는 고객이 문제를 발견하도록 도와주고 문제해결책을 제시해 주는 컨설턴트다. 자신의 이익보다는 고객의 이익을 우선하고 고객의 문제를 자신의 문제처럼 생각하여 고객보다 먼저 고객을 위해 울어 줄 수 있는 보험컨설턴트를 고객은 신뢰한다. 고객이 계약서에 사인하는 것은 고객과 보험컨설턴트 간의 진실한 교감이 이루어진 신뢰의 표현인 것이다.

이때 고객은 보험컨설턴트에게 평생의 동반자를 얻게 된 데 대해, 자신과 가족의 불안한 미래를 걱정하지 않아도 될 보장계획을 마련해 준 데 대해 진심으로 감사할 것이다. 동시에 보험컨설턴트는 고객의 신뢰와 고마움에 대해 뜨거운 감동을 느끼게 될 것이다.

바로 이것이 보험컨설턴트와 고객 간의 사랑을 통해 창출되는 교육이다. "10년 이상 보험컨설턴트를 해 보지 않은 자는 생명보험에 대해 논하지 말라."는 말의 저변에는 이러한 연유가 있을 것이다.

혹자는 보험업의 실적 비례 보상체계 때문에 보험컨설턴트들이 열심히 일하는 것 아니냐고 할지도 모르겠다. 물론 동기요소는 된다. 하지만 그들은 금전적 보상만을 목표로 하지 않는다. 경제적으로 꽤나 만족할 만한 수준의 보수를 받게 되어도 보험컨설턴트들이 일하는 양은 계속 증가한다.

왜냐하면 회사로부터 보상받는 형태가 현실적으로는 돈의 액수지만 사실은 그들이 고객으로부터 받는 사랑과 감동의 보상이 더욱 크기 때문이다. 사랑이야말로 이 세상에서 주는 자와 받는 자가 함께 이익을 얻을 수 있도록 하는 유일한 것이다.

그러나 보험컨설턴트 앞에 항상 순탄하고 보람 있는 일만 기다리고 있는 것은 아니다. 고객으로부터의 심한 거절이나 실효 등 수많은 좌절이 기다리고 있다. 그뿐인가? 스스로 자신의 일을 위해 준비하고, 계획하고, 실천해야 하는 생활의 반복…. 이 또한 평범한 사람들로서는 꾸준히 해내기가 쉬운 일이 아니다. 어쩌면 이러한 자기 자신과의 싸움이 가장 어려운 일일 것이다. 그래서 "자신에 대한 동기부여가 보험컨설턴트의 내면의 일(Inside Job)"이란 말도 있지 않은가.

두려움, 시련, 슬럼프 등 넘어야 할 고비는 사람마다 각기 다르고 많을 것이다. 하지만 사소한 것 하나하나부터 긍정적인 마음으로 차근차근 극복해 나갈 때 어느 순간 승자의 자리에 서 있는 자신의 모습을 발견하게 될 것이다. 또한 자신만의 고유한 경쟁력을 갖기 위해 자기계발을 게을리하지 않는 일…, 이 모든 것이 자신의 경험을 통해 스스로 배우는 교육의 과정이다.

그렇다면 주로 매니저로부터 배우게 되는 보험컨설턴트 교육과정의 특징은 무엇일까? 그것도 한 마디로 '사랑'이다.

보험컨설턴트 교육이 '도제 시스템'과 같이 매니저와 보험컨설턴트 간의 1 : 1 전수 교육으로 이루어지는 경우, 보험컨설턴트는 자신도 모르는 사이에 매니저를 닮아 가게 되므로 매니저의 역할이 대단히 중요하다.

따라서 매니저는 단순히 생명보험을 잘 파는 보험영업사원을 양성하는 사람이 아니라 진정한 의미의 보험컨설턴트를 양성하는 사람이어야 한다. 그들에게 요구되는 정신은 '머더십(Mothership)'이다. 머더십은 마치 어머니가 훌륭한 자녀를 양육하듯, 사랑하는 마음과 체계적인 방법으로 보험컨설턴트를 양육하는 것이다.

사랑을 듬뿍 받지 못하고 자란 아이들은 사랑을 베풀 줄 모르는 것처럼, 매니저로부터 사랑을 배우지 못한 보험컨설턴트는 고객을 진심으로 사랑할 줄 모른다.

어머니가 자식을 사랑하는 데에는 분명히 올바른 방법과 기술이 필요하다. 자식이 어머니의 품 안에서 자라는 동안 저절로 그 어머니를 닮게 되고, 그 과정에서 아이가 평생 지니고 살아갈 근본 인성이 결정되기 때문이다.

어머니가 자식을 사랑하는 방식의 세 가지 예를 들어 보겠다.

우선 '치맛바람형' 어머니들은 자녀에게 엄청난 관심과 과외교육을 쏟아붓지만 거기에는 자녀의 진정한 성공보다 자신의 체면 유지를 위해서, 또는 자신이 이루지 못한 것을 자식이 대신 이루게 함으로써 대리 만족하고 싶어하는 심리가 숨어 있다. 이런 경우 흔히 자녀의 적성이나 꿈, 희망 따위를 무시하려다 자녀의 반발에 부딪혀 결국 자녀와의 갈등을 초래한다.

매니저가 아무리 보험컨설턴트에 대한 교육이나 지원을 열심히 한다고 해도, 결국 자신의 성공이나 팀 실적에 더 관심을 두고 있다면 그는 '치맛바람형' 매니저다.

그와 정반대로, '시골 아낙형' 어머니들은 자녀를 너무 사랑하기 때문에 그들이 원하는 것이라면 무조건 다 들어준다. 또한 농사일에 바쁘다 보니 자식에게 사랑을 쏟을 시간이 부족하므로 항상 미안한 마음을 갖고 있고, 좋지 않은 일인 줄 알면서도 자식이 떼를 쓰면 별수 없이 들어준다. 대개 이런 어머니의 자녀들은 버릇이 나쁘고, 사회적응력이 떨어지며, 어머니를 무시하는 경향이 있다.

보험컨설턴트의 요구라면 무조건 다 들어주고 그들의 눈치만 살피는 매니저는 '시골 아낙형'에 해당한다. 이 경우엔 보험컨설턴트도 성공하지 못하고, 매니저도 보험컨설턴트들로부터 존경을 받지 못하는 결과를 초래한다.

가장 이상적인 '조련사형' 어머니는 자식을 잉태했을 때부터 자식에 대한 기대를 갖고 태교를 하며, 자식이 태어나면 자신의 분신이기 이전에 세상에 도움이 되는 인재로 키우겠다는 소신을 갖는다. 자식이 성장해 나가는 동안 자식의 적성과 꿈을 발견하고, 거기에 맞는 교육 프로그램과 방법을 찾아 낸다. 때로는 엄격하게, 때로는 자상하게, 자식의 현재보다는 미래를 위해 조련해 나가는 것이다.

말보다는 행동과 인격으로 보여 주고, 끊임없이 올바른 가치관과 사랑의 방법을 가르치려 하며, 자녀의 성공을 위해 자신을 희생하고 묵묵히 뒤에서 기도하는 마음으로 격려해 준다.

지식과 기술 교육의 중요성을 인정하면서도 창의성과 인간관계의 중요성을 알아 새로운 경험을 하도록 용기를 북돋워 주고, 시행착오를 인정해 주고, 좋은 친구들과 좋은 환경을 제공해 준다.

　이런 어머니 밑에서는 따뜻한 마음을 가진 인재들이 양성되어 사회를 밝게 만들고, 올바른 사랑이 전수되며, 매니저도 존경받는 어머니가 될 수 있다. 매니저에게 요구되는 것은 바로 이 '조련사형' 어머니의 역할이다.

　보험컨설턴트 교육의 전 과정은 입사 전과 입사 후의 정규 교육은 물론이고 지점에서 이루어지는 미팅과 활동, 생활의 문화에 이르기까지 진정한 보험컨설턴트를 양성하기 위한 목적으로 일관하여야 한다.

　또한 보험컨설턴트들 사이의 경험 공유를 통한 상호교육을 중요하게 여겨야 한다. 혼자만 성공하기 위해 노하우를 감추는 것이 아니라 함께 성공하기 위해 서로 공개하는 것이다. 왜냐하면 동료 보험컨설턴트의 성공과 실패는 당사자에게는 물론이고 전체 보험컨설턴트에게도 영향을 미치게 되기 때문이다. 동료 보험컨설턴트는 내 스승이기도 하고 내가 가르칠 대상이기도 하다. 상호간의 경험과 아이디어의 공유를 통해 시행착오를 방지하고 새로운 영감을 얻는 시너지 효과를 얻게 된다.

　이러한 '공생'과 '상생'을 지향하는 회사·매니저·동료 보험컨설턴트 간에 이루어지는 모든 교육 프로그램의 핵심은 바로 '사랑'이다.

보험컨설턴트와
세일즈맨의 차이

보험컨설턴트 일의 중심을 이루는 두 기본축은 보험컨설턴트십과 자기사업가 정신이다. 앞에서 보험컨설턴트가 갖춰야 할 네 가지 덕목으로 보험컨설턴트십, 세일즈맨십, 전문가 정신, 스포츠맨십을 들었던 것을 상기해 보자. 네 가지 중 세일즈맨십, 전문가 정신, 스포츠맨십이 세 가지가 바로 자기사업가 정신의 범주 안에 모두 포함된다고 보면 된다.

보험컨설턴트가 지속적인 성공을 이루기 위해서는 굳건한 자기사업가 정신으로 무장하지 않으면 안 된다. 물론 자기사업가 정신 안에 세일즈맨십이 포함되어 있지만 보험컨설턴트와 일반적인 세일즈맨은 명백히 구별되어야 한다.

그렇다면 보험컨설턴트와 일반적인 세일즈맨의 차이는 무엇인가?

세일즈맨의 목적은 개인적인 성공이지만 보험컨설턴트의 목적은 고객의 재정적 안정과 마음의 평화다.

세일즈맨은 무조건 소개를 확보하려 하지만 보험컨설턴트는 고객에게 만족을 준 대가로 자연스럽게 소개를 확보한다.

세일즈맨은 유창한 판매화법으로 자신의 상품에 대해 말하는 것에 역점을 두지만 보험컨설턴트는 고객의 니즈에 맞추어 최적의 상품을 설계하기 위해 고객으로부터 듣는 것에 역점을 둔다.

세일즈맨은 판매 이후의 후속 판매수입을 위해 사후 서비스를 제공하지만 보험컨설턴트는 고객의 가족 보장을 위해 보험금을 지급하는 것이 사후 서비스다.

보험컨설턴트 일의 최상의 가치는 바로 고객을 위한 이타적인 일이라는 데에 있고, 바로 그 점이 보험컨설턴트가 스스로 동기부여를 받는 첫 번째 대목이다. 고객과 보험컨설턴트는 '인간 사랑'의 정신을 나누는 평생의 동반자이며 동일한 가치를 공유하게 된다. 보험컨설턴트가 고객에게 제공하는 가치가 '재정적 안정'과 '마음의 평화'라면 보험컨설턴트가 고객으로부터 받는 가치 역시 '재정적 안정'과 '마음의 평화'라는 점…, 아주 절묘한 공생과 상생의 조화 아닌가.

30년 동안 생명보험사업에 몸담아 온 한 보험컨설턴트가 성공의 궁극적인 목적이 가족에게 평화로운 삶과 최선의 기회를 마련해 주는 것이라고 한 말도 상기할 만한 대목이다. 고객과 보험컨설턴트는 '가족 사랑'이라는 개인적인 목표도 공유하는 것이다.

한편, 자기사업가로서 보험컨설턴트는 회사에 고용된 사람이 아니라 독립적으로 자기 사업을 운영해 나가는 사람이다. 따라서 스스로 자신을 경영하고, 자신만의 목표를 세우고, 자신의 '힘'과 '열정'과 '창의성'을 투자한다. 개인의 성공이 회사의 기업이념과 그 궤를 같이함으로써 회사와 보험컨설턴트 간에는 파트너십이 성립된다. 회사에서 기본적인 교육 프로그램과 판매 시스템을 제공하면 보험컨설턴트는 열정을 투자하고 판매 시스템을 자기 것으로 소화해 사업성과를 극대화한다. 이로써 보험컨설턴트와 회사는 서로 공정하게 이익을 나누는 윈-윈 관계가 성립되는 것이다.

보험컨설턴트의 성공 여부는 투자한 활동량과 자세에 달려 있을 것이다. 그러나 성공에 대한 동기부여는 스스로 해야 하는 아주 중요한 내면의 일이라는 점을 명심하라.

즐겁게 일하고, 목표를 크게 갖고, 자신의 고유한 창의성을 발휘하다 보면 저절로 자신의 사업환경이 긍정적이고 보다 다이내믹한 분위기를 띠게 될 것이다. 창의성의 한 가지 예를 들어 보자.

뉴욕 브루클린의 다리 위에 한 걸인이 있었다.

그는 목에다 "저는 날 때부터 장님이었습니다."라는 문구를 걸고 행인들이 던져 주는 동전에 생계를 의지했다.

그의 하루 수입은 2달러 미만이 고작이었는데, 어느 날 그 곁을 지나가던 한 남자가 그를 보고 측은한 마음이 들어 어떻게 하면 그를 도울 수 있을까 궁리를 했다.

그 남자는 걸인의 목에 걸려 있던 문구를 벗겨 내고 새로운 문구를 적어 다시 목에 걸어 주었다.

"봄은 오건만 저는 그 봄을 볼 수 없습니다."

이후 브루클린 다리 위를 지나가는 사람들은 그에게 값싼 동정심을 던지는 대신 따뜻한 인간애를 선사하고 싶어하게 되었고, 걸인의 수입은 하루 15달러가 넘었다고 한다.

고객의 니즈를 발견하려면 고객의 감정을 움직일 수 있어야 한다. 당신이 생명보험업에 대해 갖고 있는 자신감과 꿈, 창의성이 없다면 결코 고객을 감동시킬 수 없을 것이다.

얼마 전까지만 해도 생명보험업은 '위험하고(Dangerous), 힘들고(Difficult), 더러운(Dirty)' 일을 감수해야 하는 3D 업종의 하나로 불리기도 했다. 그러나 지금은 생명보험업의 국면이 이전과 근본적으로 달라져야 하는 시점에 와 있다. 이제 생명보험업에서 3D는 '원대한 목표를 가져라(Desire), 끊임없이 훈련하라(Discipline), 그리고 고객에게 헌신하라(Dedication)'는 세 가지 정신을 의미한다. 이것이 보험컨설턴트에게 필수인 3D정신이다.

프로 세일즈맨이
갖춰야 할 네 가지 요건
KASH

세일즈 프로세스는 고객과의 커뮤니케이션을 통해 문제를 해결해 나
가는 과정이다. 고객과의 커뮤니케이션에서 성공하기 위해 프로 세일
즈맨이 갖춰야 할 네 가지 요건이 있는데 '지식(Knowledge), 태도
(Attitude), 스킬(Skill), 습관(Habit)' 이다. 영문 머리글자들을 따서 'KASH'
라고도 부른다.

지식(Knowledge)

자신이 하는 사업, 자신이 속한 회사, 업계 동향 등 자신이 파는 상품
에 대한 모든 정보와 변화하는 세계에 대한 모든 지식을 말한다. 정보
화 시대의 구매자는 매스컴과 인터넷 등 다양한 매체를 통해 정보를

접하고 있어 그만큼 다양한 선택에 노출되어 있다. 상품이나 업계에 관한 지식에서 구매자보다 밀린다면 결과는 자명하다. 고객과의 만남에서 서먹한 분위기를 깨고 자연스러운 대화를 이어 나가기 위해서도 보험컨설턴트는 화제를 풍부하게 이끌어 나갈 만한 다양한 지식을 갖출 필요가 있다.

태도(Attitude)

적극적이고 긍정적인 태도는 성공한 세일즈맨의 공통 속성이다. 세일즈맨으로서 갖춰야 할 태도는 업무에 대한 적극성, 판매하고 있는 상품에 대한 확신, 회사와 자신의 직업에 대한 긍지, 할 수 있다는 자신감, 고객의 입장을 배려하는 자세로 요약된다.

세일즈 프로세스 과정 내내 고객에게 영향을 주고 결정적으로 성패를 결정짓는 요소이므로 올바른 태도를 갖는 데 집중해야 한다. 긍정적인 태도는 보험컨설턴트 본인이 만드는 것이지 회사가 만들어 주는 것이 아니다.

보험컨설턴트의 열정과 자신감, 적극적인 태도에 고객은 감동받고 전염되며 계약서에 서명하는 순간 보험컨설턴트에게 고마운 마음까지 느끼게 될 것이다. 스스로 불타지 않으면 남을 미지근하게도 해 줄 수 없다.

스킬(Skill)

세일즈맨이 갖춰야 할 전문적인 요건으로서 효율적인 판매 방식의 습득, 스스로를 훈련하는 능력, 효과적인 커뮤니케이션 기술 등으로 요약된다.

특히 보험컨설턴트에게 요구되는 스킬은 세일즈 프로세스의 진행을 통해 고객의 구매 프로세스를 유도하여 고객이 지닌 부정적인 요소들을 적절하게 해소하고 긍정적 요소를 강화하여 고객이 올바른 결정을 내리도록 도움을 주는 탁월한 조언자가 되는 것이다. 따라서 지속적인 트레이닝과 경험, 교육을 통해 유지하도록 해야 한다.

스킬은 지식과 달리 머리가 아니라 몸으로 습득하는 것이기 때문에 스킬을 쌓는 유일한 방법은 많은 연습과 실행(Practice)뿐이다.

습관(Habit)

반복된 습관이 미래를 바꾼다. 성공하는 세일즈맨에게 필수적인 세 가지 습관은 가망고객 발굴, 방문, 판매이다. 그 밖에 전화하여 약속 잡기, 연구, 준비, 계획, 기록, 분석 등의 활동 습관도 필요하다. 그러나 앞의 세 가지 습관이 형성되면 나머지 습관은 자연스럽게 형성될 것이다.

승자가 되려면 승자의 습관을 갖춰야 한다. 왜냐하면 승자의 습관을 갖춘 사람은 일시적으로 실패하더라도 그것을 극복하고 다시 도전할 힘이 있기 때문이다.

습관을 만들기는 힘들지만 일단 습관이 형성되면 더 이상 매번 할까 말까 고민하는 일 없이 본능적으로 일하게 되므로 슬럼프에 빠지지 않게 된다.

고객의 '니즈'에 초점을 맞춰라

'바람과 해님의 내기'는 누구나가 알고 있는 이야기일 테지만 다시 한 번 떠올려 보자.

어느 날 바람과 해님이 누가 더 힘이 센가 겨루는 내기를 했다. 지나가는 나그네의 겉옷을 벗기는 쪽이 승리하는 것이다.

먼저 바람이 힘껏 강풍을 불어 나그네의 옷을 날려 보내려 했다. 그러나 바람이 힘을 쓰면 쓸수록 나그네는 옷깃을 여미면서 날려 보내지 않으려고 애를 썼다. 반면, 해님은 별 힘도 들이지 않고 그저 나그네에게 따뜻한 햇볕을 계속 쪼여 주기만 했다. 시간이 흐르자 나그네의 얼굴 위로 땀이 비 오듯 흘러내리더니, 마침내 나그네 스스로 옷을 훌훌 벗어던져 버리고 말았다.

흔히 '세일즈'라 하면 '상대방에게 상품을 파는 행위'라고 생각한다. '어떻게 하면 고객을 설득할까?' 하는 공격적인 행위로만 알고 있는 것이다. 그래서 사람들은 세일즈 화법과 거절처리에 대한 기법을 연구하고, 무조건 강한 정신력으로 무장하려고만 한다. 그렇지만 그런 공격적인 세일즈맨에게는 본능적으로 방어하려는 고객의 저항도 만만치 않을 것이다.

보다 전문적인 프로 세일즈맨이라면 세일즈를 '고객에게 상품을 파는 행위'가 아니라 '고객이 상품을 구매하도록 도와주는 행위'라고 말할 것이다. 즉, 고객은 세일즈맨의 이유나 목적 때문에 상품을 사는 것이 아니라 고객 자신의 이유나 목적 때문에 상품을 사는 것이므로, 고객에게 그 상품이 필요한 이유를 알려 주고 고객의 마음속에 있는 여러 가지 궁금증을 하나씩 풀어 주는 행위인 것이다. 그래서 보험판매를 '니즈 세일즈'라고 한다.

고객이 상품의 필요성과 가치를 충분히 느끼면 자발적으로 상품을 사게 될 것이며, 그 상품을 구매하도록 도와준 세일즈맨에게 오히려 고마움을 느끼게 될 것이다.

니즈 세일즈를 위해 필요한 요건은 다음과 같다.

용기와 확신이 필요하다

세일즈를 밤송이 까는 일에 비유해 보자. 맛있는 밤을 먹으려면 먼저 가시가 무성한 밤송이를 까는 용기가 필요하다. 밤송이에 찔리는 것이 아프고 겁나는 일이기에 많은 사람들이 밤 까는 일을 아예 포기하려고 한다. 혹 밤송이가 저절로 벌어지기를 기다리는 사람은 항상 남보다 늦고, 가질 수 있는 밤의 숫자도 적을 것이다. 남보다 앞장서서 많은 밤을 얻으려면 기꺼이 가시에 찔리는 수고를 감수해야 한다.

어떤 사람들은 밤송이의 가시만 보고 그 안에 맛있는 밤이 있다는 사실을 믿지 않으려고 해 아예 도전을 시도하지도 않는다. 용기 있는 사람에게 더 많은 기회가 오는 법이다. 가시에 찔리는 것도 익숙해지면 그다지 아프게 느껴지지 않게 될 것이다.

기술을 습득해야 한다

이집트에서 탈출한 이스라엘 민족이 바로 가나안 땅으로 가지 못하고 광야를 지나야 했듯이, 세일즈맨이 용기를 냈다고 해서 판매가 쉽게 이루어지는 것은 아니다. 밤송이를 까고 나면 아주 빈틈없고 단단한 밤껍질이 기다리고 있다. 그런 어려움에 부딪히면 아마추어 세일즈맨들은 곧 낙심하여 속았다고 생각하며 포기하고 만다. 다시 용기를 내어 다른 밤송이들을 여러 번 까 본다 해도 역시 결과는 똑같다. 문제는 밤껍질을 까는 방법을 모르는 것이다.

세일즈에서 밤껍질은 고객의 선입관이나 실패한 구매 경험에서 비롯된 거절을 의미한다. 고객의 선입관을 바로잡아 주고 거절을 극복하려면 체계적인 판매 기술을 습득하는 것이 필요하다. 방법을 알기만 하면 그리 어려운 일은 아니다. 그 체계적인 판매 기술을 세일즈 프로세스라고 한다.

고객에게 신뢰감을 주어야 한다

일단 밤껍질을 까면 밤을 먹을 수는 있다. 그러나 다음에 부딪히는 문제는 밤이 맛이 없고 떫다는 것이다. 밤을 둘러싸고 있는 내피 때문이다. 이 때문에 많은 세일즈맨들이 판매에 성공한 후에도 보람을 느끼지 못하고 허탈해하며, 더 열심히 일하고 싶은 마음을 잃는 경우가 많다. 내피를 벗겨낸 후라야 진정한 밤의 맛을 느낄 수 있고, 지금까지의 수고에 대해 보람을 느끼며 더 열심히 일하게 되는 것이다.

내피는 고객의 마음속에 남아 있는 의심과 인간적인 약점을 의미한다. 비록 상품을 구입하기는 했지만 혹 잘못된 결정을 한 것은 아닌지, 과연 계속 비용을 낼 수 있을지, 판매자가 믿을 만한 사람인지 등 여러 가지 의심과 후회를 할 수 있다. 고객에 대한 세심한 배려를 통해 고객에게 신뢰감을 주지 못하면 고객은 언제라도 마음을 바꿀 수 있다.

잊지 말아야 할 것은 없는 밤을 당신이 만들어 내는 것이 아니라는 사실이다. 밤은 처음부터 밤송이 안에 들어 있었고, 다만 체계적인 방법을 통해 그 밤이 밖으로 드러나도록 할 뿐이다.

세일즈는 고객에게 없는 상품의 가치를 만들어 주는 행위가 아니라 고객이 마음속에 있는 가치와 필요성을 드러내도록 도와주는 행위다.

보험을
'컨설팅 세일즈' 라고
하는까닭

한 나라에 울보 공주가 있었다. 울보 공주는 한 번 떼를 쓰기 시작하
면 원하는 것이 이루어질 때까지 울음을 그치지 않는 것으로 유명했
다. 하루는 울보 공주가 하늘의 달을 따다가 목걸이를 해 달라고 떼를
쓰며 울기 시작했다.

공주가 울기 시작하자 궁중에 비상이 걸렸다. 임금님은 신하들을 불
러모아 대책을 논의하기 시작했다. 한 신하가 이야기했다.

"달은 지구로부터 거리가 수십만 킬로미터나 떨어져 있어 그곳에 가
기란 불가능합니다. 달의 성분은 돌과 흙으로 이루어져 있고, 무거워
옮길 수도 없습니다. 설사 옮길 수 있다 해도 너무 커서 목걸이를 만
들 수도 없고, 공주님 목에 걸고 다닐 수도 없습니다. 목걸이를 만들
수 있다 해도 하나밖에 없는 달을 따 오면 세상이 어두워져서 큰일나

고 맙니다."

좀처럼 결론이 나질 않았고, 울보 공주는 계속 울기만 했다. 임금님은 드디어 울보 공주의 울음을 그치게 하는 사람에게 벼슬과 큰 상을 준다고 방을 내걸었다. 그러나 아무도 지원하는 사람이 없었다. 그러던 어느 날, 한 어릿광대가 임금님을 찾아와 울보 공주를 달래 보겠노라고 말했다. 임금님은 어리숙해 보이는 광대가 그다지 미덥지 않았지만 하는 수 없이 허락했다.

어릿광대는 울보 공주를 찾아가 질문을 했다.

"공주님, 저 달은 지구에서 굉장히 먼 곳에 있는 데 어떻게 가져올 수 있을까요?"

그러자 공주는 이렇게 대답했다.

"달을 가깝게 만드는 쉬운 방법이 있지. 이 손거울을 봐. 이렇게 하면 달이 바로 눈앞에 있잖아."

"아! 그렇군요. 그러면 달은 어떻게 생겼을까요?"

"달은 쟁반같이 둥글고 평평하게 생겼지. 쟁반같이 둥근 달이라는 노래 가사도 있잖아."

"정말 그렇군요. 그렇다면 달의 크기는 얼마나 될까요?"

"이 바보야, 그것도 몰라? 달은 엄지손톱만하지. 엄지손톱으로 달을 가리면 손톱 속으로 쏙 들어가잖아."

"달은 무엇으로 만들어졌을까요?"

"달은 은으로 만들어진 것이 틀림없어. 그렇지 않으면 이렇게 어두운 밤에 하얗게 보일 리가 없잖아?"

"공주님, 마지막으로 한 가지만 더 묻겠습니다. 저 하늘에 있는 달을 따 오면 세상이 어두워질 텐데 어떻게 하지요?"

"바보야, 왜 하늘에 있는 달을 따 와? 달은 여기저기에 많이 있는데…. 연못에도 있고, 찻잔 속에도 있고, 거울 속에도 있잖아."

"예, 알았습니다. 내일 제가 달을 따다가 목걸이를 만들어 드리겠습니다."

그 다음 날 어릿광대는 은으로 손톱만한 크기의 달 목걸이를 만들어 울보 공주에게 주었고, 공주는 기뻐하며 울음을 그쳤다.

보험 세일즈란 바로 이와 같다. 가망고객의 숨겨진 니즈가 무엇인지 조심스럽게 파악하여 고객이 느끼는 문제의식에 대한 최적의 해결책을 제시하면 고객은 그 보험컨설턴트를 신뢰하며 기꺼이 계약서에 서명하게 되는 것이다. 그래서 보험 세일즈를 니즈 세일즈라고 한다.

고객의 니즈는 사람마다 개별적이고 독특하다. 보험컨설턴트가 함부로 고객의 니즈를 추정해서는 안 된다. 보험컨설턴트들은 그들에게 이전에는 없던 니즈를 만들어 주는(Create) 것이 아니라 숨겨져 있던 니즈를 드러내도록(Uncover) 도움을 줄 뿐이다.

따라서 생명보험에는 천편일률적이고 정형화된 패키지성 상품이 적합하지 않다. 가망고객 한 사람 한 사람의 마음속에 숨겨진 니즈와 필요성을 진지하고도 전문적인 상담 기법을 통해 찾아내고 최적의 해결책을 제시하는 맞춤형 상품이 적합하다. 보험컨설턴트는 가망고객의 이야기에 귀를 기울여야 한다. 그래서 니즈 세일즈를 다른 말로 '컨설팅 세일즈' 라고도 한다.

자기 관리 시스템을
갖춰라

자기사업가로서 보험컨설턴트가 성공하려면 프로의식과 자기 관리 시스템 구축은 필수다. 열심이나 감정에만 의존하는 구식 활동 패턴만으로는 장기적인 성공이 불가능하다.

열심이나 감정은 휘발유와 같아서 화기가 조금만 닿아도 불길이 확 타오르는 장점이 있지만 유효기간이 있어 시간이 지남에 따라 사그라들게 되므로, 불이 꺼지기 전에 석유처럼 불을 지속적으로 유지할 수 있는 활동의 체계와 습관을 형성해 놓아야 한다.

초기 실적은 열정과 지인시장의 결과이므로 초기 실적이 좋다고 해서 방심하다 보면 반드시 실패에 이르게 된다.

조직으로부터 자율성의 제한을 받아야 하는 체계적 활동 시스템(이하 'Structured Activity')은 엄격하고 유연성이 부족하므로 습관화하기가 그리 쉽지 않겠지만, 보험컨설턴트 일을 오랜 기간 성공적으로 수행하려면 초기에 극복해야 할 필수 과정이다.

처음 수영이나 테니스, 골프 등의 스포츠를 배울 때는 매일 새벽에 일어나서 한동안 지루한 기본동작만을 의미도 모른 채 반복해야 한다. 그런 기계적인 훈련과 힘든 연습 과정의 고비를 넘기지 못해 많은 사람들이 끝까지 배우는 것을 포기하기도 한다.

그와 같이 Structured Activity를 습관화하기까지 어려운 고비를 넘기지 못하고 실패한 보험컨설턴트들이 중도에 포기하는 일도 있지만, 고비를 넘긴 사람들은 이후부터 꾸준히 일정 수준을 계속 유지하면서 편안하게 일할 수 있게 된다.

어떤 보험컨설턴트는 Structured Activity를 습관화하는 과정을 단군신화의 곰과 호랑이가 마늘과 쑥만 먹으면서 사람이 되기 위해 버티는 과정에 비유했다. 사람이 되고 싶으면 곰처럼 참아야 한다는 지론이었다. 아마추어는 말뜻 그대로 좋아서, 취미로, 하고 싶은 것만 하려는 사람이지만 프로는 남들이 하기 싫어하는 것을 기꺼이 하려는 사람이다.

Structured Activity란 제조업에 비유하면 대량생산을 위한 자동화, 분업화 공정과 같다. 누구에게나 똑같이 주어진 24시간 내에 최대의 성과를 올리기 위해서는 각 활동의 순서와 투입 시간, 방법 등을 체계화해야만 효율을 극대화할 수 있다.

본인의 목표나 특성에 맞추어 최대의 효과를 내도록 활동량의 목표를 정하고 일과표를 만들어 실행에 옮기는 것을 습관화해야 한다. 마라톤 주자들이 경기의 최대 효율을 위해 우선 최대한 몸을 가볍게 하

보험컨설턴트 목표달성 체계

목표수립 (Goal) → 달성계획 (Activity Plan) → 실행 (Structured Activity) → 점검 (Performance Review)

→ 피드백 (TBO) → 조정목표 수립 (Goal)

TBO 시스템

점검 (Performance Review) → 교육목표 설정 (Training Needs) → 면담대상 가망고객 선정 (Sit Plan) → 사전 연습 (Pre-Role Play)

→ 면담 실행 (Joint Work) → 피드백 및 보완 (Role Play)

듯이 생산적인 일에 집중해야 한다.

목표달성을 위한 효율 향상의 방법은 개인별로 다를 수 있겠지만 일반적으로는 검증된 TBO(Training by Objective:현장활동 분석결과에 기초한 교육 방법) 시스템을 따르는 것이 안정적이다. TBO를 위한 점검은 보통 3개월 단위로 실시한다. TBO는 사무실에서의 이론교육이 아닌 실전에서의 교육이다.

가능하면 활용 가능한 모든 자원을 활용하라. 매니저들은 보험컨설턴트의 성공을 위해 존재하는 코치와 같다. 천하의 타이거 우즈도 주기적으로 코치에게서 폼을 교정받는다. 당연히 코치가 타이거 우즈보다 골프 실력은 떨어지지만, 코치는 객관적이고 이론에 밝기 때문에 타이거 우즈의 폼을 보면서 왜 잘하는지, 더 잘할 수 있는 부분은 어디인지, 전과 달라진 내용은 무엇인지, 발전하고 있는지, 아니면 퇴보하고 있는지 지적해 줄 수 있는 것이다.

혹 배우는 것이 없다고 생각하더라도 주기적으로 점검을 받아 현상을 이해하는 것만으로도 큰 도움이 된다. 이것은 정기적으로 건강검진을 받아야 병을 초기에 발견하고 치유할 수 있는 것과 같은 이치다.

또한 변화는 급격하지 않고 서서히 이루어지기 때문에 정작 자기 자신에게 어떤 변화가 있는지 모르는 경우가 많으므로 코치의 역할이 매우 중요하다. 운동선수들이 시합이 끝나면 경기 비디오를 보고 분석하는 것처럼 자신의 활동에 대한 기록을 정확히 남겨 놓아야 각 활동과정의 성공확률과 추세, 강점과 개선점을 파악할 수 있어 효율 개선이 용이해진다.

매니저의 교육이나 활동기록부 작성을 회피하는 것은 스스로 가용자원을 포기하고 어려움을 자초하는 핸디캡 플레이를 하는 것과 다름없다. 회사나 매니저가 지도하는 것은 개인 이론이 아니라 검증된 경험적 사실들이므로 믿고 따르는 것이 현명하다. 회사나 매니저, 동료 보험컨설턴트로부터 도움을 받을 수 있는 한 무조건 다 받아야 한다.

성공한 보험컨설턴트가 되려면 효율적인 주간 활동계획을 세우고 3W(1주에 3건 이상의 신규계약 달성)를 습관화하라. 세일즈 프로세스 중 주초(월, 화, 수)에는 판매 권유와 종결에 중점을 두고 초회면담이나 고객상황조사는 주말(목, 금, 토)에 실행하도록 계획하는 것이 좋다. 주말

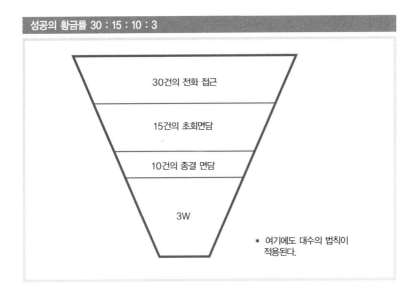

성공의 황금률 30 : 15 : 10 : 3

30건의 전화 접근

15건의 초회면담

10건의 종결 면담

3W

* 여기에도 대수의 법칙이
  적용된다.

에 실행된 초회면담이나 고객상황조사는 자연스럽게 다음 주 초에 판매 권유, 종결과 연결되어 주초에 계약을 달성할 수 있을 것이다.

주초에 3W를 달성하여 성취감을 얻으면 보다 안정된 마음으로 한 주일 간의 업무를 즐겁게 해 나갈 수 있고, 업무 효율이나 생산성 향상에도 가속도가 붙을 것이다.

3W를 하려면 30건 이상의 전화 접근, 15건 이상의 초회면담이 이루어져야 한다. 여기에도 대수의 법칙이 적용되는데, 이 수치를 한 주 동안 해야 할 최소 업무량으로 정하고, 주간 활동계획에 따라 요일별로 하루의 업무계획을 세우면 될 것이다.

두 명의 상인이 있었다. 두 사람이 장터까지 가려면 고개를 넘어야 하므로 물건을 운반하는 것이 큰일이었다.

한 명은 이렇게 생각했다.

'고개를 넘는 일은 늘 하는 것인데도 어쨌든 참 힘들어. 그렇지만 이 고개를 넘는 상인이 적기 때문에 그만큼 잘 팔리는 게 아니겠어? 만일 이 고개가 없었더라면 어떻게 되었을까? 틀림없이 많은 상인들이 장터에 모일 테니 물건은 생각만큼 팔리지 않을 거야. 그렇다면 장사가 잘 되는 것은 이 고개 덕분이라고 할 수 있겠군.'

땀을 흘리면서 넘어야 하는 고개는 이 상인에게 어찌 되었든 고맙고 즐겁고 또 희망을 주는 존재였다. 그에게 주어진 대가는 남모르게 고생한 그의 노력이 축적된 결과였다. 그는 고생이 결코 괴로운 것이 아니라 오히려 고생이야말로 신으로부터 받은 혜택이라고 생각했으므로 아무리 힘들 때라도 얼굴을 찌푸리는 법이 없었다.

언제나 싱글벙글 즐거워하는 그에게서 뭔가를 산다는 것은 사는 사람에게도 즐거운 일이었다. 같은 물건을 살 바에야 항상 웃는 낯의 사람 좋은 상인에게 사야겠다는 마음이 드는 것이다.

그 상인의 얼굴에는 고객에 대해 감사하는 마음이 담겨 있었기 때문에 우울한 기색이 전혀 없었다. 그리고 물건을 사는 손님에게 항상 진심 어린 사례의 말까지 했다.

"자꾸 찾아와 주시니 고맙습니다."

의례적이 아닌 감사의 말은 손님의 마음을 흔들어 더더욱 잘 팔리게 만들었다.

한편, 다른 한 사람은 고개에 오를 때마다 이마를 찌푸렸다.

'빌어먹을 이 고개가 항상 문제란 말야. 가파른 고개를 넘지 않으면 안 되니 무슨 고생이람. 이 고생을 하느니 차라리 고개를 넘지 않는 것이 낫겠다.'

이렇게 생각하니 고개와 장터로 가는 게 싫어지는 날이 점차 많아졌다. 장터에 나가는 날이 적어지면 적어질수록 단골손님도 그만큼 줄어들고 손님들은 다른 상인에게서 물건을 사 가게 되었다.

단골을 잃은 그는 어쩌다 가끔 장터에 나가 봐야 물건도 별로 팔리지 않았다. 그러다 보니 상품 구색을 갖추는 감각도 무뎌져 이번에는 무엇이 잘 팔릴지… 하는 직감도 작용하지 않게 되었다.

장사가 자꾸 쇠퇴하여 언제부터인지 그 상인은 고개를 넘어 장터에 가는 것을 단념하게 되었다. 그렇다면 이제 그는 도대체 어디에 가서 물건을 팔 것인가?

　두 상인에게 고개라는 장애가 있었던 것처럼 세일즈에는 언제 어디서나 장애가 따르게 마련이다. 생각을 바꾸면 그 장애는 판매를 위해 꼭 필요한 것이다. 그렇게 생각하는 것이야말로 성패를 가르는 분기점이다.

　'불가능한 것'을 반드시 '할 수 있는 것'이라고 생각한 첫 번째 상인의 생각은 옳았다. 반면, '불가능한 것'을 절대로 '할 수 없는 것'이라고 생각한 두 번째 상인의 생각도 옳았다. 두 번째 상인의 생각은 할 수 없다는 결과로 입증되었으니 말이다. 그렇다면 두 사람의 결과를 달라지게 만든 것은 무엇일까? 그들의 생각의 차이가 판매에 임하는 태도를 다르게 만들었고, 다른 태도가 성공과 실패를 가르는 다른 결과를 낳은 것이다.

　성공한 사람들의 공통분모는 실패한 사람들이 하기 싫어하는 일을 스스로 실행하는 습관을 갖고 있다는 것이다. 성공하려는 목표가 선명한 사람은 눈앞에 나타난 어려운 고비가 그것을 뛰어넘었을 때 얻어지는 가치 혹은 대가로 보이지만, 실패한 사람들에게는 두렵고 넘기 힘든 장애물로만 보인다. 장애물이란 성공에 대한 목표를 잃어 버렸을 때 보이는 것들일 뿐이다.

　성서에도 "베드로가 예수님만 바라보았을 때는 바다 위를 걷는 기적이 일어났지만, 바람을 보고 무서워했을 때는 물에 빠졌다."고 기록되어 있다.

　역경에 처할수록 '정열을 불사를 가치가 있다'고 생각하라. '어려운 상황일수록 흥미진진하고 대가가 크다'고 생각하라. 태도는 바로 사고의 습관이다. '남들이 어렵다고 생각하는 것을 해내는 것이 진정한 프로'라고 생각하라. 문제를 극복하고 나면 당신의 정신은 더욱 강해진다!

나약한 사고를 새롭게 바꾸는 것이 중요하다. 당신이 갖고 있는 힘과 믿음에 초점을 맞추고 나약함을 몰아내야 한다. 어떠한 작은 일이라도 모든 것을 긍정적으로 해석하는 습관을 들여야 한다. 긍정적인 마음가짐(PMA:Positive Mental Attitude)은 쉽게 전염된다.

어려울 땐 자기보다 나은 사람을 만나라. 어려울 때 자신보다 나약한 사람과 어울리면 모두 실패하는 결과를 낳을 뿐이다. 실적이 좋은 동료나 형과 같은 매니저, 성공한 사람을 만나 그들과 어려움을 나누고 비결을 배우면 한결 긍정적인 기분이 들 것이다.

실패한 경우일지라도 결코 패배한 것이 아니라 '문제해결을 위한 일보 후퇴다!'라고 생각하라. 우선 일 자체를 시합에 임하듯 즐거운 마음으로 대하는 것이 매우 중요하다. 그리고 시합 후에 자신의 시합이 어떠했는가를 냉정하게 되짚어 보는 과정이 반드시 따라야 한다.

보다 멀리 보고 기본부터 다시 점검하라. 승리했을 때보다 패배했을 때가 보다 많은 것을 배우고 더욱 큰 내면의 힘을 기를 수 있는 기회가 된다. 이것은 장래의 시합과 곧바로 직결된다.

초반에 아무리 실패했다 하더라도 시합이 완전히 끝나지 않는 한 역전의 기회는 남아 있다. 9회 만루 홈런을 날린다면 초반에 스트라이크 아웃을 여러 번 당했다는 사실쯤은 아무도 기억하지 않을 것이다. 실패를 경험하지 않은 강한 선수란 없다! 홈런왕은 삼진왕이라고도 하지 않는가!

그리고 견디기 힘들 때에는 기도하라.

신은 우리에게 고귀한 사명을 주셨으므로 마땅히 그 사명을 감당할 수 있는 힘도 주실 것이다!

비슷한 것은
진짜가 아니다

한 보험컨설턴트가 3W를 연속 200주 달성했을 때 이렇게 말했다.

"신화적인 3W 200주 연속 달성! 늘 꿈꾸어 왔고 정말 꼭 이루고 싶었던 거였습니다. 목표에 도전하고 이룬 성취감이 오늘 저를 이처럼 기쁘게 만드는 것이 사실이지만, 지금 저를 더욱 흥분시키는 것은 평범하기 그지없는 저 같은 사람도 많은 동료들에게 희망의 증거가 될 수 있다는 사실 때문입니다. 어느 순간부터 제 일과 환경에 매우 감사하게 되었습니다. 그래서 늘 감사하는 마음 하나로 눈이 오나 비가 오나, 어떤 때는 길을 걷다가, 어떤 때는 버스에 오르다가, 또 어떤 때는 지하철 계단을 내려가다가 문득문득 감사하다는 생각에 가슴이 벅차오르는 것을 주체하지 못할 때도 있었습니다. 하루에도 수백 번씩 '감사하다'는 말을 입에 올리며 오늘도 발걸음을 재촉하는 저는, 지금 행복합니다."

　감사하는 마음과 긍정적인 눈으로 자기 일을 사랑하고 자긍심을 느끼는 그의 말 속에는 신화적인 성공을 이루었다는 자만심보다 참으로 겸손한 보험컨설턴트의 모습이 보인다. 그리고 '생명보험의 가치로써 이루어 낼 수 있는 기적에 대한 믿음' 이 그의 헌신적인 삶을 가능케 했고, 그에게서 느껴지는 '강인한 신뢰감' 이 성공을 이루었음을 본다.

　그에게 성공은 전체 여정 가운데 하나의 기착지를 지난 것일 뿐, 새로운 기착지를 향해 계속적으로 나아가고 있는 성실한 모습을 통해 그가 지닌 신뢰의 크기를 가늠할 수 있다. 감사와 겸손과 신뢰는 그가 지닌 아주 강력한 에너지이며 그것이 강력한 힘을 갖는 이유는 거짓이 아닌 진실이기 때문일 것이다.

　"비슷한 것은 가짜다."라는 말이 있다. 달리 말하면 진짜와 비슷한 것은 진짜가 아니라는 것이다. 자신의 목표를 달성했을 때 일시적인 승리감에 도취해 자만하지 않고 항상 겸손한 마음으로 다음 여정을 향해 나아감으로써 신뢰를 쌓아 가는 모습, 그것이 진짜 성공한 보험컨설턴트가 보여 주어야 할 삶의 모습이다.

　실적이나 소득을 자랑하는 것은 가짜의 증거일 수도 있다. 사람들이 훌륭한 보험컨설턴트에게 존경심을 갖는 이유는 화려한 실적이나 높은 소득 때문이 아니라 진정한 보험컨설턴트로서의 삶을 꾸준히 성실하게 살아가는 모습 때문이다.

　보험컨설턴트가 전달하고자 하는 '보장' 의 가치는 어두운 세상에 경제적 구원을 주는 복음과도 같다. 보험컨설턴트는 사랑과 희망의 전도사로서 생명보험의 가치를 전달하기 위해 희생과 고통을 감수하는 사람들이다.

희생과 고통을 두려워하지 않고 즐거움과 자긍심으로 받아들이며 용기 있고 겸허하게 자신의 사명을 다해 나가는 보험컨설턴트들에게 진심으로 존경의 박수를 보낸다.

'바라보는 것' 만으로도 인생이 바뀐다

생각을 바꾸면 행동이 바뀌고, 행동이 바뀌면 습관이 바뀌고, 습관이 바뀌면 운명이 바뀐다! 사람들이 취하는 행동의 95퍼센트가 습관에서 나온다고 한다. 습관은 행동에만 국한되는 것이 아니라 문제에 접근하는 태도와 생각 또한 포함한다.

우리는 살아가면서 스스로 어떤 선택이나 결정을 내려야만 하는 새로운 상황들을 무수히 만난다. 어떤 선택이나 결정을 내렸는가에 따라 성공한 경험과 실패한 경험이 판가름날 것이고, 성공이든 실패든 두 가지 결과는 모두 교훈이 된다. 성공한 경험으로부터는 취해야 할 습관을 얻을 수 있고, 실패한 경험으로부터는 버려야 할 습관을 가려낼 수 있기 때문이다.

중요한 것은 '내가 지금 무엇을 하고 있는가' 보다 '내가 지금 무엇을 바라보고 있는가'이다. 인간이 할 수 있는 가장 쉬운 일이면서도 인생을 뒤바꿔 놓을 수 있는 것이 '바라보는 일'이다. 긍정적인 쪽을 바라보는 습관만으로도 부정적인 것을 긍정적인 것으로 변화시킬 수 있는 힘을 얻게 될 것이다.

자신의 목표를 기록하여 붙여 놓고 매일 바라보며 남에게도 공표하라. 한 가지씩 작은 성공을 경험해 나가다 보면 자신에 대한 확신과 잠재능력이 무한히 커질 것이다. 목표는 크고, 수정처럼 명확해야 하며, 구체적이고 감정적인 형태를 띨 때 좀더 강력한 추진력을 지닌다.

구체적인 형태의 목표를 세웠다면 목표에 도달하는 과정을 하나하나 즐기는 것이 효과적이다. 3W, 연도사상 입상, MDRT 회원 자격 달성, 연 커미션 1억 원, 유지율 100퍼센트 등 마치 프로 지망 연습생에서 마이너리그 선수로, 마이너리그 선수에서 메이저리그 선수로, 메이저리그 선수에서 스타 플레이어로 한 단계씩 발전해 나가는 것처럼 과정을 즐겨라.

모호한 승리는 질책의 대상이 되지만 정당한 패배는 오히려 격려의 박수를 받을 것이다. 진정한 스타는 한 번 '승자'가 아니라 수많은 게임에서 최선을 다해 인상적인 플레이를 보여 주는 사람이다.

다음으로는, 자신이 꿈꾸는 이상형 '멘토(Mentor : 정신적 스승)'를 선정하여 바라보라.

주변의 성공한 동료든 선임 보험컨설턴트든, 20세기 최고의 보험 세일즈왕 폴 J. 마이어든, 10년간 기네스북에 등재되었던 세일즈 황제 지그 지글러든, 리 아이아코카든, 데일 카네기든… 아니면 그 사람들의 긍정적인 면을 모두 합한 새로운 이상형이든 구체적인 하나의 인간상 '멘토'를 만들어라.

멘토의 상을 정립했다면 스스로 화신(化身)이 되어야 한다. 멘토처럼 생각하고, 멘토처럼 행동하라. 그러다 보면 어느 샌가 자신도 누군가의 멘토가 되어 있을 것이다. 같은 팀의 동료 보험컨설턴트나 매니저가 "당신은 나의 멘토"라며 바라보는 시선이 교차하는 사무실 분위기를 상상해 보라. 생각만 해도 가슴 벅차고 에너지가 끓어오를 듯하지 않은가!

절대로 잊지 말 것! 팀이란 '서로의 성공을 바라는 사람들'이 함께 일하는 당신의 든든한 백그라운드다.

인간은 한쪽 날개만을 가진 존재이기 때문에 날고 싶으면 서로 부둥켜안아야 한다고 누군가 말했다.

장작개비 하나로는 불꽃도 약하고 꺼지기 쉽지만 여럿이 모이면 큰 불꽃을 만들 수 있다는 평범한 진리도 기억할 만한 가치가 있다.

자신의 목표와 멘토를 바라보면서, 자신이 가진 훌륭한 능력을 절대적으로 신뢰하고, 인생의 꿈에 대해 진지한 욕망을 불태워라.

때로 자신감이 떨어지는 것을 느낄 때는 다음과 같이 외쳐라.

"나는 반드시 모든 사람에게 용기와 영감을 주는 멋진 보험컨설턴트가 될 수 있다!"

성숙이 롱런의
열쇠다

MDRT 연차회의에 참석해 보면 수십 년간 성공적으로 일해 온 백발 노장의 보험컨설턴트들이 대부분이고 가까운 일본에도 오래된 보험컨설턴트들이 많다. 그런데 왜 우리나라에는 성공적으로 롱런하는 보험컨설턴트가 적은가.

해답은 간단하다. 아직 '성숙'의 문화가 없기 때문이다. 한국에는 보험업계뿐 아니라 다른 업계에서도 한 가지 영역에서 가업을 잇는 경우가 드물다. 옛날에는 도공과 같이 대를 이어 가업을 물려받는 사람들이 있었지만, 자본주의 도입 이후 그런 일은 좀처럼 찾아보기 힘들게 되었다.

대리점 관련 사업을 하는 사장의 말을 들어 보면 대리점이 잘 될 때가 오히려 위기라고 한다. 우리나라 사람들은 대개 '성숙'의 개념보다 오로지 '성장'에만 관심이 있으며, 일의 '가치' 보다 '수입과 편안함' 을 추구하여 잘 되는 대리점을 정리하고 좀더 편하게 돈을 많이 벌 수 있다고 생각하는 쪽으로 전업하다가 실패를 자초하고 후회하게 된다 는 것이다. 최근 기업들이 무리하게 사업을 확장하다가 몰락하는 경우 도 같은 맥락이다.

사람들이 '자기사업가'를 생각할 때 떠올리는 단어들은 무엇인가? 많은 소득, 자유시간, 편하게 돈 버는 것… 혹시 이런 것들은 아닌지. 투자와 희생, 수준 높은 고객 봉사, 가치 창조 등의 단어를 떠올리는 사람들이 과연 얼마나 될까?

사람에 대한 배려가 있느냐 없느냐에 따라 '장사꾼'과 '사업가'로 구분된다고 누군가 말했다. 보험컨설턴트도 마찬가지다. 초기에는 잘 나가던 보험컨설턴트들도 소득이 안정되고 보험영업이 잘 되면 보다 편하게 거액의 연봉을 벌고 싶은 욕망에 빠지게 된다. 소득이 계속적 으로 늘어나기를 바라면서 일은 더욱 편하게 하고 싶은 스스로의 모순 에 빠지면서부터 가치관의 혼란을 겪기도 한다.

세상에는 계속 성장하면서 동시에 편해질 수 있는 이치란 없다. 모 든 삼라만상이 빠른 성장기를 거쳐 성숙하면서 열매를 맺게 되는 것이 며, 오래될수록 원숙한 가치를 풍기는 것이 아름답다.

그러면 보험컨설턴트로서 성숙해진다는 것은 무엇을 의미할까?

첫째, 단편적인 성공보다는 전면적인 성공을 추구한다.
세계보건기구(WHO)에서는 건강의 정의를 "단순히 병약함이 없는 것 만이 아닌, 신체적 · 정신적 · 감성적 · 영적(도덕적)으로 완전히 양호

한 상태"라고 정의하고 있다.

신입 보험컨설턴트는 오로지 자기 일에만 몰두하지만 경력이 쌓여 감에 따라 가족과 사회, 동료와 고객, 자신의 인격을 돌아보게 되는 것이 성숙이다. 실적과 소득의 감소는 당연하다.

둘째, 실적(돈)보다는 명예(사람)에 더욱 관심을 갖는다.

자신의 이익 때문에 남을 아프게 하지 않고 남을 돌보아 주며 배려할 줄 아는 것이 성숙한 사람들이 갖는 특징이다. 어린아이에서 성인이 되는 것이다.

셋째, 결과보다는 과정을 더욱 중요시한다.

단기 승부에서는 결과가 중요할지 몰라도 장기적인 승부에서는 과정을 충실하게 밟는 사람이 결국 승리하게 된다. 과정을 알아야 창의력을 가지고 개선·발전할 수 있기 때문이다.

넷째, 표면적인 것보다는 근본적인 것에 관심을 둔다.

순간순간의 증상들을 임시변통으로 치료하기보다는 근본적으로 체질을 개선하는 것이 건강의 비결이다. 기본에 충실한 것(Back to the Basics)이 위대한 것이라는 평범한 진리를 기억하라.

다섯째, 급한 일보다는 중요한 일에 집중한다.

보험컨설턴트는 할 일이 너무 많기 때문에 시간을 체계적으로 사용하지 않으면 정신 없이 바쁘면서도 좋은 결과를 얻지 못한다. 모두 열심히 일을 함에도 결과가 천차만별인 것은 바로 어떤 일에 우선적으로 시간을 소비하는가에 달려 있다.

학교에서도 언제나 노는 것 같아 보이는데 성적이 좋은 학생이 있고, 매일 공부한다고 끙끙대면서 성적이 나쁜 학생이 있는 것과 마찬가지 원리다. 성적이 좋은 학생은 국어시간에는 국어에 집중하고, 수학시간에는 수학에 집중한다. 그것이 효율을 극대화하는 비결이다.

보험컨설턴트에게 교육이나 미팅 참석은 급한 일이 아니라 중요한 일이다. 급하다고 해서 쉬지 않고 앞만 보고 달리다 보면 잘못된 길로 접어들어 절벽으로 떨어지거나 지쳐서 효율을 발휘하지 못하게 된다.

성숙의 과정을 골프와 비교해 보자.

골프를 배울 때 처음 3개월 내지 6개월 동안의 기초 레슨 단계에서는 재미 없는 동작만을 반복해야 한다. 안 쓰던 근육을 사용하느라 숨도 못 쉴 정도로 가슴이 아프고 재미도 없어 많은 사람들이 이 단계를 못 넘기고 포기한다.

다음 단계는 필드에 나가서 정신 없이 스코어를 줄이려고 골프에 미치는 1~2년간이다. 100타를 깨고, 90타를 깨겠다는 일념으로 미친 사람처럼 골프에만 집중하게 된다. 모든 것을 골프하고만 연관지어 생각하고, 가족도 내팽개치며, 때로는 스코어를 줄이기 위해 속이기까지 할 정도로 점수에 민감해지기도 한다. 계속적인 연습과 실전을 병행하며 곧 프로 수준에 이르겠다는 꿈을 꾸기도 하는 이때가 자신감이 가장 충만할 시기다.

성숙에 이르는 단계는 80타 대에 진입할 무렵부터다. 이제는 스코어보다 동반자들과의 관계를 중시하며, 여유를 갖고 자연을 바라보면서 즐기는 단계다. 필드에 나가는 시간과 연습량이 줄어들어도 스코어는 크게 줄지 않는다. 진정으로 골프를 사랑하게 되면 골프를 칠 수 있다는 것만으로도 감사하는 마음을 갖게 된다. 언제까지나 스코어를 계속 줄일 수 있다는 만용은 잊어버린 지 오래다.

지속적으로 소득을 증가시키면서도 몸은 더욱 편하게 존경받으면서 일하고 싶다는 헛된 욕망에서 벗어나 사람들과 함께 사랑의 정신을 나누며, 고객에게 보다 수준 높은 봉사를 효율적으로 제공하겠다는 장인정신을 가질 때 '성숙'의 문화가 이루어지고, 보험컨설턴트의 롱런도 자연스럽게 가능해질 것이다.

2000년 4월 홍콩에서 열린 컨퍼런스에서 미국 푸르덴셜의 챔피언 보험컨설턴트인 솔로몬 힉스(Solomon Hicks)가 감동적인 연설을 했다. 그는 1970년부터 35년 이상 보험컨설턴트 일을 해 온 사람으로 세계적으로 존경받는 보험컨설턴트의 모범을 보여 주었다. 특히 35년간 계속 PTC(President Trophy Contest:푸르덴셜의 연간실적 시상 기준)에 입상했고, 5회 연속 챔피언이 되는 등 꾸준한 고실적을 올렸다.

크리스천인 그는 "당신은 어떻게 성공했습니까?"라는 사람들의 질문에 대해 '자신이 왜 이 일을 하는지'를 설명했다.

"하느님께서 제 마음에 생명보험의 기적을 가능한 한 널리 전파하고자 하는 큰 욕망을 심어 주셨습니다. 우리가 전하는 생명보험이 고객의 인생에서 중요한 역할을 하는 것을 볼 때 가장 큰 기쁨을 얻습니다. … 제 성공이든 어느 누구의 성공이든, 그것은 바로 여러분 자신이 자기 안에 가지고 있는 것에 의해 결정된다는 것을 저는 믿습니다. … 지금 저는 제가 작년에 많은 판매실적을 거두었기 때문에 행복한 것이 아닙니다. 제가 일하는 것을 즐거워했기 때문에 작년에 많은 판매실적을 거두었다고 생각합니다. … 생명보험은 판매가 아닙니다. 그것은 봉사입니다.”

35년 경력으로 이룬 그의 성공과 일에 대한 사명감은 보험컨설턴트 일이 총을 쏘아 단번에 표적을 맞추는 사냥꾼과 같은 일이 아니라, 땅에 대한 믿음을 갖고 씨앗을 뿌리고 밭을 갈고 싹을 틔우고 정성껏 거름을 주는 꾸준하고 지속적인 노동을 통해 흘린 땀의 대가로서 열매를 거두는 농부의 일과 같다는 것을 보여 준다.

그는 챔피언 연설에서 자신이 이 일을 하면서 발견한 '황금률 열 가지와 백금률 한 가지'를 소개했다. 그의 말이 지금 성공을 이룬 사람들과 성공을 향해 열심히 나아가고 있는 사람들, 어려운 시련을 맞아 좌절을 겪고 있는 사람들 모두에게 도움이 될 것이라 생각한다.

솔로몬 힉스의 '열 가지 황금률'과 '한 가지 백금률'

첫 번째, 여러분이 생각하는 방법, 그것이 전부입니다. 항상 긍정적으로 생각하십시오.

'나는 실패할 거야!'라고 생각할 때도 '나는 성공할 수 있어!'라고 생각할 때와 똑같은 양의 두뇌 에너지를 소모합니다. 두 가지 생각의 차이라면 하나는 당신에게 활력을 불어넣고, 다른 하나는 당신의 힘을 약화시킨다는 것입니다. 부정적인 환경에 주의하십시오.

제가 처음 입사했을 때 제 매니저는 제가 차도 없고 전화도 없다는 사실을 몰랐습니다. 매니저가 그 사실을 알았을 때 그는 저를 해고했습니다. 그러나 저는 화를 내지 않았습니다. 저는 부정적인 생각을 긍정적인 생각으로 바꿨습니다. 저는 매니저가 저에 대해 잘 모르고, 또 제가 얼마나 열심히 일할 준비가 되어 있는지 모른다는 것을 깨달았습니다. 그래서 저는 매니저에게 제 실력을 증명할 수 있는 기회를 달라고 부탁했습니다.

매니저는 허락했습니다. 그러나 그는 제가 결코 해낼 수 없을 거라고 말했습니다. 오히려 제가 실패할 것을 증명하는 기회라고 생각한 것 같습니다. 그러나 저는 그것을 제가 실패하지 않는다는 것을 증명할 기회라고 생각했습니다. 물론 저는 실패하지 않았습니다. 제가 실패할 거라고 생각했던 그 사람도 역시 부정적인 태도에서 긍정적인 태도로 바뀌었습니다. 제가 그해의 루키(영업 초년도 실적이 뛰어난 신예에게 주어지는 자격)가 되었을 때, 매니저는 자기가 항상 제가 해낼 수 있을 거라고 생각했다고 말했습니다.

두 번째, 여러분의 진정한 꿈과 목표를 정하십시오. 그리고 두 가지의 차이점을 잘 이해하십시오.

꿈이란 여러분이 그것을 향해 달려가고 있는 바로 그것입니다. 목표는 꿈에 도달하는 계단입니다. 여러분이 수많은 계단으로 되어 있는 층계의 맨 아래에 서 있고, 그 층계의 꼭대기에 올라서기를 원한다고 상상해 보십시오. 한 계단 한 계단을 밟지 않고 꼭대기에 이를 수 있는 다른 방법은 없습니다. 제 층계의 꼭대기는 언제나 제 아내와 두 딸에게 가능한 한 최상의 지원을 하는 것이었고 지금도 그렇습니다. 그 꿈을 실현하기 위해 저는 많은 계단을 올랐습니다.

예를 들어, 처음에 저는 제 사무실을 갖는 것을 목표로 세웠습니다. 다음에는 PTC 자격을 달성하고 MDRT 자격을 얻는 것을 목표로 정했습니다. 또 다음의 목표는 PTC 챔피언이 되고 MDRT의 TOT(Top of the Table) 자격을 갖는 것이었습니다.

제 꿈은 제 마음 안에 있습니다. 그리고 저는 매일 그것과 함께 살고 있습니다. 그러나 저는 제 목표를 글로 적습니다. 그리고 그것을 달성하기 위한 계획을 세웁니다. 매일매일 일하면서 저는 그것을 명심하고 있습니다. 여러분의 시간과 돈을 여러분의 목표에 집중하십시오. 여러분의 마음을 여러분의 꿈에 맞추십시오. 우리는 자연스럽게 우리의 마음이 가는 곳으로 움직이게 되어 있습니다.

세 번째, 행동으로 옮기십시오. 행동이 없는 목표는 단순히 좋은 생각에 불과합니다.

좋은 생각은 좋은 골프채와 같습니다. 많은 사람들이 좋은 골프채를 갖고 있습니다. 어떤 사람들은 그 골프채로 골프를 치는 것만으로도 자랑을 합니다. 하지만 만약 여러분이 타이거 우즈라고 생각하면 그 골프채를 프로다운 열정으로 값어치만큼 한껏 사용하여 최고가 될 것입니다.

1998년 저는 미친 듯이 보낸 12일 동안에 그 승리를 달성했습니다. 사내 지도자 프로그램에 많은 시간을 할애하다 보니 그해 12월 11일 현재, 저는 미국 PTC 순위 겨우 138위였습니다. MDRT의 TOT 자격을 달성하는 데에도 시한이 2주도 채 남아 있지 않았습니다. 저는 11일 동안 22개 주를 돌며 고객에게 프레젠테이션을 했습니다. 다시는 그런 미친 듯한 행진을 반복하고 싶지 않았습니다.

그래서 지난해(1999년)에는 목표를 달성하기 위해 제게 좀더 시간을 주었습니다. 35일을 주었죠. 다시 한번 저는 소개받은 사람들을 만나고 기존 고객의 추가계약을 하면서 전국을 종횡무진 누비고 다녔습니다. 우리는 고객의 일정에 맞추어 아침이든 밤이든 토요일이든 일요일이든 언제라도 고객이 원하는 시간에 방문했습니다. 사실 우리는 목표달성 시한을 겨우 35일 남겨 두는 것을 계획한 적은 없습니다. 그러나 처한 상황이 그렇다는 것을 깨달았을 때는 목표를 새로 정할 여지가 없었죠.

네 번째, 성공은 마라톤입니다. 단거리경주가 아닙니다.
이것은 앞서 말씀드린 미친 듯이 보냈던 제 2년간의 일과 모순되는 것처럼 보입니다. 그러나 제 지난 2년의 성공은 오랜 세월 동안 잘 정립되고 발전되고 가꾸어진 그런 많은 관계(Relationship)가 없었다면 불가능했을 것입니다.

'소개'가 결정적인 요소입니다. 어떤 비즈니스는 당신의 10년 된 친구가 소개해 주려는 사람한테 단 10분간 전화통화를 해 준 것만으로 성사되기도 합니다. 그 사람은 그 친구의 전화가 없었다면 아마 여러분에게 단 10초도 내주지 않았을지 모릅니다.

그리고 인내를 가지고 열심히 일하십시오. 반드시 보답이 있습니다. 저는 밀턴 브런슨이라는 상당히 성공한 높은 지위의 목사에게 프레젠테이션하려고 했던 때를 기억합니다. 제가 약속시간에 도착할 때마다 매번 브런슨 목사는 방송 녹음 중이거나 앨범에 들어갈 노래 연습을 하고 있거나, 아니면 다른 일에 몰두하느라 너무 바빠서 도저히 저를 만날 수가 없었습니다. 그때마다 저는 잠시만 기다려 달라는 소리를 들었고, 조금 뒤에는 약속시간을 다시 정해야겠다는 말을 들었습니다. 이런 일이 대여섯 번이나 반복되었습니다. 마침내 목사를 만날 수 있는 기회를 가졌고 그는 5만 달러짜리 보험계약을 했습니다.

브런슨 목사는 제 인내심에 감명받았다고 나중에 이야기했습니다. 그리고 제 행동은 제가 수입을 얻기 위해서가 아니라 그분과 그 가족을 진심으로 생각하고 있다는 것을 보여 준 것이라고 말했습니다. 그분은 제 인생의 스승이 되었고, 몇 년에 걸쳐 약 60만 달러의 생명보험에 가입했습니다.

다섯 번째, 용서하고 잊으십시오. 거절을 환영하고 앞으로 나아가십시오.
제가 좋아하는 책 중에 마이클 머독이 쓴 『삶의 지혜』라는 책이 있습니다. 그 책에서 머독은 "어제는 취소된 수표다. 오늘은 사용할 수 있는 현금이다. 내일은 약속어음이다."라고 말했습니다. 만약 우리가 진정으로 우리가 하고 있는 일(생명보험의 기적을 전하는 일)을 믿는다면 우리는 계속 앞으로 나아가야 하고 계속 우리의 이야기를 해야 합니다. 그 이야기가 무엇이든지 성직이나 다른 전문 분야의 시장을 개척할 때 여러분은 인내해야 합니다. 그리고 정말 포기하고 싶어지는 그 한계점을 기꺼이 뛰어넘어야만 합니다.

모든 사람들이 "예!"라고 말하지는 않을 것입니다. 그리고 "예!"라고 말한 사람들이 모두 여러분이 첫 번째로 요청했을 때 그렇게 말하지는 않았을 것입니다. 여러분이 고객의 "No!"를 어떻게 다루는지가 아주 중요합니다. "No!"를 용서하는 법을 배워야만 다시 한번 요청하는 것이 가능해집니다. 용서하지 못하는 "No!"가 많아질수록 여러분은 더욱 곤경에 처하게 되고, 다음 고객에게 최선을 다하고 싶은 마음이 사라질 것입니다.

또한 여러분은 자신을 용서하는 법을 배워야 합니다. 자신의 실수를 인정하고, 실수를 잊어버리고, 앞으로 나아가십시오. 경력 초기에 제 친구 중 기술회사의 동업자가 있었습니다. 저는 그 친구에게 가족을 위한 생명보험에 대해 이야기했습니다. 하지만 너무 많은 개인적인 질문을 하는 것이 불편해서 사업에 관해서는 묻지 않았습니다. 그 친구는 제게 보험을 계약했습니다. 그리고 후에 그 친구와 그 친구의 동업자가 매매계약의 자금을 조달할 목적으로 다른 생명보험회사에 10만 달러짜리 보험에 가입한 것을 알게 되었습니다. 그 친구는 만약 미리 알았다면 당연히 저를 사업 대리인으로 삼았을 것이라고 말했습니다. 그것은 제 실수였습니다.

그러나 저는 그것에서 사람들에게 내가 어떻게 그들을 도울 수 있는지 말해야 하며 많은 질문을 해야 한다는 것을 배웠습니다. 여러분이 실수를 인정할 때 여러분은 그 실수를 통해 배울 수 있고 성공할 수 있습니다. 그렇지 않으면 여러분이 할 수 있는 일은 변명뿐입니다.

여섯 번째, 결코 배우기를 멈추지 마십시오.
트레이닝을 받고 기술을 익히십시오. 새로운 기술을 활용하십시오. 이 일을 시작한 지 30년이 지난 지금도 저는 제 시장과 업계 전반에 대한 경향과 변화를 연구합니다. 저는 항상 제 고객에게 봉사할 수 있는 더 나은 방법을 찾고 고객이 다른 어느 곳에서도 얻을 수 없는 것을 제공할 수 있는 방법을 모색합니다.

MDRT 회의나 업계의 다른 모임에 참석하십시오. 저는 MDRT의 평생 교육과정을 통해 비영리단체를 위한 보장 플랜에 대해 배웠고, 그런 지식은 저를 제 성직자 고객에게 더욱 가치 있는 사람으로 만들어 주었습니다.

일곱 번째, 세일즈에서 중요한 것은 말하는 것이 아닙니다. 듣는 것입니다. 여러분이 할 말은 현관에 두고 들어가십시오. 고객이 자신의 니즈에 대해 말하는 것을 들으십시오. 모든 사실을 파악하고 자세한 내용을 분석하는 방법을 배우십시오.

여러분이 어떤 특정한 도움을 제공하기 전에 여러분이 얘기하고 있는 상대에 대해 파악하십시오. 여러분이 그들의 얘기를 진심으로 들어줄 만큼 충분히 그들에 대해 관심이 있다는 것을 알면, 사람들은 그들 자신과 가족에게 여러분이 서비스를 제공할 수 있도록 도울 것입니다. 이야기를 경청하면 사람들은 자신이 중요한 존재로 대우받고 있다는 느낌을 받습니다.

저는 고객이 하는 이야기 한 마디 한 마디를 주의 깊게 듣고, 제가 제대로 이해했는지 확인하기 위해 그들이 한 말을 다시 말해 줍니다. 대화를 이끌어 가는 것은 제가 아니라 고객입니다. 고객이 이야기하지 않으면 저는 고객에게 중요한 것이 무엇인지 알 수 없습니다.

저는 제 자신을 고객의 코치라고 생각합니다. 고객에겐 원하는 목표가 있습니다. 저는 그들이 목표를 달성하려면 무엇을 어떻게 해야 하는지 알려 줍니다. 하지만 결국 게임을 하는 사람은 바로 고객입니다. 저는 그 게임을 존중해야만 하고, 그들을 밀어붙이기보다 오히려 인도해야 합니다.

여덟 번째, 변화를 두려워하지 마십시오.
『삶의 지혜』라는 책은 "시대의 흐름에 맞추고 전통을 깰 준비를 하라."고 조언하고 있습니다. 그 책에는 "세상은 변화를 증오한다. 그러나 변화만이 지금까지 진보를 가져왔던 유일한 길이다."라고 적혀 있습니다.

제가 성직에 있는 사람들에게 보험판매를 시작했을 때, 우리 회사에 그 사람들의 니즈를 충족시킬 수 있는 기존의 상품이 거의 없다는 사실을 깨달았습니다. 그러나 그들이 필요로 하는 것을 가지고 있지 않다는 의미는 아니었습니다.

저는 창의력을 발휘해야 했습니다. 저는 '선진 마케팅 부서'와 의논했습니다. 그래서 제가 MDRT에서 배운 아이디어를 그들과 검토하여 여러 상품들을 조합해 제 고객이 필요로 하는 보장과 서비스를 포함할 수 있는 상품을 개발했습니다.

아홉 번째, 고객과 오래 지속되는 진정한 관계를 만드십시오.
가치 있는 고객의 선을 넘어서 그들과 우정을 발전시키십시오. 만약 그들이 여러분의 친구라면 여러분은 그들에게 딱 맞는 상품과 서비스를 제공할 수 있을 것입니다. 언제나 여러분이 '판다'는 것보다 고객들이 '산다'는 사실이 더 중요합니다. 그들이 여러분의 친구라면 여러분은 그들의 미래에 관심을 갖게 될 것입니다. 여러분은 그들의 꿈에도 관심을 갖게 될 것입니다. 그러면 그들도 여러분의 꿈에 관심을 갖게 될 것입니다. 그렇게 그들과 여러분의 꿈을 공유하십시오.

고객을 만날 때, 저는 올해의 제 목표가 무엇인지 그들에게 이야기합니다. 지난해, 그리고 그 전 해에도 성직자 친구들에게 그해의 목표를 이야기했고 그들은 그 목표에 대해 저만큼이나 흥분했습니다.

저는 MDRT 회원이 됨으로써 고객에게 더 나은 서비스를 제공할 수 있는 지식을 얻을 수 있다는 것을 알았습니다. 제가 그런 말들을 하며 저를 도와 달라고 부탁했을 때 그들은 기쁜 마음으로 그렇게 했습니다.

성공을 위한 열 번째 열쇠가 가장 근본적인 것입니다. 이것이 없다면 앞서 말한 아홉 가지도 모두 잊어버리십시오.

열 번째, 정직하고 신뢰할 수 있는 사람이 되십시오.
저는 첫 번째 판매에서 아주 힘들고 어려운 방문을 했습니다. 그때는 겨울이었고, 시카고는 더욱 추운 날씨였습니다. 버스를 타고 먼 거리를 마다않고 찾아간 그 고객은 제가 도착했을 때 전혀 환영하는 분위기가 아니었습니다. 집에 없었던 겁니다.

저는 집 앞에서 오랫동안 기다리다가 결국 옆집으로 가서 문을 두드렸습니다. 문을 열어 준 남자에게 몸 좀 녹일 수 있게 잠시만 들어가도 되겠느냐고 부탁했습니다. 집 안에 들어가 앉았을 때, 저는 정말 아무 말도 생각나지 않았습니다. 그래서 그저 보험에 대해 이야기를 시작했습니다.

여러분이 누군가에게 이야기하는 동안 그 사람이 여러분 쪽으로 몸을 기울이면 그것은 그 사람이 여러분이 하고 있는 이야기에 흥미가 있다는 뜻입니다. 이야기하는 도중 어느 시점에선가 저는 그 남자의 태도에서 그걸 읽을 수 있었습니다. 그 사람은 몸을 제 쪽으로 너무 숙이다가 거의 의자에서 떨어질 뻔했습니다. 마침내 그 사람은 제게 그 보험이 얼마냐고 물었습니다. 저는 연령별로 되어 있는 간단한 보험요율표를 갖고 있었는데, 문제는 요율표에 39세까지밖에 안 나와 있었던 것입니다. 그는 45세였습니다. 머리로 계산을 해 보려고 노력했으나 할 수 없었습니다. 그래서 저는 그 사람에게 "45세가 확실합니까?" 하면서 쓸데없는 질문도 했지요.

그러나 결국 요율표에 39세까지밖에 나와 있지 않아 지금 보험료를 계산할 수가 없다고 솔직히 말했습니다. 그러자 그 사람이 말했습니다. "젊은이, 그 정신을 지키게. 항상 정직하게나. 사무실에 돌아가서 계산해 보게. 그리고 내게 얼마인지 알려 주면 그 보험에 가입하겠네." 그리고 그 사람은 정말 보험에 가입했습니다.

"정직하라."는 말은 너무 단순해서 그것이 별로 중요하지 않은 것처럼 느껴질 때가 있습니다. 그러나 보험컨설턴트로서의 제 첫 번째 판매에서부터 그 이후 모든 판매 때마다 이 원칙은 제게 충분한 보상을 해 주었습니다. 그것이 제 인생의 모든 성공의 기초가 되었습니다.

그리고 '한 가지 백금률'도 잊지 마십시오.
열 가지 성공의 황금률은 지난 30년간 제 활동에 매우 효과적이었습니다. 그리고 제가 발견한 백금률도 역시 효력을 보였습니다. 그것은 여러분이 성공을 이루었을 때, 그리고 성공을 향해 열심히 나아가고 있을 때도 자신을 뒤돌아보고 지나치는 길에서 어려움을 겪고 있는 다른 사람들을 도와 줄 기회를 놓치지 말라는 것입니다. 다른 사람에게 베푼다고 해서 결코 여러분이 작아지지는 않습니다.

우리의 발자취를 따라오고 있는 젊은이들을 지도해 주십시오. 그것은 의무입니다. 저는 성공의 척도란 다른 사람의 인생에서 우리 자신을 재현해 내는 우리의 능력이라고 믿습니다.

성경은 예수께서 어떻게 두 마리의 물고기와 다섯 덩어리의 빵으로 수천 명의 사람을 먹였는지 전하고 있습니다. 우리가 바로 두 마리의 물고기와 다섯 덩어리의 빵입니다. 우리는 사람들에게 생명보험의 양식을 제공함으로써 수천 명을 먹여 살려 왔습니다. 우리가 만약 우리가 하는 일을 다른 사람이 할 수 있도록, 그것도 아주 잘할 수 있도록 가르친다면, 우리 자신의 일을 몇 배로 배가시킴으로써 수만 명 이상의 사람들을 살릴 수 있는 것입니다.

우리가 이 사업에서 얻은 모든 것들에 대한 감사의 표시로 우리가 갚아야 하는 것은 무엇이겠습니까? 우리는 일에서나 개인 생활에서나 최선의 봉사를 위해 헌신하는 일에 다른 사람의 모범이 되어야 합니다. 성공을 이룬 사람은 후배에게 그들이 봉사하는 사람들을 위해 가능한 한 최고 수준의 성공적인 삶을 이룰 수 있다는 신념을 가지도록 동기를 부여할 의무가 있습니다. 그들의 눈에 비친 우리의 인품은 빛을 발해야 합니다. 그러나 우리 자신의 인생에서 최고의 순간이 아닌 고난의 시간들을 기억하며 그들 앞에서 겸손해야 합니다.

제4장

세일즈
프로세스

세일즈 프로세스란
무엇인가

세일즈 프로세스의 의미

세일즈 프로세스는 성공적인 보험컨설턴트들의 보험 판매과정에서 발견되는 공통점을 분석하여 체계적으로 정리한 것이다. 세일즈 프로세스는 학문적인 연구결과가 아니라 실제로 효과가 입증된 판매체계이므로 그 중요성이 크다 할 것이다.

일반적으로 고객의 거절에는 세 가지 형태가 있다. "필요없다." "돈이 없다." "다음에 보자." 세일즈 프로세스란 이러한 "고객의 거절을 사전에 제거하거나 효과적으로 극복하여 자연스럽게 판매로 유도하는 체계적인 시도"라고 정의할 수 있다.

세일즈 프로세스는 바둑의 정석과 같이 일반적인 대부분의 사람들에게 통용되며, 개인에 따라서 조금씩 응용도 가능하다. 정석을 따르지 않고도 잘 하는 사람이 있겠으나 몇몇 특출한 사람에 한정되고, 그런 경우에도 일정 수준 이상으로는 발전하기 어렵다. 따라서 정석을 준수하는 것이 효과적이다.

세일즈 프로세스의 특징은 우선 전개과정이 일반적인 사람들의 심리 상태에 기초를 두고 있으므로 그 흐름이 지극히 상식적이고 자연스럽다는 것이다.

예를 들어 한 남자가 길을 지나가다가 꿈에 그리던 이상형의 여성을 만났다고 하자. 그가 무조건 그녀의 손을 잡고 "저와 결혼해 주시겠습니까?"라고 한다면 반응이 어떨까? 상대방은 그 남자를 전혀 알지도 못하고 누군가를 만날 마음의 준비도 안 되어 있다. 아마도 미친 사람 혹은 치한 취급을 받으며 뺨이나 맞지 않으면 다행일 것이다.

정상적인 사람이라면 먼저 자연스러운 만남을 시도할 것이다. 처음부터 결혼하고 싶다는 의도를 드러내지 않고 결혼 자체에는 별 관심이 없는 것처럼 보이는 것이 좋다. 그 다음에 자연스럽게 서로를 소개하고, 호감을 느끼고, 손을 잡고, 데이트를 하다 보면 자연스럽게 청혼까지 골인하게 될 것이다. 모든 과정이 순조롭게 진행된다면 어쩌면 여성이 먼저 청혼하는 경우도 발생할 수 있다.

보험 판매도 마찬가지다. 상대방은 보험의 필요성에 대해 전혀 모르거나 오히려 부정적인 인식을 가지고 있는데 첫 만남부터 보험 판매의 의도를 드러내며 보험상품이 좋으니 가입하라고 한다면 누가 가입하겠는가? 자연스럽게 만나 부담 없이 자신을 소개하고 정해진 프로세스를 따를 때 고객의 마음이 자연스럽게 열리고 보험 가입 확률도 높아진다.

또한 세일즈 프로세스는 전개과정마다 특정한 목적과 연계성을 지니고 조직적으로 구성되어 있어 가망고객은 자신도 모르게 부담감 없이 판매과정을 따라오게 되어 있다.

어릴 적에 '무궁화 꽃이 피었습니다' 라는 놀이를 해 본 적이 있을 것이다. 술래가 "무궁화 꽃이 피었습니다." 하고 외칠 때마다 술래 몰래 한두 발자국씩 다가가 술래의 등을 때리고 돌아오는 놀이다. 움직이는 것을 들키면 술래가 되기 때문에 최대한 비밀리에 한 걸음씩 가깝게 다가가야 한다.

세일즈 프로세스도 이와 같다. 가망고객이 전혀 모르는 사이에 한 걸음씩 고객의 마음속으로 다가가 보험 가입을 하게 만들도록 구성되어 있다. 가망고객의 반응을 주의 깊게 살피면서 최대한 부담감을 주지 않고 한 단계씩 전개해 나가도록 연습해야 할 것이다.

세일즈 프로세스와 고객의 구매심리

세일즈 프로세스는 고객을 무시하면서 그 자체가 독립적으로 존재할 수 없다. 고객의 구매를 자연스럽게 유도하기 위한 과정이므로 당연히 고객 구매심리의 변화에 맞추어 주의 깊고 신중하게 진행해야 한다. 고객 구매심리의 변화를 느끼지 못하고 진행하는 세일즈 프로세스는 공허한 주문같이 헛된 것이 되고 만다.

고객의 구매심리는 고객 스스로 자연스럽게 변화하기도 하지만 대부분 보험컨설턴트가 세일즈 프로세스를 통해 의도적으로 변화를 유도한다. 세일즈 프로세스는 하나의 기술이기 때문에 지속적인 연습(Role Play) 및 실행(Joint Work)을 통해 갈고닦을 필요가 있다.

보험 판매는 일반적인 유형상품 판매와 커다란 차이점이 있다. 유형상품인 경우에는 고객의 구매심리 중 '호기심 또는 흥미' 유발부터 '문제해결의 욕구' 단계까지 회사가 홍보와 시제품 활용 등으로 변화시켜 놓는다. 때로는 고객 스스로 실생활에서 이미 욕구를 느끼고 있는 경우도 있다. 영업사원이 할 일은 단지 '비교·검토 및 결정'의 단계에서 왜 내가 더 훌륭한 영업사원인지, 우리 회사의 상품이 왜 더 좋은지, 어떤 서비스를 더 잘해 줄 수 있는지 등을 고객에게 인식시키는 활동에 집중하는 것이다. '후회 및 확인' 과정도 회사의 A/S 센터에서 담당하기 때문에 영업사원은 별로 신경을 안 써도 괜찮다. 그래서 보험 판매를 일반 유형상품의 영업처럼 인식하는 보험컨설턴트들은 보험상품의 내용 및 가격, 회사의 지원 방법 등에 대해 민감한 반응을 나타낸다.

그러나 보험 판매는 세일즈 프로세스의 처음부터 끝까지를 보험컨설턴트가 담당해야 하는 것이 일반 유형상품 판매와의 커다란 차이점이다. 보험상품은 보이지 않는 것이기 때문에 시제품이 없을 뿐 아니라 회사가 아무리 홍보를 해도 고객에게 욕구를 느끼도록 하기가 쉽지 않다. 잠깐 욕구를 느끼다가도 곧 잊어버리게 되는 것이 사람의 본능이다. 따라서 처음부터 끝까지 보험컨설턴트가 개별 상담을 통해 가망고객의 구매심리를 변화시켜야 한다.

앞에서도 언급했지만 보험컨설턴트가 어떤 방법을 써서라도 가망고객의 구매심리를 자연스럽게 변화시킬 수 있다면 그는 성공할 수 있

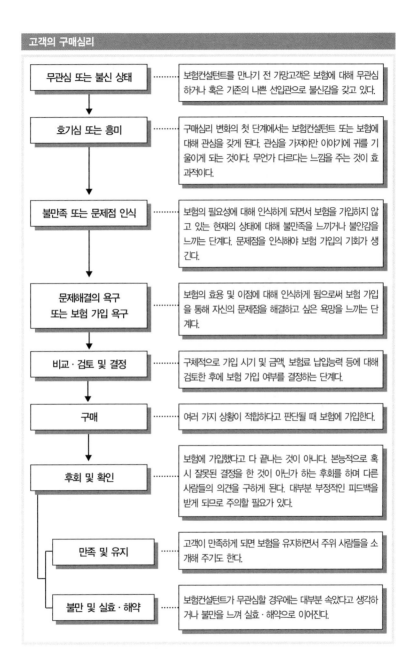

무관심 또는 불신 상태

보험컨설턴트를 만나기 전 가망고객은 보험에 대해 무관심하거나 혹은 기존의 나쁜 선입관으로 불신감을 갖고 있다.

호기심 또는 흥미

구매심리 변화의 첫 단계에서는 보험컨설턴트 또는 보험에 대해 관심을 갖게 된다. 관심을 가져야만 이야기에 귀를 기울이게 되는 것이다. 무언가 다르다는 느낌을 주는 것이 효과적이다.

불만족 또는 문제점 인식

보험의 필요성에 대해 인식하게 되면서 보험을 가입하지 않고 있는 현재의 상태에 대해 불만족을 느끼거나 불안감을 느끼는 단계다. 문제점을 인식해야 보험 가입의 기회가 생긴다.

문제해결의 욕구 또는 보험 가입 욕구

보험의 효용 및 이점에 대해 인식하게 됨으로써 보험 가입을 통해 자신의 문제점을 해결하고 싶은 욕망을 느끼는 단계다.

비교·검토 및 결정

구체적으로 가입 시기 및 금액, 보험료 납입능력 등에 대해 검토한 후에 보험 가입 여부를 결정하는 단계다.

구매

여러 가지 상황이 적합하다고 판단될 때 보험에 가입한다.

후회 및 확인

보험에 가입했다고 다 끝나는 것이 아니다. 본능적으로 혹시 잘못된 결정을 한 것이 아닌가 하는 후회를 하며 다른 사람들의 의견을 구하게 된다. 대부분 부정적인 피드백을 받게 되므로 주의할 필요가 있다.

만족 및 유지

고객이 만족하게 되면 보험을 유지하면서 주위 사람들을 소개해 주기도 한다.

불만 및 실효·해약

보험컨설턴트가 무관심할 경우에는 대부분 속았다고 생각하거나 불만을 느껴 실효·해약으로 이어진다.

다. 실제로 체계적인 교육을 받지 못한 몇몇 보험컨설턴트 중에 많은 시행착오를 거쳐 자신도 모르는 사이에 고객의 구매심리를 변화시키는 자신만의 독특한 세일즈 프로세스를 체계화한 사람도 있다. 그렇지만 평범한 사람들은 과학적인 접근과 선배의 성공한 경험을 통해 체계화된 고객 구매심리를 변화시킬 수 있는 기술, 즉 세일즈 프로세스를 성실히 수행함으로써 시행착오를 많이 겪지 않고도 성공을 거둘 수 있다.

세일즈 프로세스의 단계

일반적으로 세일즈 프로세스의 단계는 아래와 같다.

여기에서 중요한 것은 세일즈 프로세스는 하나의 공정과 같다는 사실이다.

각 단계가 전후의 단계들과 유기적인 관계를 맺고 있으므로 각 단계를 순서대로 밟아 가야 만족한 보험 판매가 이루어질 수 있다. 공장에서 공정을 제대로 준수하지 않으면 불량품이 생산되는 것과 마찬가지로 세일즈 프로세스의 각 단계는 가망고객의 구매심리를 변화시키기 위한 각각의 목적을 가지고 있으므로 어느 단계를 생략하거나 순서를 바꾸는 것은 위험하다.

그렇다고 해서 준비된 스크립트를 무조건 읽어 나가는 식의 접근은 더욱 곤란하다. 세일즈 프로세스가 마법의 주문은 아니다. 가망고객의 심리상태를 주의 깊게 살피면서 목적이 성취된 단계는 짧게 넘어가고, 목적이 성취되지 않은 단계에서는 좀더 시간을 갖고 집중하여 목

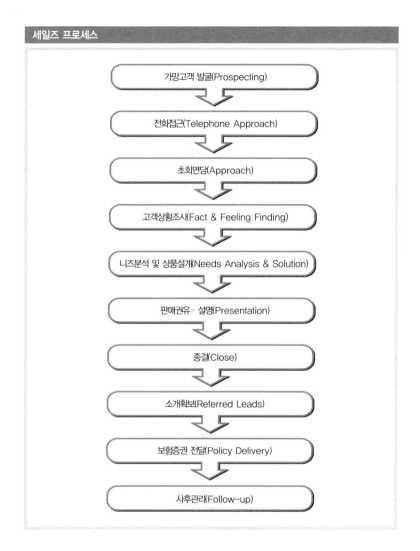

적이 성취된 것을 확인한 후 다음 단계로 넘어가야 한다.

물론 어느 단계에서라도 가망고객이 보험에 가입할 의사를 표명한다면 일단 모든 단계를 중단하고 서명부터 받는 것은 당연한 일이다.

자세한 설명은 그 다음에 해도 늦지 않다. 왜냐하면 세일즈 프로세스의 목적이 가망고객의 서명을 받는 것이기 때문이다.

한 보험컨설턴트가 가망고객이 서명하겠다는 의사를 표명했는데도 불구하고 세일즈 프로세스를 다 지켜야 한다는 고집 때문에 두 시간 동안이나 고객을 힘들게 한 일은 웃지 못할 에피소드다.

이것은 마치 평소에 축구선수들이 2 : 1 패스에 의한 중앙 돌파나 측면 돌파에 이은 센터링을 집중 연습했다는 이유만으로, 시합 도중에 상대방의 골 문이 비었는데도 불구하고 슛을 하지 않고 동료에게 패스하는 어리석음을 범하는 것과 마찬가지다.

세일즈 프로세스는 일련의 과정이다. 하지만 죽은 과정이 아니라 가망고객의 구매심리와 연관되어 살아 있는 유기적인 과정이라고 할 수 있다.

가망고객 발굴
(Prospecting)

고객은 누구인가

실적이 미약한 보험컨설턴트들은 "찾아갈 곳이 없다."고 말하며 고객 만나길 두려워한다. 실제로는 지인도 있고 소개받은 명단도 있지만 찾아가 봐야 거절을 당할 것 같다는 것이다. 고객은 보험컨설턴트를 무시하고, 조금만 실수하면 화를 내고, 어떤 이야기를 해도 믿지 않는 고집스러운 사람들이라고 생각한다. 고객이 무서운 괴물이나 찔러도 피 한 방울 나지 않을 것 같은 스크루지 영감이라도 되는 듯. 고객에 대한 이러한 두려움은 스스로 자신의 일을 힘들고 보잘것없는 것으로 만들고 만다.

그 반대의 극단적인 경우도 있다. 수단과 방법을 가리지 않고 거짓

말을 해서라도 고객이 계약을 하도록 만들고야 말겠다는 욕심을 가진 사람들이다. 고객은 무지하며, 그들이 어떤 피해를 당하건 그건 고객의 운에 달렸다고 생각한다. 이전의 보험업계에 대한 나쁜 인식은 바로 이런 보험컨설턴트들로 인해 파생되었다.

그렇다면 고객은 어떤 존재인가? 고객에 대해 올바로 인식하는 것에서부터 보험컨설턴트의 일은 시작된다. 결론부터 이야기하자. 고객은 다름아닌 바로 당신 자신이다. 당신처럼 미지의 것에 대해 두려워하고, 쉽게 상처받으며, 소박한 꿈을 갖고 있고, 선의의 도움을 받고 싶어하는 존재다. 따라서 고객의 입장에 당신을 대입해 보면 쉽게 고객을 이해할 수 있을 것이다. 고객은 괴물도 아니고 희생물은 더더욱 아니다.

그러면 보험과 관련하여 일반적인 사람들의 특성에 대해 생각해 보자. 그들이 보험에 대해 부정적으로 생각하는 원인과 긍정적으로 생각하는 원인을 파악하여 적절하게 대처하면 효과적일 것이다. 그들이 보험에 대해 부정적으로 생각하는 이유, 즉 보험 가입을 꺼리게 되는 브레이크 요인들은 다음과 같다.

첫째, 사람은 본능적으로 자신의 죽음에 대해 생각하길 싫어한다.
죽음을 상상하는 것조차 재수없다고 생각하는 사람이라면 자신이 죽었을 때 돈이 나온다 해도 그 사실을 즐거워할 리 없다. 그런 사람들에게 보험상품이 좋다고 아무리 역설해 봐야 그 보험컨설턴트는 실패만을 자초하고 있는 것이다. "내가 죽은 후에 1억 원이 나오든 1억 5천만 원이 나오든 그게 무슨 의미가 있느냐?"고 하는 사람들에게 우리

회사가 다른 회사보다 보험금을 조금 더 주기 때문에, 아니면 보험료가 조금 더 싸기 때문에 좋은 상품이라고 말하는 것은 아무런 설득력도 없다. 그들은 죽음에 대해 생각하지 않으려 하기 때문이다. 실제로 보험은 좋은 상품이 아니다. 그러나 현실적으로 사람은 자신이 인정하든 안 하든 한 번은 반드시 죽게 되어 있고, 사람이 죽었을 때 돈을 주는 유일한 상품이 보험이기 때문에 할 수 없이 가입해야 하는 것이다. 가망고객에게 보험의 필요성을 인식시키는 것부터 시작하여 고객을 설득해 나가야 한다.

둘째, 사람들은 매달 돈 내는 것을 자신 없어 한다.
차라리 보험이 다른 상품처럼 한 번 내고 끝나는 것이라면 쉽게 가입할지도 모른다. 그러나 보험은 한 번 가입하면 몇 년 또는 몇십 년 동안 보험료를 내야 하기 때문에 보장 내용이 어느 정도 마음에 들더라도 가입을 꺼리게 된다. 요즘같이 경제가 불안하여 자신의 처지가 언제 어떻게 될지 모르는 상황에서 중도에 해약하면 손해가 나는 상품에 가입하여 장기간 보험료를 내야 한다는 조건이니 사람들이 머뭇거리는 것은 지극히 당연한 일이다.

　여기에 대한 해답은 의외로 간단하다. 보험료는 계속해서 내는 것이 아니라 이번 달만 내는 것이라고 말해 주는 것이다. 보험료를 내는 기간이 긴 것이 아니라 인생이 긴 것이다. 보험기간 동안 절대로 죽지 않을 자신이 있다면 보험을 들 필요가 없다. 차라리 적금을 드는 편이 낫다. 아침에 다녀오겠다고 말하고 나간 사람이 저녁에 집에 돌아오지 못하는 경우가 비일비재하고, 이것이 사고다. 먼 장래에 대한 계획만 세우고 현재에 내포되어 있는 사고의 위험에 대해 준비를 소홀히 하는 사람은 실패할 확률이 높다.

사실 가장 행복한 경우는 끝까지 보험료를 내고 사망하여 보험금을 상속재산으로 물려주는 것이다. 보험은 죽기 위해 드는 것이 아니다. 그래서 어떤 사람들은 보험을 현재의 재화로써 미래를 사는 것이라고도 말한다. 어떤 사람들은 미래의 자기 가족에게 매월 보험료를 송금하는 것이라고도 말한다.

당신이 타임머신을 타고 미래로 여행을 떠나서 재정적으로 고통을 당하고 있는 가족을 만났다고 가정해 보자. 가족은 당신의 도움을 바라고 있지만 도움을 줄 방법이 없다. 만약 당신이 현실로 되돌아와 미래의 가족에게 보험이라는 제도를 통해 송금할 수 있는 방법을 알아냈다면 얼마나 기쁘겠는가?

셋째, 사람들은 지금 당장 결정하는 것을 두려워한다.

사람들은 마음에 드는 일이 있더라도 꼭 지금 당장 시작할 필요는 없다고 생각한다. 사람들에게 흔히 있는 '내일 병'이라는 고질병이다. 대학 입시를 눈앞에 둔 고3 수험생도 될 수 있는 대로 공부를 미루고 싶어하는 것이 본능이다. 사람은 기본적으로 그냥 편하게 아무 일도 안 하는 것을 바란다. 또 그들이 결정을 내리려 해도 혹시 잘못된 결정은 아닌지, 속는 것은 아닌지, 다른 사람들이 비웃지는 않을지 하는 걱정 때문에 결정을 미루려 한다.

바로 이런 걱정들에 대해 도움을 주는 사람이 보험컨설턴트다. 고객 스스로 결정을 내릴 수 있다면 보험컨설턴트 없이 인터넷으로 싼 보험을 파는 쪽이 보험회사로서도 이익이 될 것이다. 그러나 지금 당장 아무리 가까운 친구가 사고를 당한 것을 보고 보험의 필요성을 느꼈다 해도 막상 보험 드는 일은 다음으로 미루려 하는 것이 사람의 본능이다. 보험컨설턴트들은 지금 고객이 내리는 결정이 얼마나 바른 결정인가에 대해 확신을 심어 줄 의무가 있다.

이 외에도 사람은 본능적으로 보험보다 저축을 선호하고, 보험업에 대해 나쁜 선입관이 있는 등 여러 가지 보험 가입을 방해하는 요소들이 있다는 것을 인식하고 대비해야 한다.

그러나 사람에게 부정적인 요인만 있는 것은 아니다. 사람들이 보험에 대해 긍정적으로 생각하게 되는 액셀러레이터 요인들도 있다.

첫째, 가족에 대한 사랑과 애정이다.

불이 타오르고 있는 건물 안에 사람이 갇혀 있다고 가정해 보자. 누군가 목숨을 걸고 구해 오는 사람에게 1억 원을 준다고 했을 때 뛰어들 사람이 몇 명이나 되겠는가?

몇 사람이 도전했다가 목숨을 잃었다고 가정하면, 금액을 더 올려서 구해 오는 사람에게 10억 원을 준다고 해도 뛰어들 사람은 많지 않을 것이다. 그러나 안에서 울부짖는 사람이 자기 자녀라고 한다면 많은 사람들이 목숨을 걸고라도 뛰어들 것이다.

통계에 의하면 30세에 자녀를 낳을 경우 그 자녀가 대학을 졸업하기 전에 아빠가 사망할 확률이 1/15이고, 일반적으로 매년 젊은 가장들 1천 명 중 3명이 사망한다고 한다. 매년 가장 997명의 가족은 문제가 없지만, 가장 3명의 가족은 경제적인 타격으로 가정이 흔들리게 된다.

이 말을 다르게 설명해 보자. 시베리아 형무소에서 매년 1천 명의 포로들을 세워 놓고 처형을 하는데, 실제로 총알은 세 발만 장전되어 있어 운 나쁜 3명이 목숨을 잃도록 되어 있다고 가정해 보자. 비록 확률은 높지 않지만 1천 명의 포로 가운데 자신의 가족이 포함되어 있다면 어떻게 해서라도 빼내고 싶은 것이 가장의 심정일 것이다.

이때 만약 형을 집행하는 간수에게 매월 일정액의 돈을 주는 조건으로 가족을 빼낼 수 있다면 어느 누가 돈을 아까워하겠는가? 극단적인 비유이지만 가족을 생각하는 가장의 마음이 이럴 것이란 이야기다. 보험에 가입하는 것이 가족 사랑을 실천할 수 있는 길이라고 생각한다면 보험료 내는 것이 뭐 그리 아까워할 일이겠는가?

둘째, 자존심이다.

많은 사람들이 남에게 초라해 보이지 않기 위해 비싼 옷과 사치품을 사고 먼저 술값을 내는 등 허세를 부리기도 한다. 남의 이목 때문에, 남에게 뒤지지 않기 위해 유행을 따르기도 한다.

보험에 가입하는 데도 자존심이 작용할 여지가 많다. 보험컨설턴트 앞에서 자신이 가족을 사랑하는 부모라는 인상을 주고, 인색하거나 답답한 사람으로 보이지 않으려는 심리가 우선 작용할 수도 있다. 그러나 보험 가입은 유행에 따르거나 다른 사람의 시선을 의식할 일이 아니며, 타인에 대한 우월감을 갖기 이전에 자기 스스로 당당해질 수 있는 일이다. 따라서 보험컨설턴트는 고객에게 그가 진정한 자존심으로 당연히 보험에 가입할 것을 믿고 있다는 것과, 건전하고 훌륭한 많은 사람들이 보험에 가입하고 있다는 사실을 확신시켜 주어야 한다.

셋째, 문제를 해결하고 싶은 마음이다.
누구나 자신에게 문제가 있고 그 문제가 무엇인지 인식하게 되면 어떻게 해서라도 그 문제를 해결하기 위해 노력할 것이다. '필요는 발명의 어머니'라는 말도 있다. 보험의 필요성에 대해 몰랐을 때는 맘 편히 지낼 수 있었지만, 일단 보험의 필요성을 인식하고 나면 불안해서 견디기 어렵게 된다. 보험에 가입하지 않았을 때의 문제점에 대해 정확히 인식시켜 줄 수 있다면 고객에게 한 발 더 다가갈 수 있을 것이다.

이 외에도 단순히 보험컨설턴트에게 신뢰가 간다든지, 열심히 일하는 모습에 감동받는다든지 보험컨설턴트마다 개인이 지닌 고유의 장점이 고객으로 하여금 보험 가입을 긍정적으로 생각하도록 만드는 요소가 되기도 한다. 보험컨설턴트는 고객의 부정적인 요소들을 적절하게 해소해 주고 긍정적인 요소들을 강화하여 고객이 올바른 결정을 내리도록 도움을 주는 조언자가 되어야 한다.

고객은 무엇을 원하는가?

어느 늦은 밤에 성공한 한 중소기업 사장이 자신의 보험컨설턴트를 불렀다. 그 사장은 외동아들을 위해 5억 원이라는 적지 않은 금액의 보험에 가입한 고객이었다. 그는 술을 한두 잔 마신 상태에서 보험컨설턴트를 불렀다. 그날 밤 두 사람은 함께 술을 마시면서 마음속에 있는 말들을 털어놓게 되었다. 사장의 말이다.

"당신이 내게 보험을 권유할 때 했던 말을 지금도 기억합니다. 당신은 우리 가정의 사랑을 지켜 주는 평생의 비서요, 동반자가 되겠다고 하셨지요. 내가 왜 이 보험에 가입했는지를 내 아들놈에게 그대로 전달해 주겠다는 약속을 꼭 지켜 주세요. 만약 내 아들에게 보험금을 전달하게 되면 꼭 이 말을 전해 주기 바랍니다. 나는 내 아들을 너무 사랑하지만 너무 바빠서 제대로 사랑한다는 표현조차 못했습니다. 외동아들이라 더욱 강하게 키워야 한다는 생각에 칭찬이나 격려보다는 질책을 많이 한 편이고, 그래서 아들은 나를 어렵게만 여깁니다. 아들은 내가 처음부터 부유한 환경에서 살아 온 줄 알고 있고 돈에 대한 고마움도 모른 채 불평하지만, 사실 나는 어려운 집안에서 태어나 일찍 부모님을 여의고 고학으로 대학을 졸업했습니다. 사업도 몇 번의 고비 끝에 자리를 잡았고 그 전에 자살을 생각한 것도 한두 번이 아니었습니다. 적어도 내 아들만큼은 나처럼 어렵게 시작하지 않도록 해 주기 위해 보험을 들고 나니 얼마나 마음이 든든한지 모릅니다. 아빠의 마음을 이해하고 성공한 사람이 되어 달라고 말하고 싶지만, 직접 말하기는 어쩐지 쑥스럽기도 하고 이해도 못할 것 같아요."

고객이 원하는 것은 단순히 보험금을 타는 것이 아니다. 값싼 보험료나 보험에 가입했다고 주는 선물도 아니다. 그들이 진정으로 원하는 것은 보험컨설턴트를 통해 자신의 사랑이 가족에게 제대로 전달되는 것이다.

또 다른 고객의 이야기다.

그 고객의 외동아들은 도벽이 심해 집안에 있는 돈을 훔쳐다가 좋지 않은 친구들과 어울려 낭비하는 바람에 부모의 마음을 몹시 상하게 했다. 그런데 하루는 아들이 부모 앞에 무릎을 꿇고 용서를 비는 것이 아닌가.

어느 날 안방 금고를 열고 그 안에 있던 봉투를 훔쳐 냈는데, 그 봉투 속에는 보험증권과 아버지가 손수 기록해 놓은 유서가 들어 있었다. 아들은 유서를 읽고 나서야 아버지가 자기를 얼마나 사랑하는지 느끼고 자신의 행동을 크게 뉘우친 것이다. 고객은 보험이 아들과의 관계를 회복해 주었고 아들을 잘못된 길로부터 건져 내게 되었다며 기뻐했다.

고객은 고소득이나 고실적을 올리기 위해 일하는 평범한 보험컨설턴트를 원하지 않는다. 시장에서 물건을 구매하듯 천편일률적으로 정형화된 보험상품도 원하지 않는다. 다소 보험료를 더 부담하더라도 전문적인 보험컨설턴트를 통해 개인적인 소망과 문제점을 고려하고 자기 가족에게 가장 적합한 보험상품을 원한다.

보험컨설턴트와는 평생에 걸친 친구이자 동반자 관계를 유지하며 필요할 때마다 전문적인 조언과 서비스를 받고 싶어한다. 그들은 보험에 대한 전문가가 되고 싶어하지도 않고, 전문가가 될 시간도 없으며, 그럴 필요도 없다. 따라서 당신이 보험에 관한 탁월한 전문가라면 그들에게 환영을 받게 될 것이다. 당신이 보험 전문가가 아니라면 그들은 당신에게 수수료를 지불할 이유가 없다. 만약 당신이 고객이라면 당신은 보험컨설턴트에게 무얼 원하겠는가.

인간의 기본적인 욕구와 보험 판매

새 차는 외양이 좋아 보이고 잘 달리기 때문에 사게 되지만, 생명보험
은 누군가의 설득이 없다면 좀처럼 그 필요성을 인식하기 어렵다. 따
라서 보험판매란 고객의 재정적 니즈를 이해하고 인식케 해서 해결책
을 제시하는 능력이다. 즉, 사람들이 생명보험 가입을 통해 무의식적
인 재정적 니즈와 의식적인 욕구를 만족하도록 도와주는 것이다.

　고객이 생명보험 가입을 통해 얻고자 하는 만족은 다음과 같다.

첫째, 사랑과 애정을 받고 싶어한다.
생명보험 가입을 통해 가족의 사랑과 애정, 친구의 존경과 찬사를 받
게 된다. 자신이 만약 불행을 당하는 경우 가족의 재정을 보장해 줌으
로써 가족은 떠나간 사람에 대한 사랑과 애정을 영원히 기억할 것이다.

둘째, 자신이 중요하다고 느끼고 싶어한다.
책임 있는 사람, 의식 있는 사람만이 생명보험에 가입한다. 자신의 재
정적 가치가 얼마인지 스스로 가늠해 보고 그만큼 가족을 위해 보장해
놓는 것이다.

셋째, 안정과 보장을 받고 싶어한다.
언제 닥칠지 모르는 불행을 어느 누구도 피해 갈 수는 없다. 오직 3퍼
센트의 사람만이 안정된 노후를 맞고 있다. 또한 생각지도 못했던 가
장의 사고로 불행을 경험하는 사람들을 종종 볼 수 있다.

넷째, 재산을 축적하고 싶어한다.

보험 가입으로 얻을 수 있는 혜택은 보험금 지급뿐 아니라 재정 컨설팅 서비스, 나아가 마음의 평안이다. 가입자가 내야 할 적은 보험료의 총액과 회사에서 지급할 큰 보험금을 비교해 보라.

다섯째, 꿈을 갖고 싶어한다.

적은 보험료를 부담함으로써 인생의 큰 걱정이 해결되므로 안심하고 꿈이 있는 인생을 즐길 수 있다.

누구를 찾아갈 것인가?

보험영업을 시작하려고 하면 제일 먼저 찾아갈 대상을 떠올려 보게 될 것이다. 누구에게 보험을 팔 수 있을까? 맨 처음 떠오르는 대상은 평소 보험에 대해 약간이라도 관심을 나타낸 사람들일 것이다. 잘만 이야기하면 가입할 확률이 있는 사람…. 하지만 그리 많은 숫자는 아니다.

다음으로 떠오르는 대상은 찾아가면 별다른 거절 없이 가입해 줄 것 같은 사람들일 것이다. 다소 부담스러워할지도 모르지만 지금까지의 인간관계를 고려해 얼굴을 봐서라도 가입해 줄 것 같은 가까운 가족이나 친구일 것이다. 그러나 이런 사람들의 숫자도 한정되어 있다.

마지막으로 떠오르는 대상은 보험에 가입할지는 의문이지만 최소한 찾아갔다가 거절을 당하더라도 크게 자존심이 상하지 않을 것 같은 사람들일 것이다. 비교적 만만하다고 생각하는 사람들이지만 이 부류 또한 그렇게 많지는 않다. 그 이상의 사람들을 찾으려면 자존심을 굽

히고 들어가야 하고, 안면에 두꺼운 철판을 깔아야 한다는 생각이 들 것이다. 그래서 보험영업이 어렵고 오래 하기 힘든 일처럼 생각되는 것이다.

그러나 보험영업의 전문가라면 이런 방법으로 대상을 찾지 않는다. 왜냐하면 처음부터 보험에 들고 싶어하는 사람은 없기 때문이다. 경험상 보험에 들고 싶어하는 사람들은 오히려 병이 들었거나 어떤 문제가 있어 보험회사로부터 거절당한 사람들인 경우가 많다(보험용어로는 이런 경우를 역선택이라고 한다). 또한 남에게 보험을 들어 달라고 부탁하기에 보험은 일반 유형상품이나 저축성 상품에 비해 너무 손실이 큰 비싼 상품(?)으로 생각하기 쉽다. 그러면 보험컨설턴트들은 찾아갈 대상을 어떻게 결정하는가?

보험컨설턴트는 고객 대상을 네 가지 부류로 나누어 생각한다.

1. '잠재고객'이다.
잠재고객이란 살아 있는 모든 사람을 말한다. 그러므로 모든 사람이 한 번씩은 이야기해 볼 대상이 되는 것은 당연하다. 그러나 현실적으로 아무에게나 보험을 이야기하는 것은 효율상 문제가 있으므로 그중에서 특히 보험에 가입할 확률이 높은 사람들을 선별하여 그들에게 집중하는 것이 필요하다.

2. 그렇게 선별한 사람들을 '가망고객'이라고 부른다.
보험컨설턴트들은 실제로 가망고객에게만 접근하여 보험을 권유하게 된다. 따라서 보험컨설턴트의 성공의 관건은 얼마나 많은 가망고객을 어떻게 제대로 선별해 낼 수 있는가이다. 만약에 좋은 가망고객에게 특정한 표시 — 예를 들어 안경을 쓰고 있다든가, 뚱뚱하다든가 — 가 있다면 얼마나 좋겠는가? 보험영업을 하다 보면 꼭 가입할 것으로 기대했던 사람은 가입을 안 하고, 절대 가입 안 할 것처럼 보이던 사람이 오히려 가입하는 일이 종종 있다. 가망고객을 구별하는 기준은 그 사람과의 친분 정도나 보험 관심도와는 별개로 다음 세 가지 기준으로 판단하는 것이 좋다.

① 보험이 필요한 정도

보험이 필요한 사람은 언젠가 반드시 가입할 수밖에 없다. 문제는 당장 필요성을 깨닫지 못하고 있는 것인데, 보험의 필요성은 가망고객 스스로 깨닫는 것이 아니라 보험컨설턴트가 깨닫도록 도와주는 것이다. 사람은 본능적으로 자신의 죽음을 생각하지 않으려 하기 때문이다.

보험이 필요한 정도는 그 사람이 사망했을 경우 남아 있는 가족이 느끼게 될 경제적 타격의 정도에 따라 판단한다. 즉, 그 사람이 사망해도 나머지 가족에게 별 타격이 없으면 보험의 필요성이 적은 것이고, 그 사람이 사망했을 때 심각한 타격이 발생한다면 보험의 필요성이 그만큼 큰 것이다. 보험의 필요성이 큰 가망고객일수록 쉽게 보험에 가입하며 보험이 큰 도움이 된다.

② 보험료 납입능력

보험은 한두 번 납입하는 것이 아니라 오랫동안 지속적으로 납입해야 하는 것이므로 보험료 납입능력은 대단히 중요하다. 아무리 좋은 의도로 보험에 가입했다 해도 중도에 실효가 나거나 해약하게 되면 손해를 보기 때문이다. 가망고객을 돕겠다고 시작한 일이 오히려 폐를 끼치게 되면 큰 낭패다. 따라서 매월 일정액의 보험료를 지출해도 생활에 지장이 없을 정도의 비용 범위 내에서 고객에게 대안을 제시해야 한다. 직업이 일정하지 않거나 생활에 기복이 심한 사람은 지속적인 비용부담을 느껴 중도에 포기할 가능성이 높다.

③ 회사가 정한 보험 가입 자격 부합 여부

건강이나 연령, 직업 등 회사마다 보험 가입 자격을 엄격하게 정해 놓았으므로 누구나 보험에 가입할 수 있는 것은 아니다. 건강은 특히 중요한 자격요건이다. 실제로 많은 시간과 노력을 들여 청약한 건이 건강 때문에 거절(보험용어로 '의적 거절'이라 함)당하는 경우가 종종 있다. 따라서 건강한 사람을 구별해 낼 필요가 있다. 조금만 주의를 기울여 가망고객의 건강상태를 쉽게 파악할 수 있게 되면 시간과 노력을 절약할 수 있다. 건강상 이유로 가입을 거절당할 만한 고객도 보다 세심하게 배려할 줄 아는 보험컨설턴트를 만나면 함께 노력하여 건강을 회복한 후 다시 보험 가입을 권유하여 계약이 성사되는 경우도 있다.

위의 세 가지 기준을 적용하면 의외로 많은 가망고객을 찾아낼 수 있다. 그 다음에는 '대수의 법칙'에 의존하면 된다. 그래서 "성공적인 보험컨설턴트들은 오라는 곳은 없어도 찾아갈 곳은 무한하다."고 이야기하는 것이다.

196

3. 가망고객 중에서 보험컨설턴트의 이야기에 동의하고 보험에 가입한 사람들을 '보험계약자'라고 부른다.

보험계약자야말로 보험컨설턴트의 수입의 근원이자 성공의 시발점이다. 보험컨설턴트는 그들의 가족을 향한 꿈과 희망이 이루어질 수 있도록 최선을 다해 봉사할 의무가 있다.

4. 보험계약자 중에도 보험 가입에 매우 흡족해하며 주위 사람들을 소개해 주고 보험에 가입하도록 영향력을 발휘하는 사람을 '협력자' 또는 '소개자'라고 부른다.

협력자와 소개자가 많아질수록 보험컨설턴트 일은 성공을 향해 나아가게 된다.

이상의 고객 대상 분류를 도표로 나타내 보면 다음과 같다.

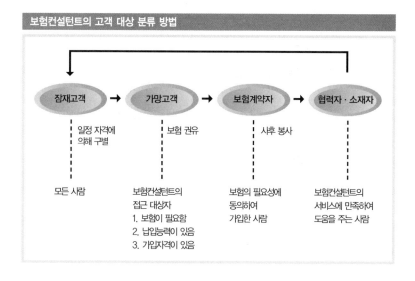

보험컨설턴트의 고객 대상 분류 방법

잠재고객	→	가망고객	→	보험계약자	→	협력자·소재자
일정 자격에 의해 구별		보험 권유		사후 봉사		
모든 사람		보험컨설턴트의 접근 대상자 1. 보험이 필요함 2. 납입능력이 있음 3. 가입자격이 있음		보험의 필요성에 동의하여 가입한 사람		보험컨설턴트의 서비스에 만족하여 도움을 주는 사람

가망고객 찾기

보험컨설턴트의 성공에서 가장 중요한 요소를 꼽으라면 단연 가망고객을 많이 찾아 내는 일이다. 세일즈를 제품 공정에 비유하여 세일즈 프로세스와 판매 시스템을 공장으로 본다면 가망고객은 원자재와 같기 때문이다.

아무리 좋은 설비와 기술을 갖추고 있다 해도 원자재가 풍부하게 공급되지 못하면 실패할 것은 자명한 이치다. 반대로, 기술이나 설비가 다소 떨어진다 해도 원자재가 풍부하다면 수많은 시행착오와 경험을 바탕으로 보다 향상된 기술을 습득하고 더 좋은 시스템을 정비하게 되므로 성공확률은 자연히 높아진다.

군대에서 흔히 이런 말을 한다. "작전에 실패한 장군은 용서할 수 있어도 경계에 실패한 장군은 용서할 수 없다!" 이 말을 보험영업에 적용하면 이것이다. "기술이 부족한 보험컨설턴트는 성공할 수 있어도 가망고객 확보에 실패한 보험컨설턴트는 성공할 수 없다!" 그러면 이렇게 중요한 가망고객을 어디서 어떻게 찾아 낼 것인가?

첫째, 가까운 지인들 중에서 가망고객을 찾아 낸다.
당신이 만약 좋은 물건을 값싸게 구입할 수 있는 방법을 알고 있다면 누구에게 가장 먼저 그 정보를 알릴 것인가.

예를 들어 한 매장에서 수백만 원짜리 고급 노트북을 수십만 원에 판매하는 특별 세일을 한다면, 비록 음악을 별로 안 듣는 사람이라 하더라도 음악을 좋아하는 사람들이 갖고 싶어하는 수백만 원짜리 고급

오디오를 수십만 원에 판매하는 점포를 알게 되었다면 누구에게 먼저 알려 줄 것인가?

당연히 가깝게 알고 있는 사람들일 것이다. 보험도 마찬가지다. 만약 당신이 보험의 진정한 의미를 알았다면 가까운 지인들에게 알려 주는 것은 지극히 당연한 일이다. 그런데 본능적으로 지인들에게 영업하는 것을 꺼리게 되는 이유는 뭘까.

하나는 영업직에 대한 전통적인 경시 풍조 때문이다. 예로부터 우리에게 전해져 내려온 유교적 전통에는 사 · 농 · 공 · 상이라는 계급적 차별의식이 있어 직업 중에 관리직을 선호하는 현상이 일반적이었다. 기업에서도 관리직을 먼저 선발한 후 나중에 영업직을 선발하는 것이 관행이어서 영업직에 있는 사람들이 열등하다는 편견이 보이지 않게 있어 왔기 때문에 지인들 앞에 영업자로 선뜻 나서기를 꺼리게 된다.

또 한 가지, 판매하는 상품이 품질이나 가격 면에서 월등하지 못하다면 지인들에게 자신 있고 당당하게 권유할 수 없을 것이다.

그러나 만약 스스로 자신이 열등하다는 편견에 사로잡혀 지인들을 찾아가지 못한다면 풍부한 가망고객을 잃어 버리게 되는 것은 물론이고, 그들도 반드시 필요한 정보와 기회를 얻을 수 없게 되는 큰 문제가 발생한다. 즉, 진정한 보험의 의미를 알지 못해 보험에 가입을 못함으로써 그들의 가정은 여전히 불안한 상태에 놓여 있게 된다.

만약 다른 비전문적 보험설계사들이 접근하여 잘못된 보험을 강요하여 보험에 가입한다면 금전적으로 손해를 볼 뿐 아니라 제대로 된 보장을 받을 수조차 없게 된다.

사업적인 면으로 보아도 큰 문제가 있다. 당신이 만약 병원이나 상점, 식당을 개업했다면 지인들에게 알리지 않을 것인가? 절대 그렇지 않을 것이다. 그렇다고 해서 지인들을 찾아가 무조건 계약서에 서명만 받으려 하면 더 큰 문제가 생긴다. 실제로 가까운 지인들을 찾아가면 별다른 설명도 듣지 않고 가입해 주려는 사람들이 많다. 그런 계약은 실패의 길로 접어드는 지름길이다.

왜냐하면 단순히 안면 때문에 도와 준 계약이라면 계속 유지될 리가 없고, 보험의 의미를 제대로 모르는 사람에게서 소개가 있을 수 없다. 점차 찾아갈 지인의 숫자도 줄어 가던 차에 지인이 가입했던 계약마저 해약되어 손해를 끼치게 된다면 보험컨설턴트는 더 이상 일할 자신감마저 잃게 되고 결국 실패할 수밖에 없다.

그러므로 지인들을 찾아갈 때 명심할 사항은 보험을 판매하려 하지 말라는 것이다. 그보다 보험의 진정한 의미를 설명해 주는 것이 우선이다. 그들에게 의미가 제대로 전달되어 계약으로 이어진다면 그보다 좋은 일은 없다. 그러나 계약이 이루어지지 않았다 해도 괜찮다. 보장의 가치가 제대로 전달되었다면 그들은 언젠가 우리의 고객이 될 것이고, 만약 그렇지 않더라도 당신을 단순한 보험세일즈맨이 아닌 보험컨설턴트로서 평가할 것이다. 당신을 진정한 보험컨설턴트로 평가해 줄 때, 그들은 기꺼이 다른 사람들을 소개해 줄 것이며 보험컨설턴트의 롱런이 가능해진다.

지인을 찾아 내어 정리하다 보면 의외로 가망고객이 많이 있음에 놀라게 된다. 지인을 체계적으로 정리하는 방법을 일명 '수레바퀴법' 이

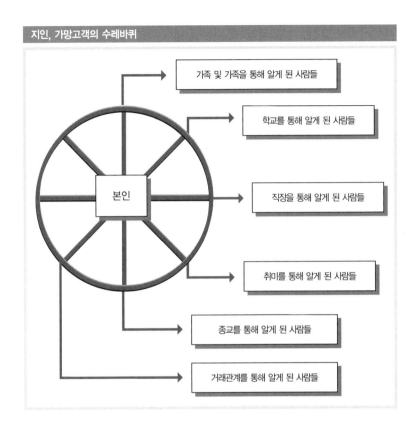

지인, 가망고객의 수레바퀴

가족 및 가족을 통해 알게 된 사람들

학교를 통해 알게 된 사람들

본인

직장을 통해 알게 된 사람들

취미를 통해 알게 된 사람들

종교를 통해 알게 된 사람들

거래관계를 통해 알게 된 사람들

라고 한다. 수레바퀴에 여러 개의 축이 있듯이 자신을 축으로 하여 지금까지 살아 온 여러 경로를 각각 하나의 가망고객군으로 분류하여 이름들을 생각해 내는 방법이다.

둘째, 소개를 통해 가망고객을 얻는다.

지인의 범위는 한정되어 있으므로 지인만 가지고는 성공할 수 없다. 보험컨설턴트의 궁극적인 성공은 소개에 달려 있다. 소개는 무한하기 때문이며, 소개를 통해 알게 된 사람을 다시 지인으로 발전시킬 수 있기 때문이다.

따라서 소개는 지인을 무한대로 확장시키는 일이라고 할 수 있다. 소개를 얻는 방법은 앞에서도 이야기한 바와 같이 지인들에게 보험컨설턴트로서 신뢰와 만족을 주는 것이다.

소개를 효과적으로 활용하는 두 가지 포인트는 다음과 같다.
① 가급적 동질성이 있는 그룹을 소개받는다. 그중 한두 사람만 만족하면 나머지 사람들에게도 쉽게 접근이 가능하다.
② 평판이 좋고 영향력이 있는 사람들로부터 집중적으로 소개받는다. 소개해 준 사람이 누구인가에 따라 소개받은 사람의 태도는 크게 달라진다. 영향력이 있는 소개자를 '키맨(Key-man)'이라고 한다. 키맨의 자질이 있는 고객과 지속적이고 돈독한 관계를 유지해야 한다.
한 성공한 보험컨설턴트가 말했다. "나를 어느 나라에 보내더라도 한 사람의 지인만 있다면 나는 성공할 수 있다. 내가 그 사람을 만족시켜만 준다면 그가 아는 사람들을 기꺼이 소개해 줄 것이기 때문이다."

지인의 확장을 이야기할 때, 처음 보험컨설턴트를 시작할 당시에 알고 있던 지인들을 X그룹이라고 하자. X그룹이 소개해 확장된 사람들을 Y그룹, 다시 Y그룹이 소개해 확장된 사람들을 Z그룹이라고 하자. Z그룹을 세분하면 첫 번째 소개받은 Z를 Z1, Z1이 소개한 Z2,

Z2가 소개한 Z3 등 무한대로 지인 그룹의 확장이 가능해진다.

그러나 이론상으로 X, Y, Z 그룹으로 분류한다 해도 Y나 Z그룹도 소개받는 즉시 X그룹으로 변화하기 때문에 보험컨설턴트는 계속적으로 지인들만 만나게 된다. 생각해 보라. 지금 아무리 가까운 지인이라도 처음에는 모르는 사람이 아니었는가? 관계는 만들어 나가는 것이기 때문이다.

셋째, 개척을 통해 가망고객을 얻는다.

기존의 영업사원이나 보험설계사의 경우에는 개척을 잘 하는 사람이 프로 세일즈맨으로서 높이 평가받을지 모르지만 보험컨설턴트에게는 그렇지 않다. 개척을 한다는 것은 지인들에게 부끄러워서 못 가거나 만족을 주지 못해 소개받지 못하는 경우가 대부분이기 때문이다. 실제로 잘 하는 보험컨설턴트는 소개받은 가망고객만으로도 충분하기 때문에 개척의 필요를 못 느낀다. 프로의 세계에서 가망고객은 소개에 의한 확산이 기본이다.

그러나 새로운 시장으로 진입하기 위해 개척을 해야 하는 경우가 간혹 있다. 부유한 가망고객을 발굴하기 위해 골프 클럽에 가입하거나 각종 단체에 가입하는 일 등이다. 동네에 있는 병원이나 상점을 방문하는 경우도 있다. 개척할 때는 어려워도 게임에 임하는 것처럼 결과에 연연해하지 말고 게임의 재미와 승리를 추구하는 것이 효과적이다.

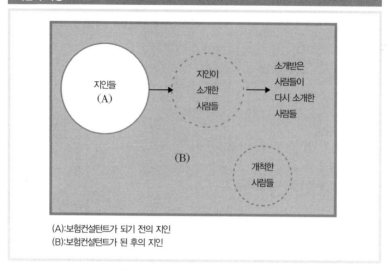

(A):보험컨설턴트가 되기 전의 지인
(B):보험컨설턴트가 된 후의 지인

넷째, 상황변화가 있는 가망고객을 찾는다.

수없이 많은 가망고객 중에도 상황변화가 있는 가망고객에게 우선적으로 접근한다면 보다 자연스럽게 보험 니즈를 환기할 수 있다. 예를 들어 결혼을 했거나, 자녀를 낳았거나, 주변에 보험사고가 발생했거나, 승진을 했거나 등등이 그렇다. 장래에 대해 생각해 볼 시기가 된 사람은 이미 보험 니즈가 충분하므로 보험컨설턴트는 그들에게 보장의 필요성을 설명하고 그들의 니즈를 드러내 주면 된다. 매월 활동계획을 세울 때 그 달에 상황변화가 있는 가망고객에게 특별히 주의해 접근한다면 당연히 성공률이 훨씬 높아질 것이다.

방문에 대한 주저감을 극복하는 방법

1. 거절에 대한 두려움이 앞설 때는 '대수의 법칙'을 기억하라.

열 번의 방문은 3건의 면담으로 이어지고, 결과적으로는 1건의 신계약을 체결하게 된다. 따라서 한 번 거절을 당할 때마다 신계약 체결에 1/10씩 가깝게 다가서는 것이다. 자신의 성공률을 기록해 나간다면 더욱 '대수의 법칙'에 대한 확신을 갖게 될 것이다.

2. 가망고객이 나를 달가워하지 않을 것이라는 생각이 들 경우에는 '생명보험의 사회적 가치'를 기억하라.

보험컨설턴트는 가능한 한 많은 사람들에게 재정적 안정을 보장해 줄 책임이 있다. 자신의 방문 목적과 회사 상품에 대한 확신을 가진 보험컨설턴트는 "그들이 흥미를 안 갖는다면 그들의 손해일 뿐이다."라고 말할 수 있게 된다.

3. 파트타임 보험설계사는 전업 보험컨설턴트보다 방문에 대한 주저감을 더 많이 갖고 있다는 것을 기억하라.

다른 영업사원들도 주말을 보낸 월요일에는 방문하는 것을 주저하며, 주 중반에 가서야 방문을 개시한다는 것을 잊지 마라. 따라서 주초에 방문하면 그만큼 경쟁이 낮은 상태에서 가망고객을 만날 수 있다.

4. 판매과정이나 보험상품, 보험이론에 대해 열심히 공부하라.

자신의 능력에 대해 확신을 갖게 되면 보다 자신 있게 방문하게 된다.

5. 가망고객에 대한 정보를 최대한 입수하라.

입수한 정보를 활용하여 개인적인 친분이나 공통 관심사를 나눌 수 있다면 보다 편안하게 고객을 만날 수 있게 된다.

고객방문 시의 올바른 매너

1. 가망고객과 진정한 우정을 느끼기 전에는 지나치게 친한 듯이 행동하지 않는다. 비즈니스에는 어느 정도의 공식적인 면이 필요하다.
2. 가망고객에게 자신이 가지고 있는 문제점에 대해 이야기하지 않는다. 상대방이 당신을 불평분자로 생각하고 거래를 원하지 않게 된다.
3. 가망고객이 먼저 담배를 피우기 전에는 설사 가망고객이 권유하더라도 담배를 피우지 않는다. 비흡연자에게는 큰 실례가 되기 때문이다.
4. 가망고객과 식사할 때 가망고객이 강력히 권하기 전에는 음주를 하지 않으며, 음주할 경우에도 꼭 한 잔만 마시도록 한다.
5. 다른 고객의 문제점에 대해 이야기하지 않는다. 가망고객이 당신을 험담가로 인식하여 신뢰하지 않게 된다.
6. 자기 자랑을 지나치게 하지 않는다. 오히려 상대방의 자랑거리를 많이 찾아 낸다.
7. 전문용어를 사용하지 않는다. 전문용어가 나오면 가망고객은 방어적으로 되기 쉽다.
8. 타사의 상품을 비난하지 않는다. 타사의 상품내용에 대해 객관적으로 설명하고 당사 상품의 장점을 강조한다.
9. 가망고객이 타사 상품에 가입하게 되더라도 비난하지 않는다. 가망고객에게 타사 상품에 대해 더욱 연구하겠다고 하고, 장래에는 당신의 고객이 될 것을 믿는다고 말한다.
10. 가망고객에게 약속한 것은 어떤 경우라도 지킨다. 가망고객은 당신이 지키지 않은 약속을 끝까지 기억한다.

전화접근
(Telephone Approach)

"시작이 반이다."라는 말이 있다. 무슨 일이든 시작하는 것이 어렵고, 일단 시작만 하면 성공할 확률이 절반 이상이라는 의미일 것이다. 아무리 좋은 가망고객을 많이 확보하고 있다 해도 만나지 못한다면 보험을 판매하지도 못할 테고, 가망고객에게 보험컨설턴트로서 도움을 주지도 못하게 될 것이다. 세일즈 프로세스에서도 일단 가망고객에게 전화를 거는 데서부터 '시작이 반'이라는 논리가 적용된다.

'고객에게 전화하는 것'은 보험컨설턴트로서 갖춰야 할 가장 중요한 습관 중 하나다. "구슬이 서 말이라도 꿰어야 보배다."라는 말처럼 보험컨설턴트가 면담약속 확보를 위해 전화를 걸 때 비로소 가망고객의 진가가 발휘되는 것이다.

어떤 보험컨설턴트는 전화하는 것을 "보험컨설턴트가 걱정 없이 행복하게 살아갈 수 있는 유일한 비결이다."라고도 이야기한다. 만날 약속이 꽉 차 있다면 실패나 거절을 당할 경우에도 크게 상처받지 않고 여유 있게 가망고객을 대할 수 있기 때문이다. 만날 약속이 없을 때 보험컨설턴트들은 초조해지고, 장래에 대해 불안을 느끼며, 잘못된 생활습관을 형성하게 된다.

그럼에도 불구하고 대부분의 보험컨설턴트는 전화하는 것을 두려워한다. 상대방으로부터 거절당하는 것이 두렵기 때문이다. 실제로 전화를 걸면 거절하는 예가 100퍼센트이기 때문에 전화를 걸어서 상대방이 없다고 하면 오히려 다행이라고 생각하기 쉽다. 그러나 전화 거는 것에 대한 불안은 보험컨설턴트가 성공하기 위해서는 반드시 극복해야 하는 장애물이다. 불안의 실체와 극복하는 요령을 알게 되면 좀더 편안한 마음으로 전화접근을 할 수 있다.

가망고객의 거절은 특별한 이유가 있어서가 아니라 본능적인 것이므로 당연하게 받아들여야 한다. 누군가 낯선 사람이 자기 집 문을 두드리면 경계심부터 갖게 되듯, 가망고객의 거절도 마찬가지로 당연한 경계심의 표현이라고 봐야 한다. 우선 상냥하고 신뢰가 가는 느낌으로 다가가 고객의 경계심을 풀어 주면 가망고객은 자연스럽게 마음의 문을 열어 줄 것이다.

전화접근의 목적은 그 단계에서 보험을 판매하는 것이 아니다. 단순히 면담약속의 확보에만 집중해야 한다. 이 과정에서 보험 가입을 권유하거나 보험상품에 대해 설명해서는 안 된다. '무궁화 꽃이 피었습니다' 놀이의 첫걸음처럼 세일즈 프로세스의 첫걸음을 떼는 과정이다. 편안한 마음으로 전화를 계속하는 것만이 전화접근에 대한 공포심을 극복하는 길이다. 두려움도 자꾸 익숙해지면 더 이상 두렵지 않고 오히려 재미를 느끼게 된다.

전화접근은 세일즈 프로세스를 시작하는 첫 번째 단계이므로 초회면담을 하기 위한 초석만 마련하면 충분히 그 목적을 달성하는 것이며, 다음 단계는 다음 공정에서 담당하게 된다.

그런데 보다 효과적이고 유기적인 세일즈 프로세스의 진행을 위해서는 보다 전문적이고 체계적인 전화접근 기법이 요구된다.

예를 들어 전문적인 교육을 받지 못한 보험컨설턴트는 면담약속을 할 때 친구에게 전화를 걸어서 "오랜만에 밥이나 먹자."고 할지도 모른다. 그러면 약속장소에 나오는 친구는 '이 친구가 분명히 보험을 권유할 텐데….' 하며 부담스럽게 생각할 것이고, 보험컨설턴트도 '언제 어떻게 보험에 대한 이야기를 꺼낼 수 있을까?' 눈치를 보게 될 것이다. 이런 경우에는 처음부터 구걸판매의 형태를 띠게 된다. 따라서 처음부터 전문적이고 당당하게 면담약속을 하는 기법이 필요하다.

만능접근법

일반적인 가망고객의 구매심리 변화를 염두에 두고 개발된 전문적인 전화 기법으로 '만능접근법(All Purpose Approach)'이란 것이 있다. 만능접근법은 일곱 단계의 자연스런 진행 단계로 구성되어 있으며, 성공적인 보험컨설턴트들에 의해 검증된 기법이므로 자기 것으로 소화해 활용한다면 보다 효과적인 면담약속의 확보가 가능해질 것이다.

1. 자기 소개

전화를 걸고 자신에 대해 소개한다.

- 안녕하십니까? 저는 보험컨설턴트 ○○○라고 합니다. 잠깐 동 안만 전화로 말씀을 드릴 수 있겠지요?

2. 목적

전화를 건 목적을 밝힌다. 여기서 중요한 것은 보험을 판매하는 것이 아니라 단순히 '도움이 되는 정보'를 주고 싶다는 의사를 나타내는 것 이다. 도움이 되는 정보란 무엇인가? 많은 선량한 가장들이 모르고 있 는 위험과 보험의 진정한 의미를 알게 되는 것은 보험 가입 여부를 떠 나 그들에게 커다란 도움이 된다. 보험컨설턴트들은 그런 도움을 주려 고 가망고객을 만나는 것이다.

- 제가 전화를 드린 것은 다름이 아니라 선생님께 도움이 되는 정 보를 말씀드리기 위해서입니다.

3. 영향력

사람들은 보통 다른 사람들이 어떻게 하는가에 관심을 가지고 있고, 자신도 남들과 동일하게 행동하려는 경향이 있다. 유행에 따르면 소외 감 대신 동질감을 느끼게 되어 안심이 되는 것이다. 따라서 정보가 다 른 사람들에게도 환영받고 있다는 것을 알고 나면 받아들일 확률이 높 아진다.

- 선생님과 같은(자기사업을 하시는, 이제 막 결혼하신, 금융업에 종사하시는… 등 가망고객의 형편에 맞춘다) 분께 도움이 되는 정보입니다. (소개자가 있는 경우) ○○○님께서도 대단히 만족하시고 선생님을 소개해 주셨습니다.

4. 결정

일반적으로 사람들은 영업사원이 전화를 하면 무조건 구입을 강요할 것이라고 추측해 미리 거절을 생각한다. 영업사원을 만나면 꼭 물건을 사게 할 것이라는 부담을 느끼는 것이다. 따라서 가망고객의 부담감을 없애 주어야 한다. 즉, 우리를 만난다 해도 반드시 보험에 가입할 필요가 없다는 점을 알려 주는 것이다. 또한 모든 결정을 가망고객이 자유롭게 할 수 있다는 점을 강조한다.

- 이 정보가 다른 사람들에게 도움이 되었다고 해서 선생님께도 도움이 될지는 저도 잘 모르겠습니다. 그렇지만 잠깐이면(10~20분 정도) 되니까 들어 보시고 나서 선생님께 도움이 되는지 안 되는지 판단하시면 됩니다.

5. 종결

주저하지 말고 당당하게 면담약속을 요청한다. 여기에서 중요한 것은 면담 허락 여부를 묻는 것이 아니다. 면담은 이미 허락된 것으로 간주하고 두 가지 중 하나의 대안을 제시해야 한다. 사람들은 강하게 권유하면 마지못해서라도 승낙하려는 경향이 있다.

- 마침 제가 그쪽으로 갈 일이 있습니다. 어떻습니까? 수요일 3시
  쯤이 괜찮으십니까? 아니면 금요일 2시가 더 좋으실까요?

6. 거절처리

설령 가망고객이 보험컨설턴트의 제안에 관심이 있다 해도 일단 거절
하는 것은 사람의 본능이다. 따라서 고객의 거절을 당연히 예상하되
심각하게 받아들일 필요는 없다. 가망고객은 아무것도 모르는 상태에
서 다만 변화를 생각하기 싫어 습관적으로 거절하는 것이기 때문이다.
직접 대응할 필요가 없으므로 기분 나쁘지 않을 정도로 거절처리를 하
고 다시 종결로 들어간다.

거절은 주로 "보험에 관심이 없다, 충분히 보험을 들었다, 바빠서
만날 시간이 없다, 전화로 이야기해라, 자료를 보내 달라"는 등 비교
적 정형화된 내용들이다. 각종 거절에 대해 답변할 내용을 기록하고
보면서 대응하면 더욱 효과적이다.

- 네, 물론 그러시겠지요. 그렇지만 제가 말씀드리려는 정보는 바
  로 선생님과 같이 (보험에 관심이 없는, 보험에 많이 가입한, 바쁘신) 분
  들에게 정말 도움이 되는 내용입니다. 다른 분들도 처음에는 선
  생님처럼 말씀하셨지만 만나 보신 후에는 크게 만족하셨습니다.
  그러니까 부담 갖지 마시고 차 한잔 하는 기분으로 만나시죠. 어
  떻습니까? 수요일 3시가 좋으시겠지요?

- 네, (전화로 말씀드려도, 자료를 보내 드려도) 괜찮겠지만 제가 드리는

정보는 직접 만나 뵙고 말씀드리는 것이 더욱 효과적입니다. 시간도 20분 정도면 되니까 부담 갖지 마시고, 차 한잔 하는 기분으로 만나시죠. 수요일 3시가 좋으시겠지요?

보험컨설턴트가 두세 번 정도 거절처리를 하면 대부분의 가망고객들은 면담약속에 응하게 된다. 물론 마음속으로는 만나더라도 절대 보험에 가입하지 않겠다고 생각할 것이다. 그러나 그런 생각들은 세일즈 프로세스의 다음 단계에서 자연스럽게 바뀔 것이다. 어쨌든 전화접근 단계에서는 면담약속을 확보하는 목적만 달성하면 된다.

7. 기록

가망고객과의 면담약속을 기록한다. 전화접근 시에 입수한 정보나 느낌들도 기록을 해 두면 효과적이다. 기록의 목적은 약속 내용을 잊지 않기 위한 것이기도 하지만, 보다 큰 목적은 일주일의 활동 내용을 체계화하고 이동시간을 최소화할 수 있도록 활동지역을 배분하는 등 활동효율을 높이는 데 있다.

위의 전화접근법을 수차례 반복 연습하여 습득하기만 하면 어떤 가망고객에게라도 몇 마디의 단어만 바꾸거나 추가하면 쉽게 적용할 수 있다.

가장 전화하기 어려운 대상인 가까운 친구에게 한번 적용해 보자.

자기 소개

● 잘 있었니? 내가 보험컨설턴트 되었다는 이야기 들었지?

목적

● 내가 전화한 것은 다름이 아니라 여기에서 일하다 보니까 너에게 도움이 될 만한 정보가 있더라고.

영향력

● 너처럼 자녀가 둘인 사람들에게 도움이 되는 내용이야.

결정

● 이 정보가 너에게도 도움이 될지는 모르겠지만 한번 들어보고 판단하면 될 거야.

종결

● 마침 내가 그쪽으로 갈 일이 있는데 수요일 3시가 좋을까? 아니면 금요일 2시가 더 편할까?

거절처리

● 물론 그렇게 생각하는 것 이해해. 나도 옛날에는 그랬으니까! 어쨌든 부담 갖지 말고 차 한잔 하는 기분으로 만나서 들어 봐. 어때, 수요일 3시가 좋겠지?

이렇게 면담약속을 하면 그 친구는 만나자마자 "좋은 정보라는 게 뭔데?" 하는 반응을 나타낼 것이다. 만능접근법을 사용하면 가까운 친구라도 처음부터 서먹서먹하게 눈치 보지 않고 비즈니스 이야기를 할 수 있는 장점이 있다. 소개받은 가망고객이나 개척하는 가망고객의 경우에도 약간의 변형만 하면 쉽게 적용할 수 있다.

전화접근 시 유의사항

전화접근 기술은 성공적인 보험컨설턴트의 필수 요소다. 전화접근 기술을 적절하게 습득하기만 한다면 그것은 면담약속은 물론 가망고객 소개 및 각종 필요정보를 확보하는 값싸고, 시간이 절약되며, 생산적인 무기가 될 것이다.

① 철저하게 준비한다.
　전화를 걸기 전에 메모지와 필기구, 시간계획표 등을 미리 준비해 놓음으로써 전화 도중에 "잠깐 기다리세요."라는 말을 하지 않도록 한다.
② 편안한 마음으로 전화를 걸고, 편안함을 계속 유지한다.
③ 전화기 옆에 물이나 음료수를 준비하여 입술이 마르지 않도록 한다. 단, 전화를 거는 중간에 마신다.
④ 전화를 거는 도중에는 타인으로부터 방해를 받지 않도록 한다.
⑤ 가망고객의 직업 · 흥미 · 배우자명 · 자녀명 등 필요한 정보를 기록한다.

⑥ 열성적으로 이야기한다. 열성은 목소리를 통해서도 나타난다.

⑦ 미소를 짓는다. 미소 역시 목소리를 통해 나타난다. 전화기 옆에 거울을 놓는 것도 하나의 방법이다.

⑧ 좋은 가망고객과 면담약속 확보에 실패한 경우에는 가망고객 소개라도 받는다.

⑨ 소개받은 가망고객이나 DM에 반응을 보인 사람에게는 반응을 받은 즉시 전화한다.

⑩ 가망고객과 공통점을 발견하기 위해 노력한다.
공동의 친구, 직업이나 지역적인 공통점, 공동 관심사 등이 여기에 포함된다.

⑪ 면담약속은 가급적 주초로 잡는다. 그래야만 약속이 연기 또는 취소되더라도 재조정할 기회를 가질 수 있다.

⑫ 유망하다고 생각하는 가망고객과 면담약속 확보에 실패한 경우에는 따로 기억했다가 추후에 다시 전화하도록 한다. 사람의 환경은 수시로 변하게 마련이다.

⑬ 하루에도 여러 시간대로 나누어 전화한다. 사람마다 전화로 접근할 수 있는 시간이 다르기 때문이다.

⑭ 유망하지 않은 가망고객에게 너무 매달리지 않는다. 가망고객에게 보험컨설턴트의 시간도 매우 중요하다는 것을 인식시켜 줄 필요가 있다.

⑮ 정해진 시간이 다 지나기까지는 전화접근을 중단하지 않는다. 만약 2시간 동안 전화하기로 마음먹었다면 2시간을 완전히 채우도록 한다.

전화에 대한 주저감을 극복하는 방법

① 전화를 걸기 시작할 때는 몇 통의 전화(또는 몇 건의 약속 확보)를 할 것인지 결심하고, 목표를 달성할 때까지 중단하지 않는다.

전화로 약속을 확보하는 것은 단지 숫자게임에 불과하다는 사실을 잊지 않는다.

② 거절에 대한 두려움을 버린다.

두려운 마음은 가지면 가질수록 더 커져서 전화를 걸지 못하게 되기 때문이다.

③ 전화를 걸기 시작한 후에는 절대적으로 필요한 경우가 아니면 어떤 이유로도 중단하지 않는다.

전화하는 일이 힘들다고 생각할수록 조그만 구실만 생겨도 쉽게 그만두게 되기 때문이다.

④ 전화를 하는 동안에는 전화하는 것 이외의 다른 방법에 대해 생각하지 않는다.

개척방문 등도 대안이 될 수 있지만 전화접근보다 훨씬 더 어렵다. 또한 주위 사람들의 대화에 끼어들지 말아야 한다.

⑤ 전화접근을 어려운 과제라고 생각하지 말고 게임이라고 생각한다. 당할 수 있는 최악의 경우라고 해 봐야 "No!"라는 대답일 뿐이다.

⑥ 긍정적인 마음가짐으로 전화통화에 임한다.

과거의 나쁜 경험에 연연해하지 말고, 접근조차 어렵다고 생각했던 가망고객에게 판매한 경우 등 성공사례를 생각한다.

⑦ 피곤하다고 여겨지면 전화기를 들고 걸으면서 전화한다.

몇 발자국 걷는 것만으로도 피로와 긴장감이 해소될 수 있다.

⑧ 생각했던 목표를 달성하면 자축한다.

목표를 달성했다는 기쁨을 맛보는 것은 즐거운 일이며, 다음번 일을 할 때 보다 쉽게 느껴진다.

⑨ 자신이 전화 걸기를 주저하는 이유를 분석해 본다.

프레젠테이션 기술에 부족함을 느끼는지, 상품지식이 부족한지 등등. 그리고 부족하다고 느끼는 점에 대해서는 롤 플레이나 보충교육을 받는 것이 해결책이다.

전화접근 시 체크 포인트

전화접근 기술을 연마하기 위해서는 전화접근 롤 플레이(Role Play)나 가망고객에게 전화할 때에 다음의 체크 포인트를 확인할 필요가 있다. 실제로 많은 보험컨설턴트들이 자신의 전화 내용을 녹음하여 점검하기도 하고, 전화기 옆에 거울을 놓고 자신의 얼굴을 보며 대화하듯이 통화 연습을 하기도 한다.

1. 더듬거렸는가?
2. 무엇을 이야기할 것인지 알고 있는가?
3. 자연스러운가(문장을 외우는 것처럼 들리지 않는가)?
4. 지나치게 자기만족에 빠진 것 같지 않으면서도 자신감이 있는가?
5. 만능접근법 7단계를 따랐는가(소개, 목적, 영향력, 결정, 종결, 거절 처리, 기록)?
6. 가망고객에게 좋은 인상을 주었는가?
7. 가망고객의 주의를 끌었는가?
8. 매끄럽게 처리했는가?
9. 거절 시 결정적 대안을 사용했는가?
10. 적극적으로 경청했는가?

초회면담
(Approach)

미국에서 열린 MDRT 연차회의에 참석했던 한 보험컨설턴트의 에피
소드다.

어느 까무잡잡하고 날카롭게 생긴 보험컨설턴트가 밤에 택시를 타
게 되었다. 택시기사는 덩치 크고 험악하게 생긴 흑인이었다. 미국이
초행이었던 그 보험컨설턴트는 이전에 미국사회 흑인에 대해 좋지 않
은 이야기를 많이 들었던 터라 겁이 나서 그에게 한 마디도 말을 건넬
수 없었다.

택시에 타고 있는 동안 내내 숨을 죽이고 긴장을 늦추지 못했다. 호
텔에 도착하자 보험컨설턴트는 안도의 한숨을 내쉬며 택시에서 내렸
다. 그 이야기를 후배 보험컨설턴트에게 했더니 후배 라이플래너의 말
이 걸작이다.

"형, 그 택시기사는 형보고 더 무서워서 떨었을 거예요. 까무잡잡하고 인상이 험악한 동양인이 뒤에 앉아서 입술을 굳게 다물고 있으니 언제 택시강도로 돌변할까 불안했을 겁니다."

듣고 보니 그렇기도 했다. 상대방에 대해 전혀 모르는 두 사람은 서로 경계하며 불안해했을 것이다.

초회면담에서도 마찬가지 상황이 발생한다. 보험컨설턴트는 가망고객이 거절할까 두려워서 떨게 된다. 두려움 때문에 만나는 것을 꺼리고, 또 이야기를 잘 진행하다가도 가망고객이 약간의 거부반응만 보이면 자신감을 상실하여 우왕좌왕하게 되는 것이다.

그러나 한번 냉정하게 생각해 보자. 사실 두려워서 떠는 사람은 보험컨설턴트뿐 아니라 가망고객도 마찬가지다. 인적 없는 캄캄한 밤길에서 모르는 사람끼리 서로 마주치면 양쪽이 서로 두려움을 갖게 된다. 그게 누구든 같은 상황이라면 자신감을 갖는 편이 주도권을 잡기에 유리할 것이다.

보험컨설턴트가 자신감을 가질 수 있는 근거는 무엇인가?

그것은 보험컨설턴트가 가망고객을 찾아간 것이 도움을 구하러 간 것이 아니라 도움을 주러 간 것이기 때문이다. 도움을 구하러 간다면 비굴해지고 의기소침해질 수밖에 없지만, 도움을 주러 간 경우라면 당당하고 자신감이 있을 수밖에 없다.

보험컨설턴트들은 보험을 가입해 달라고 찾아간 것이 아니라 그들이 생각하지도 못했던 중요한 정보를 알려 주러 간 것이기 때문에 당당해야 한다. 인간의 속성은 자기 앞에서 당당한 사람에게 높은 신뢰감을 갖는 반면, 약한 사람은 오히려 무시해 버리는 경향이 있다. 당신의 성공 목표가 정당한 만큼 고객 앞에서 당당하라.

초회면담 시 고객이 알고 싶어하는 것

초회면담 시 만나는 가망고객의 심리상태에 대해 생각해 보자.

앞서도 여러 차례 말했듯이, 아직 보험에 대한 일반과 사회의 인식이 차가운 것이 현실이므로 지금까지의 선입관을 지니고 있는 가망고객을 만난다면 불신과 무관심을 표명하는 사람이 대부분일 것이다. 보험컨설턴트가 자신에게 필요도 없는 보험을 강요하러 찾아왔다고 생각할 것이다. 보험컨설턴트는 아주 거칠고 무례하거나, 혹은 비굴하고 열등한 사람이라고 생각할지도 모른다.

보험컨설턴트를 만나는 것 자체가 별로 유쾌하지 않은 일이어서 가급적 빠른 시간 내에 자신의 체면이 손상되지 않는 범위 안에서 자연스럽게 거절하고 싶은 마음일 것이다. 어렴풋이 보험업계에 대한 소문을 들은 사람이라면 보험컨설턴트들이 교육을 철저하게 받기 때문에 자칫 화술에 현혹될 수도 있으므로 주의해야 한다고 경계할지도 모른다. 뭔가 도움이 될지도 모른다는 기대감으로 보험컨설턴트를 기꺼이 만나는 사람은 1퍼센트에도 못 미친다.

이런 가망고객을 만나야 하는 것이 당신의 일 중에서도 가장 중요한 일이다. 자, 어떻게 할 것인가? 여러 번 강조하지만 보험컨설턴트의 일은 보험을 강매하는 것이 아니며, 보험에 관한 좋은 소식을 알리는 것이라는 '기본적 사명'을 항상 생각하자.

우선 그들의 심리상태를 충분히 이해하고 당연하게 받아들이자. 그들의 불신과 무관심은 보험컨설턴트에 대한 개인적 반응이 아니라 지금까지의 선입관과 본능에 의해 표출되는 자연스러운 현상일 뿐이다. 실제로 보험컨설턴트가 가망고객의 입장에 선다 해도 마찬가지일 것이다. 따라서 그것 때문에 상처받는 대신에 그들의 생각을 존중하고 그들에게 도움을 주는 일에 사고와 노력을 집중해야 한다.

우선 체계적인 방법으로 그들의 인식을 바꾸어 주자. 초회면담 시의 목표를 설정한 후 보험컨설턴트는 가망고객에게 세 가지를 주고, 두 가지를 받아 와야 한다.

보험컨설턴트가 주어야 할 것 세 가지는 ①호감 ②신뢰감 ③보험에 대한 필요성이며, 받아야 할 것 두 가지는 ①고객에 대한 정보 ②다음 면담약속이다.

① 호감을 주는 방법은 의외로 간단하다. 가망고객이 기대하던 모습과 다르고 좋은(Different & Better) 느낌을 주면 된다. 깔끔한 용모와 부드럽고 너그러운 첫인상, 세련되고 스마트한 분위기, 당당하고 자신감에 차 있는 안정된 모습 등 여러 가지 면에서 종래 보험설계사에 대한 인식과는 다른 전문가다운 인상을 풍겨야 할 것이다.

② 신뢰감을 주기 위해서는 가망고객의 입장에 서서 그들의 마음을 이해하고, 그들에게 흥미가 있고 이익이 되는 이야기를 해야 한다. "누군가에게 다른 사람에 대한 이야기를 하는 사람은 수다쟁이고, 자기 이야기를 하는 사람은 따분한 사람이며, 그들에 대

한 이야기를 해 주는 사람이 말 잘하는 사람"이라고 한다. 누구든 자기를 이해해 주고 자기 편에 서서 생각해 주는 사람을 신뢰하게 마련이다.

③ 보험의 필요성에 대한 설명을 반드시 해야 한다.

새롭지 않은 사실이라고 느끼는 것을 새롭게 느끼도록 해 주어야 하는 대목이다. 사실 보험컨설턴트가 가망고객을 만난 이유는 보험의 필요성을 깨닫게 해 주기 위해서다. 보험의 필요성을 느끼지 못한다면 보험에 가입한다 해도 유지가 안 될 것이기 때문에 이 과정은 대단히 중요하다. 보험의 의미를 새롭게 느끼고 그 필요성을 깨닫게 될 때 가망고객은 자기 인생에서 문제의식을 느끼게 되며, 그런 문제의식이 불만족으로 이어질 때 보험 판매과정이 비로소 시작된다.

보험컨설턴트가 가망고객에게 앞의 세 가지를 성공적으로 전달해 주었을 때 가망고객으로부터 다음 두 가지를 받는 것이 가능해진다.

① 고객에 대한 정보는 고객의 보험 니즈를 느끼고 판단하기 위해 필요하다. 고객정보 입수는 고객의 현재 재정 상황과 가족에 대한 꿈과 계획을 알아 내는 과정이다. 사람마다 처한 상황이 다르고 미래에 대한 꿈과 계획의 우선순위가 다르므로 주의 깊게 고객의 말에 귀를 기울여야 한다. 정보입수가 제대로 되어야만 최적의 보험설계가 가능해지는 것이다. 적극적인 경청 기법과 질문 기술이 필요하다.

② 보험설계 내용을 토의하기 위해 다음에 만날 약속을 하는 것은 지극히 당연한 일이다. 약속을 받아 내는 방법은 지극히 쉽고 간단하다. 단순히 요청하기만 하면 된다.

초회면담 요령

첫째, 먼저 긴장을 해소하고 친밀감을 형성한다(Relax).
초회면담의 첫 번째 관문은 보험컨설턴트와 가망고객 간의 팽팽한 긴장감을 제거하는 것이다. 이것을 '얼음을 깨는 단계(Breaking The Ice)'라고 한다.

대개 날씨나 환경, 소개해 준 사람에 대한 이야기 등 가벼운 이야기로 시작하는데, 어떤 이야기를 하든 상관은 없으나 중요한 포인트는 부정적인 이야기를 피해야 한다는 것이다.

"오는데 교통이 막혀서 혼났어요."라든지 "요즘은 경기가 안 좋아서 힘들지요? 보험 판매가 점점 힘들어져요."라는 식의 부정적인 이야기는 면담 분위기를 처음부터 어둡게 만든다.

긍정적인 이야기로 시작하라. "전화할 때 목소리가 매력적이라고 생각했는데 직접 만나 뵈니 훨씬 멋지시군요." "오늘 참 운이 좋아서 오기 전에 좋은 고객을 만나 큰 도움을 드렸습니다." "소개해 주신 분을 통해서 꼭 한번 만나보는 것이 도움이 될 거라는 말을 듣고 기대했는데 역시 잘 온 것 같습니다." "사무실 분위기가 참 밝고 깨끗합니다. 제 기분까지도 좋아지네요." 긍정적 대화는 면담 분위기를 밝게 시작하는 데 훨씬 도움을 준다. "긍정적인 말에는 사람을 기분 좋게 만드는 힘이 있다."는 단순한 진실을 기억하라.

둘째, 방문 목적을 밝힌다.

비즈니스를 위한 만남에는 반드시 목적이 있다. 보험컨설턴트 일은 고객과 보험컨설턴트 간의 윈-윈을 추구하는 '비즈니스'다. 주저하지 말고 방문 목적을 밝히는 것이 전문가답다.

처음부터 "좋은 보험상품이 있어서 소개하러 왔다."고 말하는 것은 지나가던 여성 혹은 남성이 자기 맘에 든다고 해서 갑자기 "결혼해 주십시오, 사랑합니다."라고 말하는 것과 똑같다. 분명 정직하게 말하고 있기는 하지만 미처 마음의 준비도 안 된 상대에게 일방적으로 구애하는 것은 대체로 상대방에게 무례하다는 느낌을 주므로 결국 역효과를 내고 만다.

"전화로 말씀드린 바와 같이 오늘 찾아뵌 것은 선생님께 도움이 되는 정보를 알려 드리고 싶어서입니다. 흔히들 잘못 오해하고 있는 내용인데 한번 들어 보시고 나서 도움이 되신다면 다행이고, 도움이 안 되신다 해도 그만이니까 부담없이 들어 보고 판단하시면 됩니다. 15~20분 정도면 되는데 괜찮으시겠죠?" 하는 정도가 무난하다.

여기서 혹 가망고객에게 "보험상품을 권하려는 것 아닙니까?"라는 질문을 받으면 "그렇게 생각하실 수도 있지만 지금까지 알고 계신 그런 것은 아닙니다. 만약 그런 것이라면 제가 이 일을 하지도 않았고, 선생님을 만나러 오지도 않았을 것입니다. 부담 없이 들어 보시고 판단을 내리세요. 절대로 보험 가입을 강요하지 않습니다."라고 말하면 될 것이다.

셋째, 가망고객이 궁금해할 내용을 말해 줌으로써 불신감을 제거한다.

고객은 자신이 궁금한 내용을 듣고 싶어할 뿐 보험컨설턴트의 일방적인 이야기에는 관심이 없다. 초회면담을 자연스럽게 이끌어 가며 고객에게 신뢰를 주기 위해서는 고객이 궁금해할 사항들을 이야기해 주는 것이 효과적이다.

고객이 궁금해할 것은 첫째, '어떤 회사에서 왔는가' 이다. 즉, 과연 회사가 믿을 만한가, 좋은 회사인가 하는 점이다. 따라서 본론으로 들어가기 전에 회사에 대한 소개를 간략히 한다.

● 먼저 저희 회사에 대해 잠시 소개해 드리겠습니다. 혹시 저희 회사에 대해 잘 알고 계십니까? 제가 좀더 설명을 해 드리면….

이때 중요한 포인트는 회사 자랑을 하는 것이 아니라 고객이 믿을 만한 회사라는 점을 알려 신뢰를 얻는 것이다. 단, 너무 장황한 설명은 피하라.

다음으로 고객이 궁금해할 것은 '보험컨설턴트는 어떤 사람인가? 과연 믿을 만한 사람인가? 전문가다운 지식과 기술을 갖추었는가?' 하는 것이다. 더 나아가서 '보험컨설턴트는 무슨 일을 하는가? 과연 나에게 도움이 되는 일인가?' 하는 것도 자연스럽게 고객이 품게 되는 궁금증이다.

● 잠깐 저에 대해 소개해 드리겠습니다. 저는 ○○학교를 졸업하고 ○○일을 하다가 우연한 기회에 보험에 대한 의미를 알게 된

후 기꺼이 보험컨설턴트 일을 하게 되었고 지금까지 아주 기쁘게 일하고 있습니다. 저도 전에는 보험에 대해 상당히 부정적인 생각을 갖고 있었습니다만, 지금은 선생님 같은 많은 분들께 도움을 드리고 있습니다.

오늘도 오전 중에 한 분께 도움을 드리고 오는 길입니다. 제가 하는 일은 보험 전문가로서 선생님 같은 분들을 만나 재정안정 상태를 분석해 드리고 거기에 적합한 재정안정 보장계획을 수립해 드리는 것입니다. 보험에 가입을 하시든 안 하시든 많은 분들이 도움이 되었다고 말씀들 하시지요.

그 외에도 고객이 궁금해하는 사항들에 대해 이야기해 준다.

넷째, 보험의 진정한 의미와 필요성에 대해 이야기한다.

- 보험에 대해 어떻게 생각하십니까? 예, 물론 그렇게 생각하시겠지요. 그런데 원래 보험은….”

고객이 보험에 대해 갖고 있던 부정적 인식을 바꾸어 주고, 보험이 가족의 안정된 미래를 보장하기 위해 인생에서 꼭 필요한 재정계획임을 인식시켜 준다.

다섯째, 고객 개인의 재정안정 보장계획에 대해 검토할 것을 제안한다.

- 이제 보험이 어떤 의미인 줄 아셨으므로 좀더 신중하게 고려해 보시는 것이 필요합니다. 사실 보험에 대한 필요성을 느끼기는 하되 구체적인 방법도 모르고 기회도 없어서 무방비 상태에 계시는 경우가 대부분입니다.
- 따라서 보험 전문가인 제가 고객을 만나 그 가정에 적합한 재정안정 보장계획을 검토해 드립니다. 물론 수용 여부는 선생님께서 결정하시겠지만 어쨌든 유익한 기회가 될 것입니다. 한번 검토해 보시는 것도 나쁘지 않겠죠?
물론 선생님께서 만족하셔서 제 고객이 되신다면 더욱 좋겠습니다만…."

여섯째, 가망고객이 동의하면 고객상황조사(Fact & Feeling Finding) 단계로 넘어간다.

- 적합한 재정안정 보장계획을 검토하시려면 선생님에 대한 몇 가지 정보가 필요합니다. 이것은 의사가 처방에 앞서 진찰을 하는 것과 마찬가지입니다. 또한 건축설계사가 좋은 집을 설계하기에 앞서 건축주의 재정상황 및 원하는 집의 특성들을 알아보는 것과 같은 맥락입니다. 이 정보들은 모두 대외비(Confidential)로 처리되며 절대로 다른 용도로는 쓰이지 않을 것을 약속드립니다. 그럼, 지금부터 몇 가지 질문을 드리겠습니다.

지금까지의 단계가 초회면담 중 면담개시 단계(Approach 또는 Opening

the Interview)로서 10~15분 정도면 적당하다. 고객상황조사 단계가 초회면담의 본론이므로 여기서 너무 많은 시간을 보내는 것은 바람직하지 않다.

고객상황조사
(Fact & Feeling Finding)

가망고객의 상황조사를 위해서는 일반적으로 설문지 형식을 활용한다. 그런데 의외로 많은 보험컨설턴트들이 단순히 가망고객의 정보를 입수하는 데만 급급해 마치 인구조사나 심문을 하듯이 설문지를 기록하도록 하고 있다. 어떤 경우에는 가망고객이 대답하지 못하는 항목에 대해 보험컨설턴트가 숫자를 유도하기도 한다. 아마도 정보입수를 빨리 끝내고 판매 권유 · 설명(Presentation)에서 니즈를 불러일으키려는 의도일 것이다.

실제로 많은 보험회사에서 고객정보 앙케이트를 만들어 약간의 선물을 주면서 정보를 입수하고, 앙케이트를 작성한 사람에 대해 보험을 권유하기도 한다. 그러나 고객상황조사는 단순히 보험 가입을 권유하기 위한 요식적 행위가 아니라 거시적인 안목으로 고객과 보험컨

설턴트 간의 성공적인 관계를 수립해 가는 과정이라는 점을 인식해야
만 한다.

초회면담 중 면담개시 부분이 가망고객의 구매심리를 '무관심'에서
'호기심'으로 바꾸어 주는 단계라면, 고객상황조사는 '불만족'을 불
러일으키는 단계라고 할 수 있다.

고객상황조사의 목적

고객상황조사 단계의 목적은 다음과 같다.

첫째, 가망고객의 현재 재정상태를 구체적으로 평가하고 미래에 대
한 재정적인 니즈와 목표를 분명히 알아 내는 것이다. 이를 통해 가망
고객은 자신의 문제점을 인식하게 되고, 보험컨설턴트는 고객 개인의
특별한 상황에 보다 적합한 보장계획 설계가 가능해진다.

둘째, 가망고객의 보험에 대한 인식 정도와 개인적 성향을 파악함
으로써 판매 권유 · 설명 시의 효과적인 접근 방향을 판단할 수 있다.

셋째, 가망고객이 생명보험에 관해 이전에 몰랐던 문제를 깨닫게 해
주고, 잘못 생각하고 있는 점은 바로잡아 주어야 한다. 일반적인 가정
의 필요자금과 가족을 위한 꿈과 계획에 대해 자연스럽게 이야기를 나
눔으로써 보험의 필요성에 대해 바르게 인식시켜 주는 효과가 있다.

넷째, 개인 정보를 나눔에 따라 지속적인 인간관계의 창출이 가능
해진다.

이상의 목적을 달성하기 위해서는 고객상황조사 과정에 가망고객

이 직접 참여하도록 하지 않으면 안 된다. 가망고객의 니즈나 목표의 우선순위, 개인적 성향 등 고객에 대한 정보가 정확하지 못하면 그 정보를 기초로 설계한 재정안정 보장계획 자체가 무의미한 것이 되며, 가망고객이 자신과의 연관성을 절감하지 못하는 보장설계를 받아들일 확률도 적어진다. 또한 보험컨설턴트가 자신의 목표달성을 위한 전략을 창출하는 것도 불가능해진다.

따라서 고객상황조사 과정에서는 보험컨설턴트가 일방적으로 이야기를 하기보다는 가망고객이 스스로 이야기를 하도록 유도해야 한다. 그 방법을 소개하면 다음과 같다.

① 다양한 질문 기법과 경청 기술을 습득한다.
② 주의 깊고 책임감 있는 자세로 가망고객의 니즈를 중요시하며, 보험컨설턴트의 이익보다 고객의 이익을 우선한다.
③ 가망고객의 관심사에 흥미가 있다는 것을 자주 표현함으로써 신뢰를 형성한다.
④ 가망고객의 복잡한 재정 문제를 간단한 해결책으로 분석 · 종합할 수 있는 능력을 기른다.

고객상황조사 질문 기법

이야기를 잘 하는 사람은 잘 듣는 사람이다. 실패한 세일즈맨은 고객에게 자기 이야기를 들려주는 데만 열중하지만, 성공한 세일즈맨은 고객의 이야기를 잘 듣는 데 집중한다. 잘 듣고 난 뒤에 보다 효과적인 질문을 할 수 있는 것은 당연한 일이다. 그러나 그것이 말처럼 쉽지만은 않을 것이다.

영업사원들이 고객에게 질문하기를 두려워하는 이유는 가망고객으로부터 거절의 말이 나올 것이 뻔하다는 걱정 때문이다. 실제로 질문을 잘못 하면 가망고객이 기분 나빠하거나 화를 내는 경우도 있다.

고객이 원하는 것을 정확히 파악하여 해결책을 제공해 줄 수 있어야만 가망고객의 만족감을 극대화할 수 있다. 따라서 질문 기법을 배우고 익힘으로써 자신의 대화능력을 향상시키는 것은 보험컨설턴트에게 반드시 필요한 일이다.

질문 기법의 습득 목적을 한마디로 정의하면, 보험컨설턴트가 하고 싶은 이야기를 가망고객이 스스로 이야기하도록 유도하는 것이다. 질문은 입으로만 하는 것이 아니라 경청, 인정 및 관심의 표명 등 마음으로부터 우러나오는 여러 가지 표정으로써 가능한 것이다. 처음부터 흔쾌히 속내 이야기를 터놓을 사람은 아무도 없다. 여기에서도 고객 마음속의 얼음을 깨는 기술이 필요하다.

너무 틀에 박힌 질문을 할 필요는 없지만 다음 '질문의 일반적인 요령' 을 참고하면 좋다.

① 일반적인 질문에서 시작하여 구체적인 질문으로 전개한다.
② 예, 아니오의 대답이 기대되는 폐쇄형 질문에서 시작해 자유로운 대답이 기대되는 개방형 질문으로 전개한다.
③ 처음에는 가망고객이 질문의 의도를 모르거나 경계심 때문에 대

답을 회피할 수 있으므로 질문을 하고 답을 이야기해 주면서 격려한다. 격려는 고객의 마음을 열어 준다.

- 보험에 대해 어떻게 생각하십니까? 별로 감정이 좋지 않으시죠? 네, 그러실 겁니다. 저도 예전에는 그랬으니까요."

다음은 보다 구체적인 질문 기법이다.

① 폐쇄형 질문

예, 아니오 또는 답이 정해져 있는 질문으로 어렵지 않으면서도 적절한 대답을 유도해 가망고객의 면담 참여를 촉진하는 효과가 있다.

- 결혼은 하셨지요?
- 자녀는 몇 분이신가요? 이름은?
- 보험은 들고 계신가요?

② 개방형 질문

답이 정해져 있지 않은 질문으로 가망고객과의 토론을 유도하는 효과가 있다.

가망고객의 마음이 열리지 않았을 때는 적절한 답을 제시하며 마음을 열도록 해야 하고, 가망고객의 답에 대해 적극적으로 관심을 표명해야 하며, 효과적인 후속 질문들이 뒤따라야 한다.

- 보험에 가입하신 이유는 무엇입니까?
- 보험에 가입하지 않으신 특별한 이유는 무엇입니까?
- 보험은 어떤 것이라고 생각하십니까?

③ 되풀이 또는 되물음

가망고객의 감정이나 의견을 되받아서 하는 말이나 질문이다.

공감 및 이해를 표시함으로써 가망고객으로 하여금 계속 이야기를 하도록 용기를 주는 효과가 있다.

- 그러니까 무엇보다도 자녀의 교육 문제가 제일 중요하다는 말씀이지요?

④ 재설명

가망고객이 계속 이야기할 수 있도록 사실이나 가망고객의 생각, 의견을 알기 쉽게 풀어서 다시 말해 주는 것이다. 향후의 거절을 약화하는 효과가 있다.

- 네, 그렇습니다. 월정 생활자금을 준비해 놓지 않으시면 만일의 경우 가족이 큰 고통을 당하게 됩니다.

⑤ 중립 질문

가망고객으로 하여금 더욱 분명하고 이해할 수 있는 대답을 하도록 유도하는 질문이다. 관심을 표명하면서 계속 이야기를 하도록 요청한다.

- 지금 그 문제에 대해 조금 더 구체적으로 말씀해 주시지 않겠습니까?

⑥ 시인

가망고객의 말을 이해하고 있다는 것과 지속적인 흥미를 표현한다.

- 잘 알겠습니다. 그것 참 재미있군요.

⑦ 부연

가망고객에게 추가로 설명을 요구하는 질문이다.

- 그래서요?
- 그리고요?

⑧ 유도 질문

가망고객에게 보험컨설턴트가 바라는 대답을 하도록 유도하는 질문으로 고개를 끄덕이며 하는 것이 효과적이다.

- 가족들에게는 고향처럼 아늑한 자기 집이 필요합니다. 그렇지 않습니까?

⑨ 양극단 질문

가망고객의 부정적인 대답을 중단시키고 긍정적인 화제로 유도하고자

할 때 효과적인 질문이다. 가망고객의 대답에 대해 반대의 경우를 질문한다.

- 지금까지의 말씀을 들어 보면 보험에 대해 상당히 부정적인 인식을 갖고 계신 것 같군요. 그렇다면 반대로 보험의 긍정적인 측면이 있다면 무엇이라고 생각하십니까?

⑩ 요약설명

가망고객과 보험컨설턴트 간의 이해와 합의 내용을 확인하는 말이나 질문이다. 주로 종결이나 다음 단계로 넘어가려 할 때 효과적인 방법이다.

- 지금까지 말씀하신 내용을 종합하면 월정 생활자금으로 150만 원, 교육자금으로 1억 원, 결혼자금으로 8천만 원 정도는 꼭 필요하다는 말씀이시죠?

⑪ 침묵

가망고객으로부터 더 많은 정보를 기다릴 때 사용한다. 가망고객에게 생각할 시간을 줌으로써 표현을 길게 하도록 유도하거나 결단을 촉구할 때 효과적이다.

⑫ 도전 질문

가망고객의 문제점을 지적해 줌으로써 가망고객의 마음을 불편하게 만드는 질문이다.

- 가장이 힘들다고 문제를 회피한다면 만일의 경우에 가족이 당할 어려움에 대해 생각해 보셨습니까?

고객상황조사 경청 기법

앞에서도 이야기한 바와 같이 판매에 성공하기 위해서는 경청하는 기술이 필수다. 경청 기술이 없다면 가망고객의 니즈나 원하는 것을 파악할 수 없으며, 니즈 세일즈도 불가능하기 때문이다. 가망고객의 말은 큰 가치가 있으므로 단순히 가망고객의 말을 듣는 것과 경청하는 것 사이에는 큰 차이가 있다. 가망고객은 자신의 말을 얼마나 관심 있게 경청하는가에 따라 보험컨설턴트의 신뢰도를 평가하게 된다.

성공한 보험컨설턴트들의 경청 기법은 다음과 같다.

1. 주의 깊게 들을 준비를 한다.

가망고객의 이야기 속에는 가망고객의 문제점이나 원하는 것, 니즈 등이 들어 있다. 만약 보험컨설턴트가 자신의 이야기만 한다면 가망고객에 대한 정보를 얻을 수 없다. 가망고객이 침묵을 지킬 때는 "계속하세요. 조금 더 자세히 말씀해 주십시오."라고 말함으로써 들을 기회를 늘려 나간다.

2. 적절한 유도 질문들을 개발한다.

가망고객에게 '왜 그것들을 중요하게 생각하는지' 질문함으로써 고객 니즈의 숨겨진 이유를 찾아낸다. 가망고객에 대해 정확히 파악할 때까지 여러 부분에 대해 다양하고 체계적인 유도 질문을 준비한다.

3. 주변 것들에 한눈팔지 않고 가망고객에만 집중한다.

면담 도중 가장 중요한 대상은 가망고객이다. 가망고객이 이야기할 때 집중하지 못하고 주의가 산만해지면 가망고객이 무시당한다는 느낌을 갖게 될 것이다. 가망고객은 똑똑하고 많이 알고 있는 보험컨설턴트보다 자신을 존중해 주는 보험컨설턴트의 말을 더욱 믿는 경향이 있다.

4. 동감을 적극적으로 표현한다.

몸짓언어를 사용하는 습관을 기른다. 표정이나 눈 맞추기, 고개 끄덕이기, 미소 짓기 등 가망고객의 이야기를 잘 듣고 있다는 것을 표현한다. 이때 보험컨설턴트가 자신도 모르게 부정적인 몸짓언어를 쓰지 않도록 유의한다. 실제로 몸짓언어를 의식적으로 사용하다 보면 점점 더 가망고객에게 집중하고 있는 자신을 발견하게 된다.

5. 가망고객의 느낌이나 생각에 집중하여 듣는다.

사람들은 논리적인 이유보다 감정적인 이유 때문에 구매를 결정하는 경우가 많다. 보험컨설턴트가 겉으로 드러난 사실만을 가지고 판단하기보다 가망고객의 감정적인 구매동기를 파악할 수 있다면 보다 쉽게 해결책을 제시하게 된다.

6. 들은 내용을 확인한다.

같은 내용도 듣는 사람에 따라 다르게 해석하는 경우가 많다. 따라서 보험컨설턴트는 가망고객에게 들은 이야기를 다시 한번 확인해야 한다. 확인을 통해 오해를 방지하고, 보험컨설턴트가 가망고객의 니즈와 원하는 것을 제대로 이해했다는 것을 알려 줄 수 있다. 가망고객의 니즈를 정확하게 이해해야 적합한 해결책을 제시할 수 있음은 물론이다.

고객의 상황조사가 끝나면 그 정보를 토대로 가망고객의 상황을 분석하고 상황에 맞는 해결책을 수립하는 과정이 필요하다. 이는 마치 의사가 환자에 대한 진단을 마치고 진단결과를 분석하여 문제점 및 원인을 파악한 후 치료하기 위한 처방전을 작성하는 것과 같다.

여기서 무엇보다 중요한 것은 의사의 처방전이나 보험컨설턴트의 해결책이 모두 환자나 고객을 위한 것이라는 점이다. 만에 하나라도 의사나 보험컨설턴트가 자신의 이익이나 업무상 편의에 맞춘 해결책을 만든다면 단기적으로는 성공한 듯 보일지 몰라도 결국 고객을 모두 잃어 버리게 될 것이다. 아마추어나 기술이 부족한 보험컨설턴트들은 누구에게나 비슷한 해결책을 제시하는 반면, 전문가는 고객 개개인에게 가장 적합하고도 유리한 해결책을 제시해 고객으로부터 진정한 감사를 받는 사람이다.

따라서 니즈 분석과 상품설계는 보험컨설턴트의 명예와 혼을 담아야 하는 엄숙하고도 중요한 과정이다. 상품설계는 가망고객의 입장에 서지 말고 가망고객의 부인과 자녀 등 가족의 입장에 서서 해야 한다. 니즈 분석 및 상품설계의 순서는 다음과 같다.

1. 가망고객의 꿈과 계획이 무엇인지 재확인하고, 재정상황 및 보험에 대한 인식 정도를 평가한다.

보험컨설턴트의 역할은 가망고객 가정의 꿈과 계획을 보장해 주는 것이다. 고객상황조사의 면담 내용을 검토하여 가망고객의 니즈가 무엇인지를 명확히 인지해야만 고객을 위한 해결책을 수립할 수 있다. 또한 가망고객의 재정상황과 보험에 대한 인식 정도에 따라서 접근 방식을 조절할 수 있다.

2. 가망고객의 필요자금과 현재까지 준비된 자금을 산출하여 필요보장금액을 확정한다.

필요보장금액 = 필요자금 누계금액 − 현재까지 준비된 자금

필요보장금액을 산출하기 위한 프로그램이 있는 경우에는 산출이 간단하겠지만, 프로그램이 없는 경우에는 연도별로 각각의 필요자금을 기록하고 합산하여 수작업으로 준비할 수도 있다.

만약 가망고객이 지금 사망한다면 이후년도의 필요자금 누계금액

에서 현재까지 준비된 자금을 차감한 금액이 해당 가족의 필요보장금
액이 된다. 일반적으로 필요보장금액은 초기에 액수가 크고 시간이 지
날수록 적어진다. 시간이 흐를수록 이후년도의 필요자금 누계액은 적
어지는 반면 준비자금은 커지기 때문이다. 따라서 보험은 젊을수록 필
요성이 크며, 나이가 들수록 필요성이 감소한다.

3. 필요보장금액에 맞추어 보험상품을 설계한다.

필요보장금액을 세분하면 사후정리자금 · 주택자금 · 결혼자금 등 일
시적으로 필요한 자금 니즈와 월정 생활자금 · 노후 생활자금 등 월정
금액이 필요한 소득 니즈로 구별되므로 각각에 맞는 보험상품을 설계
해야 한다. 교육자금은 상황에 따라 자금 니즈 또는 소득 니즈 중 어
느 쪽으로 설계해도 무방하다. 특약을 부가할 수 있는 경우에는 원칙
적으로 하나의 상품으로 만드는 것이 좋지만, 특약이 없거나 불가피한
경우에는 두 개 이상의 상품으로 만들어도 무방하다.

보험상품 설계 시 가장 중요한 것은 가망고객의 보험료 납입능력과
상관없이 필요보장금액을 완전히 충족하는 이상적인 해결책을 만드는
일이다. 이것은 가입 여부에 관계없이 보험컨설턴트가 처음에 약속한
대로 가망고객의 재정안정 보장계획을 제시해 주고, 전문가로서 보험
컨설턴트의 존재가치를 입증하는 대단히 중요한 단계다.

대부분의 경우 이상적인 보장계획을 설계하면 보험료가 부담되어
고객이 그대로 가입하기 어렵다. 그러나 가망고객이 최선의 해결책이
어떤 것인가를 알게 됨으로써 보험에 대한 인식이 개선되고, 향후 추
가가입에도 유리하다. 비록 드문 경우이기는 하지만 처음에 제시한 원

안대로 가입하는 경우도 가끔 있다. 골프 격언에 "공이 홀을 지나치도록 치지 않으면 공은 절대로 들어갈 수 없다(Never Up, Never In)."는 말이 있다. 일단은 최선의 해결책을 제시해야 한다.

그리고 나서 가망고객의 재정상황에 근거하여 현실적으로 납입 가능한 보험료에 맞는 수정안을 작성한다. 여기에서도 일반적인 사람들의 지출심리를 고려하여 적정 보험료의 150퍼센트 정도에 맞추어 수정안을 산출하고, 면담을 통해 보험료를 조정하여 낮추는 것이 종결 과정을 쉽게 만든다. 비용을 깎음으로써 만족하는 사람도 있기 때문이다.

수정안을 작성하는 방법은 크게 두 가지다. 원안을 보험료 비율만큼 일률적으로 축소하는 방법과, 필요자금의 우선순위를 정하고 보험료가 허용하는 만큼의 필요자금을 우선적으로 보장하는 방법이다.

실제 영업현장에서의 결과만 놓고 볼 때는 대부분 수정안이 채택되므로 이상적인 원안을 제시하는 것이 의미도 없고 비효율적이라고 생각할 수도 있다. 하지만 다시 한번 강조하고 싶은 것은 최적의 해결책을 제시하는가, 우선 보험 가입에 유리한 해결책을 제시하는가 하는 점은 가망고객의 입장에서 보험컨설턴트가 재정 전문가인가, 보험상품 세일즈맨인가를 구별해 내는 중대한 기준이 된다는 사실이다.

4. 고객상황조사에서 파악한 가망고객의 성향을 참고로 수정안을 제시한다.

● 지금까지 설명해 드린 것이 선생님 가정에 가장 이상적인 해결책입니다. 어떻습니까? 보험료가 부담스러우시다고요? 물론 그러실 겁니다.

사실 처음부터 이상적인 해결책에 가입하실 수 있는 분은 그렇게 많지 않습니다. 마치 아파트나 차를 살 때에도 비용 납입능력 때문에 처음부터 이상적인 것을 사지 못하고, 일단 형편에 맞는 것으로 사고 나서 천천히 소득이 증가함에 따라 원하는 대로 바꾸어 나가는 것과 마찬가지 이치입니다. 꿈을 가지고 준비하는 것이지요. 그래서 일단 현 시점에서 선생님께 적합한 수정안을 하나 더 준비해 왔습니다.

판매 권유 · 설명
(Presentation)

판매 권유 · 설명이란 "가망고객에게 문제점을 인식시키고, 그 문제를 해결하고 싶은 욕망을 불러일으켜서 자연스럽게 보험 가입으로 유도하는 체계적인 시도"라고 정의할 수 있다. 따라서 판매 권유 · 설명은 명확한 목표와 치밀한 계획을 갖고 철저하게 준비해야 하는 과정이다. 판매 권유 · 설명의 결과에 따라 보험컨설턴트 자신은 물론이고 가망고객과 가족의 장래에 엄청난 영향을 미치기 때문이다.

예를 들어 한 직장인에게 그룹의 회장이 이사회에서 한 시간 동안 브리핑을 하라고 지시했다고 하자. 그 브리핑을 사전 준비 없이 아무렇게나 되는 대로 할 직장인은 없을 것이다. 아마도 철저한 사전계획과 수차례의 리허설, 남들의 조언을 받아 가면서 최고의 브리핑을 하려고 노력할 것이다. 왜 그럴까? 그 브리핑에 대한 회장 및 임원의 평가에 따라 자신의 장래가 좌우될 수도 있다는 생각을 갖기 때문일 것이다.

마찬가지로, 보험컨설턴트가 판매 권유·설명을 효과적으로 실행하여 가망고객이 보험에 가입하면 그 가족과 보험컨설턴트 모두 성공하게 되는 것이지만, 판매 권유·설명이 효과적이지 못해 가망고객이 보험 가입을 포기하면 모두 실패하게 되는 것이다.

판매 권유·설명의 목적은 다음과 같다.

① 가망고객에게 보험 니즈를 명확하게 인식시킨다.

② 가망고객이 자신의 책임을 다하지 못할 때 발생할 수 있는 문제점을 충분히 생각하게 만든다.

③ 보험컨설턴트가 제시하는 재정안정 보장계획이 이상적인 해결책임을 인식시킨다.

④ 가망고객이 제기할 수 있는 거절의 요소를 사전에 제거 또는 극복한다.

⑤ 가망고객의 성향에 맞는 동기부여를 통해 무리 없이 묵시적인 동의로 이끌어 간다.

이상의 목표를 달성할 수만 있다면 어떤 방법을 사용해도 상관없지만, 일반적으로는 검증된 정석적인 판매권유 기법을 따르는 것이 시행착오를 줄이는 데 유리하다. 여기서 무엇보다 중요한 것은 보험컨설턴트의 열정과 자신감이다. 보험컨설턴트가 자신이 제안하는 내용에 대한 확신을 가지고 열정적으로 이야기할 때 가망고객은 자신이 옳은 결정을 하고 있다고 느끼게 된다.

연구결과에 의하면, 판매 권유·설명 과정에서 가망고객에게 영향을 미치는 요인 중 내용적인 면은 7퍼센트에 불과하고 몸짓언어가 93퍼센트(표정과 태도 55퍼센트, 목소리 38퍼센트)를 차지한다. 이것은 보험컨설턴트의 말보다는 감정과 태도가 고객과의 커뮤니케이션에서 더 중요하다는 뜻이다. 보험컨설턴트가 자신의 일과 보험상품에 대한 자부심을 가지고 철저한 사전 준비와 연습을 통해 자신감을 가질 때에만 효과적인 판매 권유·설명이 가능해질 것이다.

좋은 판매 권유·설명의 특징

보험은 무형의 상품이기 때문에 고객이 보험에 가입할 때 그들이 사려는 것은 상품이 아니라 미래의 '꿈'에 대한 보장과 '마음의 평화'다. 따라서 보험컨설턴트는 판매 권유·설명 시에 가망고객의 니즈 및 이익에 집중해야 하고, 보험료보다는 보험이 주는 효용과 가치에 주력해야 한다.

가망고객은 보험에 대한 나쁜 선입관과 인간적인 약점을 가지고 있기 때문에 보험컨설턴트가 열심과 충정을 가지고 사전 계획된 판매 권유·설명을 통해 올바른 결정을 하도록 도와주어야 한다. 지나친 달변보다는 다소 어눌하더라도 마음에서 우러나오는 이야기를 하는 보험컨설턴트가 더 성공할 가능성이 높다. 좋은 판매 권유·설명은 가망고객의 마음을 움직이는 효과가 있다.

좋은 판매 권유·설명은 다음과 같은 특징을 가지고 있다.

① 철저한 사전 준비가 되어 있다. 따라서 순서나 내용이 논리적이다.

② 명확하고, 간결하고, 솔직하고, 재미있으며 진실된 이야기를 한다.

③ 논리적인 면과 함께 감정적인 면에 호소한다.

④ 묘사를 사용하여 구체적인 느낌을 갖게 한다.

⑤ 체계적으로 완성된 자료를 제시한다.

⑥ 가망고객을 면담 과정에 참여시킨다.

⑦ 정점에서 자연스럽게 종결로 들어간다.

판매 권유·설명의 구조

가망고객이 보험 가입을 거부하는 세 가지 주요 거절요인은 '보험이 필요하지 않다', '보험에 가입하고 싶지 않다', '보험에 가입할 여유가 없다'는 것이다. 사전 계획된 판매 권유·설명은 이런 세 가지 주요 거절요인을 사전에 제거 또는 극복하고, 자연스럽게 가망고객으로 하여금 보험에 가입하고 싶은 욕망을 불러일으키는 구조를 갖춰야 한다. 판매권유·설명의 정석은 다음과 같다.

1. 보험이 필요하지 않다는 생각을 바꿔 주는 과정으로 생명보험의 필요성을 인식시켜 주는 단계다. 논리적인 접근을 통해 니즈를 창출하는 단계다.

• 대부분의 사람들이 당면하고 있는 일반적인 문제를 지적한다.

사람들은 보험컨설턴트가 처음부터 본인의 문제를 지적하면 경계심과 반발심이 생겨 마음을 열지 않고 거부하려는 경향이 있다. 그러나 일반적으로 많은 사람들이 안고 있는 문제를 지적하면 자신만의 문제가 아니기 때문에 쉽게 동감하며 마음을 열어 놓는다. 일반적인 가정에서 가장이 갑자기 사망했을 때 필요한 자금과 그 자금이 부족할 때 발생하는 문제점에 대해 이야기하면, 가망고객은 거부감 없이 보험의 필요성에 대해 인정하게 된다.

- 가망고객 개인의 문제를 지적한다.

일단 가망고객이 일반적인 가정의 문제점에 대해 동의하면, 그 다음 단계는 가망고객도 예외가 될 수 없음을 지적해 주는 것이다. 구체적으로 가망고객의 가정에 필요한 자금과 그에 따라 가족에게 발생할 수 있는 문제점에 대해 지적함으로써 가망고객은 자신에게도 보험이 필요하다는 사실을 인식하게 되고, 그 문제가 해결되지 못한 것에 대해 불만족을 느끼게 된다.

2. 보험에 가입하고 싶은 마음이 들도록 동기를 부여해 주는 단계다.

- 이상적인 해결책으로서 보험을 제시한다.

가망고객의 문제를 해결해 줄 수 있는 보험의 효용과 가치를 구체적으로 설명한다. 또한 보험에 가입해야 하는 모든 이유를 이야기해 준다. 사람마다 보험에 가입하는 이유가 다르기 때문에 어떤 내용이 가망고객의 마음을 움직일지 모르기 때문이다.

- 논리와 감정을 이용해 동기를 부여한다.

일반적으로 사람은 논리적인 이유에 의해 신뢰를 갖게 되지만, 실제로 행동하는 데엔 감정적인 이유가 많이 작용한다. 따라서 보험에 가입하도록 동기를 부여하기 위해서는 논리를 기초로 하여 감정에 호소해야 한다. 보험컨설턴트들이 감정적인 측면을 소홀히 하고 지나치게 논리적인 측면에 집착하다가 실패하는 경우가 종종 있다.

ⓐ 논리

보험에 가입하는 것이 얼마나 합리적인가를 설명하라. 보험에 가입하는 것이 잘못된 결정이 아니라는 점을 확신시켜 주는 것이 목적이다. 보험과 저축의 차이점, 보험의 브레이크적인 개념, 상호부조, 보장의 내용 등 적은 보험료로 큰 재산을 마련할 수 있다는 장점을 이야기하는 것이 좋은 예다. 인간의 기본적인 욕구 중에서 '경제적으로 안정되고 싶다', '재산을 모으고 싶다', '새로운 경험을 하고 싶다' 는 욕구를 자극하게 된다.

ⓑ 사랑과 애정

보험에 가입하는 것이 사랑하는 가족을 위해 얼마나 훌륭한 결정인가를 설명하라. 보험에 가입했을 때 가족과 주위 사람으로부터 받게 되는 찬사와 감사에 대해 이야기해 준다.
인간의 기본적인 욕구 중에서 '사랑받고 싶다' '인정받고 싶다', '중요한 사람으로 여겨지고 싶다', '꿈을 갖고 싶다' 는 욕구를 자극하므로 가장 강력한 동기부여의 효과가 있다.

ⓒ 두려움

보험에 가입하지 않을 경우에 가족에게 얼마나 큰 불행이 발생하는가에 대해 설명하라. 지금 보험에 가입하지 않으면 앞으로 가입할 기회도 적어지고 돌이킬 수 없는 후회에 빠질지도 모른다는 사실을 강조한다. 주위에 보험 가입을 미루다가 낭패를 당한 사례들과 그때 가장이 받게 되는 비난과 원망에 대해 이야기하는 것이 효과적이다. 이는 인간의 기본적인 욕구 중에서 '안심하고 싶다'는 욕구를 자극한다.

3. 보험에 가입할 여유가 없다는 생각을 바꿔 주는 과정으로서 보험료 납입 약속을 확보하는 단계다.

• 보험 니즈에 대한 동의를 얻는다.
논리와 감정을 이용하여 가망고객 자신이 보험의 필요성을 느끼고 가입하고 싶은 마음이 있다는 것을 확인한다.

• 높은 보험료를 제시한다.
가망고객의 눈높이를 높이기 위해서라도 가망고객의 재정적 상황을 무시하고 이상적인 보험설계안을 제시한다. 이상적인 보험설계안을 제시하는 것이 보험컨설턴트의 전문적인 서비스를 보여 주는 대목이라는 측면에서도 중요한 단계다.

• 높은 보험료와 현실적인 보험료의 중간 정도에서 수정안을 제시한다.

일반적으로 사람들은 어떤 물건을 살 때 A, B, C의 세 가지 가격대가 제시될 경우 주로 B나 B와 C의 중간 정도를 선택하려는 경향이 있다. 가장 비싼 A를 사면 왠지 바가지를 쓰는 것 같은 기분이 들고, 가장 싼 C를 사면 자존심이 상하는 것처럼 느껴지기 때문일 것이다. B가격에서 약간 깎을 수 있다면 가장 만족스러운 구매를 했다고 생각하는 것이 일반적이다. 보험 가입 시에도 마찬가지의 심리가 적용되므로 현실적인 보험료보다 다소 높은 수정안을 제시해야 오히려 가망고객의 만족도를 높일 수 있다.

• 현실적으로 납입 가능한 보험료를 협의한 후 동의를 가정하고 종결 단계로 들어간다.

일반적으로 가망고객이 매월 저축 가능한 금액의 1/3 정도가 적당한 보험료 수준이다. 보험료에 맞추어 보험설계안을 조정한 후 청약서에 기입할 질문을 하면서 종결로 들어간다. "보험 수익자는 사모님으로 할까요, 아니면 자녀들로 할까요?" 등이 적당한 질문이다. 가망고객이 대답을 하면 바로 청약서 작성으로 들어가고, 대답을 하지 않으면 거절처리를 한 후 종결을 시도한다.

설득력을 향상시키는 유용한 기술

가망고객이 판매 권유 · 설명에서 재미를 추구하는 것은 아니지만, 같은 내용이라도 전달하는 보험컨설턴트가 얼마나 호감이 가게 설명하는가에 따라 효과가 천차만별이다. 이것은 보험컨설턴트가 얼마나 가망고객의 주의를 집중시키면서 판매 권유 · 설명을 할 수 있는가 하는 설득 기술의 문제다. 유능한 보험컨설턴트는 판매 권유 · 설명을 쉽고 재미있게 진행한다. 그들이 즐겨 사용하는 기술은 다음과 같다.

1. 침묵을 활용한다.

쉬지 않고 계속 이야기하거나 빠른 어조로 이야기하는 보험컨설턴트는 설득력이 떨어진다. 발음이 부정확한 경우도 물론이다. 어떤 보험컨설턴트들은 침묵하는 것이 불안하게 느껴져 다음 이야기로 넘어갈 때 "음", "에 또", "그러니까" 등의 군말을 버릇처럼 쓰기도 한다. 이런 경우도 자신감이 없어 보이기 때문에 설득력이 떨어진다.

자신감 있어 보이는 방법은 판매 권유 · 설명의 시작과 끝, 새로운 화제로 넘어가기 직전과 직후에 의식적으로 수초 동안 침묵을 활용하는 것이다. 이런 침묵은 가망고객으로 하여금 보험컨설턴트가 대단히 자신감 있고, 체계적인 판매 권유 · 설명을 한다는 느낌을 준다. 또한 말을 하기 전의 침묵은 앞으로 무슨 말이 시작될까 하는 기대감을 주고, 말을 마친 후의 침묵은 정말 그런가 하고 생각할 시간 및 반응할 기회를 줌으로써 가망고객의 주의를 집중시키는 효과가 있다.

특별히 중요한 이야기를 할 때에는 이야기 전후의 의도적인 침묵과 함께 보다 분명하고도 느린 발음으로 이야기하는 것이 설득력을 더하게 된다. 자신의 판매 권유 · 설명 내용을 녹음하여 들어보면서 침묵을 활용하는 연습을 할 필요가 있다.

2. 비유를 활용한다.

비유는 가망고객으로 하여금 이야기의 핵심을 쉽게 이해하도록 돕는다. 특히 비유의 내용이 가망고객의 직업이나 환경, 경험 등과 일치하는 내용이라면 더욱 효과가 크다. 또한 비유는 전문적인 보험용어를 쉬운 말로 풀어 줌으로써 이야기의 내용을 지루하지 않고 흥미 있게 느끼도록 만든다. 가망고객은 보험용어에는 별로 관심도 없고 이해도 부족하기 때문에 비유를 많이 활용하는 보험컨설턴트가 환영을 받는다. 보험컨설턴트는 말하고 싶은 내용을 가망고객이 쉽게 이해할 수 있는 비유로 바꾸어 표현하는 연습을 할 필요가 있다.

3. 드라마틱하게 표현한다.

모든 이야기에는 항상 주인공이 있고, 여러 가지 갈등과 장애물이 있으나 결국 모든 난관을 극복하고 해피엔딩으로 끝난다. 이것이 드라마의 속성이다. 판매 권유 · 설명에도 가망고객과 그 가족이 주인공들로서 보험 가입을 하지 않을 때의 문제점, 보험 가입을 방해하는 각종 방해요인들이 있지만, 궁극적으로는 모든 방해요인들을 슬기롭게 극복하고 보험에 가입하여 만족스럽고 평화로운 마음으로 생활하는 모습을 드라마틱하게 묘사하는 방법이다. 보이지 않는 보험상품을 생생하게 느낄 수 있도록 해 주고 가망고객으로 하여금 해피엔딩의 주인공이 되고 싶다는 생각을 갖게 함으로서 성공률을 높일 수 있다. 따라서 보험컨설턴트의 역할이 프로듀서의 역할과 같다고 말하기도 한다.

4. 예화를 사용한다.

가망고객과 비슷한 사례를 가진 사람들의 예는 커다란 설득력을 갖는다. 가망고객이 알 만한 사람이나 기존고객 또는 보험컨설턴트 자신의 경험을 이야기해 주는 것도 큰 효과가 있다. 텔레비전이나 라디오 방영 내용, 신문기사를 곁들이면 더욱 효과적이다.

5. 가망고객의 부담보다는 누릴 수 있는 혜택을 집중적으로 설명한다.

가망고객이 진심으로 듣고 싶어하는 것은 '이 보험상품이 어떤 혜택을 주는가?' 이다. 보험금이 아무리 크다 해도 자신에게 별 도움이 안 된다고 생각하면 가입하지 않을 것이다. 물건을 바겐세일한다고 해서 필요없는 사람이 무조건 사지는 않는 것과 마찬가지 이치다. 단순히 보장 내용이나 보험료가 상대적으로 저렴하다는 이야기보다는 보험을 가입했을 때 느낄 수 있는 사랑과 애정, 만족감, 안도감, 마음의 평화 등에 대해 이야기하는 것이 보다 설득력 있다.

6. 유머를 잃지 않는다.

아무리 고집스러운 가망고객을 만나거나 어려운 상황에 처해도 당황하거나 얼어붙지 말고 유머를 활용할 수 있어야 한다. 보험은 유형상품이 아닌 무형상품이므로 가망고객의 마음에 호소함으로써 구매동기를 자극해야 한다. 유머는 긴장감을 해소하고 상황을 반전시켜 주는 효과가 있다. 웃음을 잃지 않는 보험컨설턴트는 자신감이 있어 보이고 호감을 주므로 피플 비지니스에서 유리한 위치를 갖게 된다. 하나의 판매 권유·설명이 실패로 끝났다고 보험컨설턴트의 인생이 끝나는 것은 아니다. 힘들수록 웃는 습관을 들여라.

판매 권유 · 설명의 세부 요령

1. 면담 분위기를 조성한다(Relax).

비록 2차 면담약속을 하기는 했지만 가망고객은 아직도 보험 가입을 강요할지 모른다는 부담감 때문에 마음을 열지 않을지도 모른다. 따라서 초회면담을 할 때와 마찬가지로 긍정적인 이야기를 통해서 가망고객의 마음을 풀어 주는 것이 필요하다. 반드시 보험에 가입할 필요가 없다는 이야기는 가망고객을 안심시켜 주는 효과가 있다.

- 지난번에 만났을 때보다 훨씬 좋아 보이십니다. 지난번에 선생님을 만나 뵙고 나서 참 좋은 분을 알게 되었다는 생각에 기분이 좋았습니다. 그래서 그런지 선생님을 만난 후 몇몇 가정을 더 보장해 드렸습니다. 선생님 가족을 위한 재정안정 보장계획을 설계하면서 나름대로 최선을 다했습니다. 무엇보다도 선생님께 큰 도움이 되었으면 하는 바람입니다. 물론 채택 여부는 전적으로 선생님께 달려 있는 것이므로 부담 없이 잘 들어 주시기 바랍니다.

2. 고객상황조사 내용을 요약한다.

가망고객은 초회면담 시의 내용을 잘 기억하지 못한다. 혹시 기억한다 해도 생명보험의 필요성에 대한 열의가 식은 상태이므로 다시 한번 확인시켜 줄 필요가 있다.

- 선생님의 가족을 위한 재정안정 보장계획의 기초가 되는 정보에 대해 다시 한번 확인해 보겠습니다. 현재 사모님이 35세, 정민이가 8세, 수정이가 5세고, 월 생활비는 150만 원 정도가 필요하며, 정민이는 대학원까지 수정이는 대학까지 교육시키겠다고 하셨습니다. 결혼은 정민이가 28세, 수정이는 25세 정도로 생각하셨고, 주택자금은 5년 후에 1억 정도가 더 필요하다고 하셨습니다. 보험 가입은 현재… (설문지 내용 중 중요한 부분을 점검한다) 어떻습니까? 지금 설명해 드린 내용이 정확합니까? 혹시 수정하시거나 추가하실 내용이 없습니까? 예, 감사합니다. 그러면 이 내용을 가지고 먼저 선생님 가족이 향후 필요한 자금 현황에 대해 분석해 드리겠습니다.

3. 가망고객의 연도별로 필요한 자금과 누계 필요자금에 대해 설명하고, 필요자금이 없거나 부족할 시에 발생하는 문제점에 대해 인식시킨다.

판매 권유·설명의 각 단계를 고객의 구매심리와 연결해 볼 때 첫째 단계가 불신감 제거, 둘째 단계가 관심 유발이 목표라고 한다면 셋째 단계는 불만족을 불러일으키는 것이 목적이다. 불만이 있어야 해결하려는 욕망이 생기기 때문이다.

- 선생님의 가족이 현재 갖고 계신 꿈과 목표를 달성하며 살아가시는 데는 여러 가지 자금이 필요합니다. 먼저 연도별로 매년 다음과 같이 월정 생활자금, 교육자금, 결혼자금, 주택자금, 사후정리자금, 긴급예비자금, 노후생활자금 등 크기 및 필요 시기에 따

라 달라집니다. (연도별 필요자금 관련 자료 제시)

물론 이 자금들은 선생님께서 가장으로서 향후 벌어들일 수입으로 해결해 가실 것입니다. 수입이 필요자금보다 많아지면 좀더 쉽고 편안하게 가족을 돌보시게 되는 것이고, 수입이 필요자금보다 적어지면 어려움을 겪게 되는 것입니다. 가장의 수입능력은 가족의 미래에 대단히 중요합니다. 자본주의 사회에서는 행복도 어느 정도의 수입이 있어야만 가능하다고 합니다.

그런데 대부분의 가장들이 자신의 갑작스러운 사망이나 질병에 의해 소득이 중단되는 경우를 생각해 보지 않기 때문에 당연히 갑작스런 소득 중단에 대비한 해결책을 준비하지 않습니다. 그래서 가장에게 예기치 못한 사고가 발생하면 사랑하는 가족은 꼼짝없이 엄청난 혼란과 불행에 처하게 되는 것입니다. 어떻습니까? 그렇게 생각하지 않으십니까?

따라서 현명한 가장은 갑작스런 소득 중단에 대비하여 가족을 보호할 대책을 생각하기 시작했습니다. 그러기 위해서 먼저 알아야 할 금액이 가장의 유고 시에 필요한 누계 필요자금입니다. (누계 필요자금 관련 자료 제시)

가장의 유고 시에도 이 금액만 확보되어 있으면 최소한 가족의 경제적인 충격만큼은 방지할 수 있는 것이죠. 현시점에서 선생님의 가족에게 필요한 누계금액은 다음과 같습니다. 시간이 지날수록 줄어드는 것은 그만큼 선생님께서 소득을 얻어 필요자금을 충당해 나가기 때문입니다.

만약 이 누계 필요자금이 준비되지 않은 상황에서 가장에게 불행한 사고가 발생한다면 어떤 일이 발생하는지에 대해 생각해 보겠습니다.

먼저 월정 생활자금이 없다면 어떻게 될까요? 일반적으로 자녀를 키우던 전업주부가 직장을 구하는 것은 대단히 어렵습니다. 이제 막 학교를 졸업한 미혼 여성에 비해 크게 불리하기 때문에 안정적이고 전문적인 일을 얻기가 쉽지 않습니다. 일하는 시간이나 강도에 비해 소득이 적은 일들이 대부분입니다.

다행히 직장을 얻었다 해도 사랑하는 자녀들을 돌보는 문제가 발생합니다. 아버지가 없는 상태에서 집에 돌아올 때 반겨 줄 엄마마저 없는 쓸쓸한 환경은 자녀들의 정서에 큰 영향을 미칩니다.

혹 직장을 구하지 않고 재혼을 하는 방법도 있겠으나 자녀가 있는 미망인이 능력 있는 배우자를 구하는 것도 우리나라에서는 쉽지 않습니다. 대부분의 남편들은 부인이 재혼하는 것을 원하지도 않지요. 그렇지 않습니까?

친정이나 시댁에 들어가 사는 것도 좋은 방법은 아닙니다. 따라서 월정 생활비 정도는 최소한 가장이 마련해 놓아야 할 의무가 있다고 생각합니다.

그리고 교육자금이 없다면 어떻게 될까요? (가망고객의 성향에 따라 중요하다고 생각하는 자금들에 대해 부족 시 발생할 수 있는 문제점을 설명함으로써 불만족을 불러일으킨다.)

이런 누계 필요자금에서 선생님의 현재 준비자금을 차감한 것이 필요보장자금이며, 이 필요보장자금에 대한 대책을 세워야 하는 것입니다. 선생님 가족의 필요보장자금은 다음과 같습니다. (필

요보장자금 관련 자료 제시)

어떻게 생각하십니까? 의외로 많은 금액이지요? 바로 이 금액이
준비되어 있지 않기 때문에 가장의 유고 시 남은 가족이 고통을
당하는 것입니다.

**4. 가망고객의 문제점에 대한 이상적인 해결책으로서 보험설계안을 제시
한다.**

이 단계는 가망고객의 구매심리 중 욕망을 불러일으키는 단계로서,
처음에는 이상적인 원안을 제시하고 나중에 현실적인 수정안을 제시
한다. 상품의 내용 설명, 즉 보험금 지급액에 대한 설명에 그쳐서는
안 되며 보험금을 통해 해결할 수 있는 자금내역 및 그에 따르는 안도
감 등 보험에 가입했을 때의 효용과 가치에 대해 집중적으로 설명해
야 한다.

● 제가 선생님의 가족에게 닥칠지 모르는 불행을 완벽하게 보장해
줄 수 있는 재정안정 보장계획을 설계해 왔습니다. 이 재정안정
보장계획 하나만 가입하시면 가족에 대한 모든 책임을 다하시는
것입니다. (이상적인 보험설계 원안 제시)
왜 이 플랜이 완벽한 해결책인지에 대해 말씀드리겠습니다. 선생
님께서 이 플랜에 가입하신 이후에 발생할 수 있는 상황은 크게
네 가지입니다. 선생님께서 사망하시거나, 오래 사시거나, 고도
장애가 되시거나, 중간에 더 이상 보험을 유지할 수 없어 중단해
야 할 경우입니다. 어떻습니까? 그 외의 다른 경우가 또 있을까

요? 이 플랜은 네 가지 경우 각각에 대해 보장을 해 드립니다.

① 사망하는 경우

● 이 플랜은 가장 사망 시에 일시금 3억 원과 함께 사모님이 60세
가 되실 때까지 매월 150만 원의 월정 생활자금이 지급됩니다.
일시금 3억 원은 선생님의 사후정리자금 2천만 원, 주택자금 1억
원, 두 자녀분들의 교육자금 1억 원, 결혼자금 8천만 원 등으로
활용이 가능하여 가족이 안심하고 생활하실 수 있습니다. 따라서
가족은 가장을 잃은 슬픔 가운데서도 선생님의 가족을 위한 헌신
을 생각하며 용기를 얻게 될 것입니다.
또한 선생님께서 재해로 사망하실 경우에는 이 금액 외에 3억 원
이 추가로 지급됩니다. 이 금액은 갑작스러운 사고에 대한 정신
적 충격을 보상하는 측면도 있겠으나, 그보다는 선생님이 가해자
가 되어 보상금 지급이 필요하거나 치료비가 필요하게 될 때 가
족을 위해 준비하신 자금들이 전용되는 것을 방지하기 위한 이중
잠금장치의 기능이 더 크다고 하겠습니다. 물론 그렇지 않은 경
우에는 가족이 더욱 유용하게 활용하실 수 있게 되겠지요. 어떻
습니까? 이만하면 완벽하다고 생각하지 않으십니까?

② 오래 사는 경우

해약환급금이나 만기환급금이 있는 경우에는 지급 내용을 설명한다.
종신보험의 경우에는 다음과 같이 설명할 수도 있다.

- 선생님께서 무사히 건강하게 70세(60세, 65세)가 되셨을 경우에 더 이상 보장이 필요 없다고 느끼셔서 해약을 원하신다면 해약 환급금으로 _____원을 받으실 수 있습니다.

  그러나 제가 권해 드리고 싶은 방법은 보험을 해약하시는 대신 그때까지 준비된 재산들을 정리하여 노후자금으로 활용하시고, 이 보험금을 자녀들에게 남겨 주시는 것입니다. 사실 노인이 노후자금을 걱정하는 것은 그때까지 준비된 재산을 자녀들에게 남겨 주기 위해 자신의 노후자금으로 활용할 수 없기 때문입니다. 이 보험이 그 문제점을 해결해 드릴 수 있습니다.

  실제로는 이 보험을 유지하신 많은 분들이 자신의 노후자금도 충분히 준비하시기 때문에 보험을 사회에 장학금 등으로 환원하시는 경우도 있습니다. 그만큼 계획적으로 생활하시는 분들이기 때문이지요. 어떻습니까? 오래 사시는 경우에도 충분한 보장이 되지 않습니까?

③ 고도 장애가 되는 경우

- 선생님께서 1급 장해가 되시는 경우에는 사망 보험금을 지급하고 2, 3급이 되신 경우는 이후의 보험료 납입이 면제됩니다. (상품 내용에 따라 각종 질병 특약 등 급부 내용에 대해 설명한다.) 재해상해의 경우는 장해 급수에 따라 재해상해 급부금이 지급됩니다.

④ 보험을 중단해야 할 경우

- 물론 플랜을 조기 중단하실 경우에는 큰 도움을 드릴 수가 없습니다만, 어느 정도 유지하신 이후라면 그때까지의 해약환급금을 활용하여 보장을 지속함으로써 단기간의 어려움을 극복하거나 감액 완납보험 또는 연장 정기보험으로 변경하실 수 있습니다.

  보험을 중단하시고 해약환급금을 현금으로 활용하실 수도 있습니다. 어떻습니까? 이 정도라면 장래에 발생할 수 있는 모든 경우에 대해 다 보장이 되겠지요?

5. 가망고객의 보험료 납입 가능 여부를 확인하고 현실적인 수정안을 제시한다.

- 지금까지 설명드린 플랜의 월 보험료는 ＿＿＿원입니다. 어떻습니까? 가족의 미래 보장을 위해 이 정도의 희생이 가능하시겠습니까? (납입이 가능하다고 판단되면 동기부여를 하고 종결 과정 단계로 들어간다.)

  전혀 불가능하시다고요? 예, 물론 그러실 수 있지요. 사실 이 금액을 처음부터 완벽하게 보장하시는 분들이 그렇게 많지는 않으십니다. 마치 가족에게 이상적으로 필요한 아파트는 50평짜리지만 경제적인 여건상 일단 32평짜리로부터 시작한 후 차차 자금을 준비하여 늘려 가는 것과 마찬가지입니다. 그래서 제가 선생님의 재정상황을 고려하여 현실적으로 최적의 안이라고 생각하는 플랜을 하나 더 준비했습니다. 일단은 이 플랜부터 시작한 후에 차차 재정상황이 좋아지면 늘려 나가는 방안을 검토하시는 것이 좋다고 생각합니다. (수정안의 보험금 지급 내용을 설명하고, 그 보험금액이 우선적으로 해결해 줄 수 있는 필요자금 내역을 설명한다. 가망고객과의 상담을 통해 실제로 납입 가능한 보험료 및 보험 금액을 확정한다.)

6. 보험에 가입할 수 있도록 동기를 부여한 후 종결 단계로 들어간다.

가망고객이 제시된 보험상품 설계 내용에 만족했다 하더라도 막상 가입하기까지는 인간의 기본적인 약점들 때문에 망설이게 되므로 동기를 부여해 종결 단계에 들어가야 한다.

- 수익자는 사모님으로 하는 것이 좋으시겠지요?" 등 동의를 가정하는 질문을 함으로써 종결을 시도해 본다.

프레젠테이션에 대한 스트레스 줄이는 법

1. 사전에 철저하게 준비하라.

논리적이고 감정적인 대본, 요점을 일목요연하게 보여 주는 자료, 눈 감고도 술술 이야기할 수 있는 사전 리허설 등의 준비가 없이는 고객을 감동시킬 수 없다. 자신이 무슨 말을 어떻게 해야 할지 모를 때 긴장은 극대화된다. 결코 성공을 운에 맡겨서는 안 된다. 치밀한 사전 준비를 통해 고객을 감동시키면 그 고객은 당신에게 충실한 협력자가 되어 보답할 것이다.

2. 고객은 당신이 무슨 말을 해야 하는지 모른다.

혹시 설명 도중 실수했다 해도 당황할 필요가 없다. 왜냐하면 고객은 당신이 실수한 것조차 모르기 때문이다. 애초에 생각했던 대로 이야기가 진행되지 않더라도 느긋하게 계속 진행하라. 어떤 이야기를 하든 고객에게는 처음 듣는 이야기이고 신기한 내용들이다. 보험에 대해서만큼은 무조건 보험컨설턴트가 고객보다 전문가다.

3. 편안하게 진행하라.

전문성을 보여 주어야 한다고 해서 무조건 딱딱하고 심각해야 하는 것은 아니다. 자유롭게 의견을 교환하고, 평범하고 일상적인 용어를 사용하라. 자신의 특성을 살려 편안하게 대화하라. 듣는 사람이 부담스럽지 않도록 자연스럽게 대화를 진행하되 전문가답게 목표를 향해 방향을 유도해 나간다. 보험 가입을 유도할 생각이 전혀 없다는 태도를 유지해야 한다.

4. 비상사태에 대비하라.

갑자기 노트북이 고장날 수도 있고 배터리가 나갈 수도 있다. 시간이나 분위기상 길게 설명할 수 없는 때도 있다. 또 갑자기 끝내야 할 때 등의 비상사태에 대비해 요약된 설명자료 등을 항상 준비해야 한다. 당황은 절대 금물이다.

종결
(Close)

종결이란 "가망고객의 추가적인 거절을 처리하고 청약서 작성을 유도하는 체계적인 시도"라고 정의할 수 있다. 이는 마치 축구 경기에서 골문을 향해 슈팅을 시도하는 것과 마찬가지다. 축구의 모든 공격전술과 연습의 목적이 결국 슈팅을 하여 골을 얻는 데 있는 것과 같이, 세일즈 프로세스의 모든 과정의 목적은 종결을 위한 것이라고 말할 수 있다. 따라서 보험컨설턴트는 세일즈 프로세스를 진행하는 전 과정 중에서 항상 종결을 하기 위한 기회를 찾아 내어 종결을 시도해야 한다.

효과적인 종결을 위해서는 가망고객의 구매심리를 알아야 한다. 일반적으로 문제해결을 위한 욕망을 느끼고 있는 가망고객이 가입 결정을 망설이는 데는 크게 두 가지 심리가 작용한다.

첫째, 꼭 지금 가입해야 하는가 하는 의문이다.

이 의문은 인간의 기본적인 약점인 결정을 뒤로 미루려는 성향에서 비롯된다. 결정을 내리는 것을 주저하며, 나중에 좀더 생각해 보고 경제적 여유가 있을 때 가입하겠다는 심리다.

이 의문을 풀어 주는 방법은 지금이 보험 가입의 가장 적절한 시기이며, 기회를 놓치면 영원히 보험 가입이 불가능할지도 모른다는 사실을 인식시켜 주는 것이다. 시간이 흘러 수입이 많아진다 해도 지출이 덩달아 늘어나기 때문에 실제로 경제적 여유는 그때나 지금이나 크게 변함이 없다는 점을 알려 주는 것도 좋은 방법이다. 보험 가입을 미루다가 낭패를 당한 사람들의 이야기가 효과적이다.

둘째, 더 좋은 다른 대안은 없을까 하는 의문이다.

이 의문은 혹시 잘못된 결정을 내릴까 봐 두려워하는 성향에서 비롯된다. 이 의문에 대한 해답은 보험에 가입하는 것이 가망고객 본인과 가족에게 얼마나 합리적이고 중요한 결정인가를 인식시켜 주는 것이다. 보험의 효용과 가치를 다시 한번 강조하고 보험을 통해 가족을 지킨 사례들을 이야기하는 것이 효과적이다.

판매 권유 · 설명을 하던 중에 가망고객의 반응과 대답을 주의 깊게 살펴보다가 보험에 가입할 마음이 있는 것으로 판단되면 주저 말고 종결을 시도해야 한다. 종결의 신호가 왔는데도 기회를 알아차리지 못하고 계속 준비된 이야기만 하는 것은 시간 낭비다.

일반적으로 종결의 신호를 포착하게 되면 판매 권유 · 설명을 중단하고 가망고객의 보험 가입 저해요인을 사전에 제거한 후 묵시적 동의로 종결을 시도한다.

● 지금까지 이 플랜의 효용과 가치에 대해 말씀드렸습니다. 어떻습니까? 보장 내용이 마음에 드시는지요? 그런데 많은 분들이 보장 내용을 마음에 들어 하시면서도 '꼭 지금 가입할 필요가 있겠는가' 라는 의문을 갖고 좀더 생각해 보고 가입하고 싶어하십니다. 그분들은 보험을 아무 때가 가입할 수 있는 것으로 오해하고 계신 것입니다.

보험에 가입하시려면 첫째는 건강해야 하고, 둘째는 보험의 필요성을 통감해야 하며, 셋째는 보험컨설턴트가 그 자리에 있어야 한다는 세 박자가 맞아야 합니다.

첫째 조건으로, 선생님은 지금 건강해 보이십니다만 간기능 수치 등을 검사해 보지 않으면 결과를 모릅니다. 어제까지 건강하시던 분이 갑자기 건강이 나빠져 보험에 가입하지 못하는 경우를 종종 봅니다.

둘째 조건은, 선생님께서 지금은 보험의 필요성을 통감하시지만 내일이면 새까맣게 잊어버리실 겁니다. 생활이 너무 바쁘기 때문이지요. 실제로 가장 가까운 친구가 사망한 것을 보고 곧장 보험에 들어야겠다는 생각을 했다가도 생활로 돌아가면 금방 잊어버리게 되는 것이 사람입니다.

마지막으로, 선생님께서 보험에 가입하시고 싶을 때는 제가 그 자리에 없을지도 모릅니다. 그래서 많은 가장들이 보험의 필요성을 인정하면서도 기회가 없어 보험에 가입하지 못하는 것입니다.

가장이 보험에 가입하지 않아서 피해를 보는 것은 그들의 가족일 뿐입니다.

어떤 분들은 지금은 경제적으로 여유가 없으니까 나중에 좀더 수입이 나아지면 가입하고 싶다고 말씀하십니다. 그러나 생각해 보십시오. 선생님의 수입은 5년 전에 비해 크게 나아졌지만 수입 증가에 따라 지출 항목도 늘어나서 경제적 여유는 그대로가 아닙니까? 시간이 지나도 경제적으로 여유가 없기는 마찬가지고, 건강이 나빠지고 나이가 많아지면 보험료도 비싸지기 때문에 점점 보험 가입이 어려워집니다. 따라서 보험이 필요하다고 생각하셨을 때는 일단 가입하고 나서 더 깊이 생각해 보시는 쪽이 현명한 방법입니다. 어떻습니까? 보험 수익자는 사모님으로 하시는 편이 좋겠지요?

종결 단계는 보험컨설턴트의 기술보다 신념이 아주 중요하게 작용하는 대목이다. 가망고객의 가족을 생각한다면 가망고객이 일단 보험 가입을 했다가 청약철회를 하는 한이 있어도 보장이 없는 상태로 놓아두는 것보다 훨씬 낫다. 종결에 실패하여 청약서 작성을 안 하면 아무런 기회조차 없기 때문이다. 실제로 보험을 가입한 후 18시간 만에 사망하여 10억 원의 보험금을 지급받은 사례는 종결의 중요성을 말해 준다. 노트르담 대학의 연구결과에 의하면 호의적인 고객의 60퍼센트가 다섯 번의 종결 시도를 거쳐 가입한 사람들이라고 한다.

종결의 신호

① 흥미를 나타내는 말이나 행동을 한다.

보험컨설턴트가 설명하는 내용에 대해 좋다고 동의하거나 자료를 들고 자세히 살펴보는 행동을 할 때 종결을 시도한다.

② 질문을 한다.

보험을 가입한 이후의 상황에 대해 질문하거나 보험 내용에 대해 구체적인 질문을 할 때 그 질문에 답한 후 종결을 시도한다.

③ 거절을 한다.

대부분의 거절은 시간을 벌기 위한 것이거나 보험컨설턴트의 설명 내용을 확신하지 못하기 때문이다. 거절에 대해 극복한 후 종결을 시도한다.

④ 상품의 좋은 점에 대해 동의를 한다.

상품의 좋은 점에 대해 가망고객의 니즈와 연결시켜 설명한 후 종결을 시도한다.

⑤ 표정이나 목소리, 자세에 변화를 나타낸다.

가망고객의 눈이 커지거나, 미소를 짓거나, 목소리가 부드러워지거나, 가깝게 다가올 때는 종결을 시도한다.

⑥ 망설인다.

가망고객이 생각에 잠기거나 망설일 때는 보다 자신 있는 태도로 종결을 시도한다.

종결 기법

1. 묵시적 동의 기법/양자택일 기법(Assumed Consent Close/The Alternative Close)

가망고객이 이미 보험에 가입하기로 결정했다는 가정하에서 두 가지 조건 중 하나를 선택하도록 종결하는 기법이다. 종결 기법에서 가장 기본적인 것으로 가망고객에게 직접 보험에 가입하라고 말하지 않고 간접적으로 의사를 묻는 것이기 때문에 결정적인 거절을 당할 위험이 없다. 양자택일 기법에 성공하면 청약을 얻게 되지만, 실패하더라도 잃을 것은 아무것도 없다. 가망고객이 아직 결정하지 않았다고 대답하더라도 계속해서 설명을 해 나가면 된다.

"보험 수익자는 사모님으로 할까요? 아니면 자녀분으로 할까요?"
"보험료 납입은 자동이체가 좋을까요? 아니면 지로가 좋을까요?"

2. 요약 기법(The Summary Close)

보험 가입 시에 가망고객이 누리게 될 모든 혜택을 요약하여 설명한 후 묵시적 동의 기법으로 종결한다.

- 지금까지 말씀드린 바와 같이 선생님께 필요한 모든 자금을 완벽하게 보장해 드립니다. 이 플랜이야말로 선생님께 최적의 상품설계안으로 크게 만족하시리라고 생각합니다. 어떻습니까? 수익자는 사모님으로 하는 것이 좋으시겠지요?

3. 예화 기법(The Testimonial Close)

가망고객에게서 잘못된 결정을 내리는 것이 아닌지 하는 두려움을 제거하고 현명한 결정을 했다는 안도감을 주기 위해 보험 가입으로 혜택을 받은 사람들의 이야기를 한 후 묵시적 동의 기법으로 종결한다.

4. 비유 기법(The Analogy Close)

보험컨설턴트가 제시한 보험을 보험이 아닌 다른 제안을 한 것으로 비유하여 설명한 후 묵시적 동의 기법으로 종결한다.

- 정부에서 새로운 국민복지제도를 시행한다고 가정해 봅시다. 가장의 사망으로 인해 발생하는 소년소녀 가장 문제를 근본적으로 해결하기 위해 앞으로 가장이 사망하면 그 가정의 생활비를 정부가 지급하고, 유자녀의 대학 교육까지 장학금을 지급하며, 일정 수준의 결혼자금도 지급합니다. 주택 문제도 해결해 주고, 장례비 · 병원비는 물론 대출금까지 갚아 주는 복지제도를 실시하는 것입니다. 자녀들이 결혼하여 분가하면 미망인의 노후자금도 지급해 줍니다.

  그 대신에 가장은 매월 소득의 10퍼센트씩을 세금으로 납부해야 합니다. 만약 정년까지 가장에게 아무 일도 발생하지 않을 경우에는 본인이 원하면 납입원금을 다시 돌려주거나 상당금액을 상속재산으로 가족에게 남겨 줄 수 있습니다.

  이러한 획기적인 복지제도가 있다면 어떻게 하시겠습니까? 기꺼이 정부의 복지제도에 가입하실 것입니다. 다만 정부가 확실히 그 약속을 지킬 것이라는 확신만 가질 수 있다면 말입니다. 제가 지금 제시한 플랜이 바로 그런 것입니다. 어떻습니까? 수익자는 사모님으로 하는 것이 좋으시겠지요?

5. 요청 기법(The Ask Close)

가망고객이 계속적으로 거절할 때 활용하는 종결 기법으로, 어떻게 하면 가입하겠는지를 물어보고 가입을 요청하는 방법이다. 가망고객의 숨겨진 거절 이유를 찾아 내고 보험컨설턴트의 끈기를 보여 주는 효과가 있다. 요청을 해 보고 거절당하는 편이 요청도 안 해 보고 포기하는 것보다는 무조건 낫다.

가망고객의 세 가지 거절

거절은 세일즈 프로세스의 모든 과정에 걸쳐 발생하기 때문에 세일즈 프로세스의 단계에는 포함시키지 않는다.

거절 없이 일사천리로 이루어지는 보험판매는 보험컨설턴트라면 누구나 소원하는 것이다. 그러나 그것은 축구선수가 슈팅할 때 수비수나 골키퍼가 없기를 기대하는 것만큼이나 비현실적인 바람이다. 거절이 있기 때문에 보험컨설턴트가 되려는 사람이 적은 것이며, 그것을 극복하기 위해 기술이 필요한 것이다.

거절은 모든 사람의 본능적인 반사행동이다. 혹시 잘못된 결정을 하면 어쩌나 하는 두려움 때문에 좀더 생각할 시간을 벌고 싶어지는 것이다. 따라서 대부분의 거절은 두려움의 표시일 뿐이므로 심각하게 받아들일 필요가 없다. 어떤 성공한 보험컨설턴트는 거절은 "개를 키우는 집의 문을 두드리면 안에서 개가 짖는 것과 마찬가지로 지극히 자연스러운 현상이다."라고 말한다. 초보적인 보험컨설턴트는 개가 짖으면 겁을 먹고 도망가지만, 노련한 보험컨설턴트는 침착하게 개의 상황을 파악하여 그 다음 취할 행동을 결정하는 것이다. 예를 들어 개가 묶여 있거나 작은 개이면 무시하고 들어가고, 개를 풀어 놓았거나 큰 개이면 주인을 부를 것인지, 먹을 것을 주어 잘 달랠 것인지, 다음 기회를 기약할 것인지 결정하면 된다.

가망고객의 거절은 크게 세 가지로 분류할 수 있다.

1. 경계심에서 나오는 거절

보험컨설턴트나 보험에 대한 선입관, 편견에서 나오는 거절로서 주로 접근 단계나 면담 초기에 많이 나타난다. 별로 큰 의미가 있는 것이 아니므로 그냥 무시하고 진행하는 것이 좋다.

2. 보험에 대한 이해 부족에서 나오는 거절

주로 면담 중간에 나오는 거절들이다. 거절의 내용이 면담 내용과 연관되면 간단하게 대답하고 넘어가도 좋겠지만, 대부분 면담의 흐름을 방해하게 되므로 나중에 대답하겠다고 뒤로 미루고 계속 진행하는 것이 좋다.

3. 실제로 문제가 되는 거절

주로 판매 권유·설명을 마친 후나 종결 시에 나오는 거절들이다. 거절의 진정한 이유를 파악하고, 가망고객이 올바른 결정을 내리도록 도와야 한다. 보험에 가입하는 것이 현명한 결정이라는 확신을 갖도록 해 주어야 한다.

가망고객의 거절 내용은 크게 다섯 가지로 분류할 수 있으므로 각각에 대한 대응법을 준비하여 효과적으로 활용해야 한다.

① 보험에 가입할 여유가 없다. (금전적인 이유)
② 좀더 생각한 후에, 아내와 상의한 후에 가입하겠다. (결정의 연기)
③ 앞으로 어떻게 될지 모른다. (장래에 대한 불안)
④ 아는 사람이 다른 보험회사에 있다.
⑤ 저축이나 주식이 투자에 더 유리하다.

통계에 의하면 70퍼센트의 세일즈맨이 1회째의 거절에 단념하고, 5퍼센트만이 5~6회째의 거절을 처리한다고 한다. 성공한 보험컨설턴트들은 거절을 가장 많이 당해 본 사람들이다.

효과적인 거절처리 기법

첫째, 사전에 고객이 거절할 요소를 제거한다.
가장 좋은 거절처리 방법은 보험컨설턴트가 사전 계획된 판매 권유·설명을 통해 가망고객이 거절할 만한 요소들을 미리 제거하는 것이다.

가망고객은 면담하는 동안 스스로 해답을 찾게 되고, 거절을 하더라도 강도가 약해진다.

둘째, 거절에 대해 환영하며 감사한다.

거절한다는 것은 가망고객이 보험 가입에 관심이 있다는 표현이다. 관심 없는 일에 대해 누가 문제제기를 하겠는가? 대부분의 거절은 가망고객이 걱정하는 것이나 확신을 갖지 못한 것에 대해 이야기한다. 이때 가망고객은 올바른 결정을 내리기 위해 보험컨설턴트에게 도움을 청하고 있는 것이다. 그래서 성공한 보험컨설턴트들은 고객의 거절을 질문으로 이해하기도 하고, "아니오."라는 말을 "나에게 확신을 달라."는 부탁으로 이해한다. 또한 고객이 거절하면 가장 멋진 질문을 받았을 때처럼 미소를 지으며 다음과 같이 대답하고 침묵을 지킨다.

"그것 참 좋은 지적입니다. 그렇게 솔직하게 말씀해 주셔서 감사합니다." 그러면 대부분 가망고객이 스스로 해답을 구하거나 더 자세한 거절 이유를 이야기하게 된다.

셋째, 가망고객의 의견에 동감을 표명하며 진짜 거절 이유를 확인한다.

결코 서두르며 장황하게 대답해서는 안 된다. 대부분의 답은 가망고객 자신이 이미 알고 있기 때문이다. 더욱 중요한 것은 가망고객의 진짜 거절 이유를 알아 내는 것이다.

- 잘 알겠습니다. 제가 이해하기에 지금은 경제적 여유가 없다는 말씀이시죠? 그런데 왜 그렇게 생각하시는지 말씀해 주시겠습니까?

넷째, 네 가지 기본적인 거절처리 기법 중 한 가지를 사용하고 묵시적 동의로 종결을 시도한다.

① Yes, But법
가망고객의 거절에 정면으로 반론을 제기하면 고객이 자존심을 상하게 되므로, 일단은 가망고객의 거절에 동의하고 나서 거절에 답하는 방법이다.

- 예, 잘 알겠습니다. 한 달에 10만 원을 납입하시는 일이 쉬운 일은 아닙니다. 그러나 이 보험에 가입하시면 가족이 안심하고 생활하실 수 있습니다. 지금은 10만 원이 생활에 크게 영향을 주지 않지만, 만일의 경우에는 가족의 운명을 바꾸는 큰 역할을 합니다.

② 3F법(Feel, Felt, Found)
가망고객의 거절을 반박하지 않고 제3자의 영향력을 활용하여 처리하는 방법이다.

- 왜 그렇게 생각하시는지 알겠습니다(Feel). 선생님뿐 아니라 다른 고객들도 그렇게 생각했었습니다(Felt). 그러나 막상 보험에 가입한 후에는 그것이 큰 문제가 아니었구나 하는 것을 알게 되었습니다(Found).

③ 부메랑법(Yes, Therefore)

Yes, But법과 유사한 방법이다. 차이점은 가망고객이 거절한 내용을 보험에 가입해야 하는 이유로 바꾸어 설명하는 것이다.

- 예, 잘 알겠습니다. 한 달에 10만 원을 납입하시는 일이 쉬운 일은 아닙니다. 그렇지만 바로 그런 이유 때문에 보험에 가입하셔야 하는 것입니다. 가장이 살아 있을 때에도 10만 원을 지출하기가 쉽지 않은데, 가장에게 불행한 일이 생기면 가족은 경제적으로 큰 불행에 빠지게 됩니다.

④ 재검토(Review)

가망고객의 거절내용에 대응하지 않고 보험의 이점에 대해 다시 한번 검토해 주는 방법이다. 긍정적인 것으로 부정적인 것을 상쇄하는 방법이다.

- 선생님, 이 플랜을 다시 한번 보아 주십시오. 가족의 월정 생활자금과 교육자금, 주택자금, 결혼자금을 모두 해결해 주는 완벽한 플랜입니다. 한 달에 10만 원의 보험료라면 오히려 저렴한 것이 아닐까요?

청약서 작성 후 보험료 납입을 미루는 고객 설득법

가망고객이 청약서를 작성하고도 보험료 납입을 미루려는 심리는 무엇일까? 사람은 누구나 보험 가입 결정을 뒤로 미루려 하며, 보험의 필요성을 느끼면서도 초회 보험료 납입을 연기하고자 한다. 그것은 지금 자신이 최선의 결정을 하고 있는지, 너무 성급한 결정을 내린 것은 아닌지 하는 불안감에서 나오는 것으로 지극히 당연한 일이다. 어떤 물건을 구입한 후에 혹시 바가지를 쓴 것이 아닌가 하며 후회하는 경우처럼, 보험료를 납입한 후에도 속았다 생각하고 후회하는 경우가 종종 있는데 이것도 역시 당연하다.

가망고객 설득에 성공했으나 초회 보험료를 못 받는다면, 그것은 판매 코스트 및 시간을 두 배 이상 투입하는 결과를 낳는다. 다음에 다시 만나서 판매하는 것은 오히려 첫 판매보다 어렵다. 왜냐하면 고객에게서 보험에 대한 절박한 느낌도 사라지고, 보험에 당장 가입하지 않아도 되는 이유를 생각해 내거나, 보험료를 다른 곳에 투자할 방법을 생각하게 되기 때문이다. 또는 주위 사람들로부터 보험에 대한 나쁜 인식이나 타사 상품이 더 좋다는 이야기를 들어 이미 마음이 변해 있을 확률도 높아진다. 따라서 초회 보험료는 반드시 받아야 한다.

초회 보험료 납입을 미루는 고객에게는 다음과 같은 설득법을 사용하면 효과가 있다.

1. 고객의 거절 내용을 이해해 준다.

- 예, 왜 그렇게 말씀하시는지 이해합니다. 보험 가입자들은 누구나 세 번 후회한다고 합니다. 첫 번째는 가입 직후에 '괜히 가입했다', 두 번째는 유지 도중에 '좀더 빨리 가입할 걸 그랬다', 세 번째는

보험금 수령시 '더 큰 것으로 가입할 걸 그랬다' 는 것이지요.

2. 보험료를 납입했다고 해서 다 끝난 것은 아니라는 점을 인식시킨다.

- 보험료를 내셨다고 즉시 가입되는 것은 아닙니다. 보험에 가입하려면 건강진단에 통과해야 합니다. 지금 보험료를 내시면 진단에서 떨어지신다 해도 그때까지 무료로 보장을 받는 셈입니다. 또한 건강진단을 받으신 후라도 15일 이내에는 언제든 청약철회를 하실 수 있습니다.

3. 극적인 이야기를 통해 동기를 부여한다.

- 최근 저희 고객 중에서 보험에 가입하신 후 18시간 만에 사망하셔서 가족에게 10억 원을 남겨 주신 분이 계십니다. 만약 청약 당시에 보험료 납입을 미루셨다면 보험금을 탈 수 없었겠지요.

4. 주위 사람에게서 보험료를 빌려 납입하도록 유도한다.

이 방법은 자연스럽게 가망고객 소개를 확보하는 일석이조의 효과가 있다.

- 제가 오늘 이 보험 계약을 입금하면 제가 3W를 달성하게 됩니다. 3W란 매주 세 분 이상의 고객을 계속적으로 모시는 기록입니다. 기왕 가입하시는 것인데 지금 초회 보험료를 주신다면 저를 도와

주시는 것이 되지요. 지금 당장 친한 친구가 만나자고 연락을 해 온다면 돈이 없어 못 나간다고 하시기보다는 옆의 동료분에게 돈을 빌려서 나가시지 않겠습니까? 바로 그런 것입니다.

소개확보
(Referred Leads)

소개확보는 성공의 절대조건

소개확보란 "고객의 개인적인 친분관계로부터 다수의 신규 가망고객을 확보하기 위한 체계적인 시도"라고 정의할 수 있다. 소개확보에 대해 많은 보험컨설턴트들이 '소개확보는 할 수만 있다면 좋은 일이다' 또는 '소개확보는 가망고객의 명단을 입수하고 정리하는 것이다' 라고 생각하는데 그것은 오해다.

소개확보는 하면 좋은 일이 아니라 반드시 해야만 하는 일이다. 보험컨설턴트 생활을 하면서 만나게 되는 고객의 95퍼센트 이상이 처음에는 몰랐던 사람들이다. 지인들만 찾아가려는 보험컨설턴트는 1년 이상을 버티기가 힘들다. 실패한 보험컨설턴트는 대부분 소개확보에 실패하여 찾아갈 곳이 별로 없는 것이다.

소개확보는 보험컨설턴트의 생존을 위한 산소나 피와 같다. 소개확보가 두렵다고 해서 소개확보의 습관과 기술을 습득하지 못하면 절대로 성공할 수 없다.

또한 소개확보는 단순히 고객명단을 입수하고 정리하는 것이 아니라 고객의 영향력을 활용하는 것이다. 명단을 확보했다 하더라도 고객이 지원해 주지 않으면 개척을 하는 것과 별반 다름이 없다. 매건의 청약활동이 새로운 개척과 같이 힘들다면 어떻게 보험컨설턴트 일을 오래 할 수 있겠는가? 진정한 프로로서의 성공은 고객이 보험컨설턴트의 서비스에 만족하여 다른 사람에게 추천해 줄 때에만 가능한 것이다.

보험컨설턴트 일을 오래 할수록 많은 고객이 적극적으로 주위 사람들을 추천해 주고 지원해 줌으로써 점점 일을 쉽게 해 나갈 수 있어야 한다. 소개확보는 고객 뒤에 연결되어 있는 감자줄기를 캐는 것과 같다. 만족스러워하는 한 사람의 고객과 연결되어 있는 가망고객을 조심스럽게 자신의 고객으로 모셔 오는 것이다. 잘못하여 감자줄기가 끊어지면 한 개의 감자밖에 캐지 못하여 힘들어지는 것이다.

300명 이상의 고객을 확보하고 있는 보험컨설턴트가 쉽게 3W(1주에 3건 이상의 신규 계약)를 달성할 수 있는 비결은 적어도 한 주의 계약 중 한두 건이 고객의 소개를 통해 이루어지기 때문이다.

소개를 요청해야 하는 시기는 따로 정해져 있지 않다. '그냥, 아무 때나' 요청하는 것이다. 따라서 유능한 보험컨설턴트는 소개확보의 기회 포착에 대한 경계(Awareness)를 늦추지 않는다. 즉, 모든 사람들과 대화할 때 소개확보를 염두에 두고 관련된 질문을 한다.

예를 들어 "지난 주말에 누구를 만났는가?", "요즘 가깝게 지내는 사람들은 누구인가?", "주변에 상황변화가 있는 사람들은 누구인가?" 등의 질문을 통해 정보를 얻고 소개확보를 위한 안테나를 24시간 풀 가동하여 소개를 요청하는 것이다.

그렇지만 아무래도 소개요청의 적기는 고객의 반응이 호의적일 때 다. 고객이 보험에 가입한 직후 또는 보험컨설턴트의 서비스에 만족한 직후에 소개를 요청하는 것이 가장 효과적이다.

무엇보다 중요한 것은 '단순히 소개를 요청하는' 것이다. '밑져야 본전'이라는 마음으로. "용기 있는 자가 미인을 얻는다."는 속담을 기억하라.

소개확보의 요령

1. 고객을 칭찬한다.

고객이 가족의 안정된 미래를 위해 현명하고 중대한 결정을 내린 것에 대해 축하하고, 보험 가입 과정에서 보험컨설턴트의 서비스가 만족스러웠는지… 동의를 구한다.

- 선생님께서는 이제부터 사랑하는 가족의 미래를 저희 회사의 재정안정 보장계획에 맡기신 것입니다. 또한 제 고객이 되신 것을 정말 축하드립니다. 최선을 다해 선생님 가족의 안정을 위해 봉사할 것을 약속드립니다. 그런데 이번 보험 가입 과정에서 회사

와 제 서비스가 도움이 되셨습니까?

2. 소개해 줄 이름을 요청한다.

고객이 서비스에 만족했다는 동의를 표하면 보험컨설턴트를 위해 가까운 사람들을 소개해 줄 것을 요청한다.

- 제 서비스가 도움이 되셨다니 감사합니다. 그렇다면 이번에는 선생님께서 저를 도와 주시지 않겠습니까? 제가 하는 일은 선생님과 같이 가족을 사랑하시는 분들을 만나서 저희 재정안정 보장계획에 대해 설명을 드리는 일입니다. 따라서 선생님의 소개가 저에게는 생명의 피와 같이 중요합니다. 가깝게 지내시는 분을 몇분만 소개해 주시길 부탁드립니다.

3. 보험에 가입할 대상이 아니라 단순한 이름뿐임을 강조하고 구체적인 범위를 지정해 준다.

- 물론 선생님께서 소개해 주시는 분들이 보험에 가입하실 대상자들은 아닙니다. 다만 저희 정보를 소개해 드릴 분들입니다. 그분들이 선생님처럼 정보에 만족하신다면 고객이 되실 수도 있습니다만, 그러지 않으셔도 전혀 상관없습니다. 그러니까 그분들께절대 부담을 드리지 않고, 선생님께도 폐가 되는 행동은 하지 않을 것입니다. 선생님의 입사 동기분들이나 대학 동창분들 중에몇 분만 부탁드립니다.

4. 최대한 많은 이름을 확보한다.

고객이 이름을 이야기하기 시작하면 이름에 대한 정보를 묻지 말고 계속 이름을 생각해 내도록 격려한다. 중간에 정보를 물으면 생각을 중단해 버리기 때문이다.

- 네, 감사합니다. 다른 분 또 없을까요?

5. 이름을 다 확보한 후 한 명씩 기본 정보사항을 수집한다.

일단 이름을 확보하면 여유를 가지고 한 명씩 가망고객 선정 기준에 맞추어 정보를 수집한다.

6. 고객에게 감사하고, 고객의 이름을 사용하는 데 대한 동의를 구한다.

고객이 이름을 사용하는 것을 거절하면 다음과 같이 이야기한다.

- 선생님과 제가 함께 있는 자리에 친구분이 들어오신다면 제가 선생님의 담당 보험컨설턴트라고 소개해 주시지 않겠습니까? 그것과 마찬가지입니다. 제가 선생님의 보험컨설턴트라고 소개해 주시는 것뿐입니다. 친구분께는 전혀 부담을 드리지 않을 것입니다. 제가 선생님을 처음 만났을 때와 같은 상황입니다.

7. 결과에 대해 알려 줄 것을 약속한다.

소개해 준 사람과의 면담결과를 알려 주면 고객은 보험컨설턴트를 신뢰하면서 점차 더 좋은 소개를 해 주려 하는 경향이 있다. 소개한 사람이 보험에 가입하면 기쁜 마음으로, 보험에 가입하지 않으면 미안한 마음으로 다른 사람들을 적극적으로 소개해 주게 된다.

- 이분을 만나면 면담 결과를 선생님께 빠른 시간 내에 반드시 알려드리겠습니다. 혹시 이분이 제가 전화하면 놀라실지도 모르니까 먼저 저를 소개해 주셨다고 전화를 해 주시면 더욱 감사하겠습니다.

8. 소개해 준 것에 감사하고, 보험에 가입한 것을 다시 한번 축하한다.

- 좋은 분들을 소개해 주셔서 감사합니다. 최선을 다해서 도와 주신 은혜에 보답하겠습니다. 선생님의 기대에 어긋나지 않게 더욱 훌륭한 보험컨설턴트가 되도록 노력하겠습니다. 다시 한번 제 고객이 되신 것을 축하드립니다.

보험증권 전달
(Policy Delivery)

보험증권 전달은 "고객과의 관계를 가깝게 하고, 소개를 확보하며, 만족한 니즈를 재강화하고, 만족하지 못한 니즈를 표출함으로써 보험계약의 유지 및 추가계약의 발판을 마련하기 위한 체계적인 시도"라고 정의할 수 있다.

일반적으로 사람들은 어떤 물건을 구입한 후에 다른 상점에서 그 물건의 가격을 비교해 보고 다른 사람들에게 의견을 물어보는 성향이 있다.

보험은 다른 상품과 달리 가입했다고 해서 크게 달라지는 것이 없는 무형의 상품이다. 옷을 사면 입어 볼 수 있고 자동차를 사면 달려 볼 수 있지만, 보험의 경우 유형으로 남는 것은 영수증과 청약서 부본밖에 없다.

보험컨설턴트의 설명을 들을 때에는 금방이라도 큰일이 날 줄 알았는데 자신은 건강하기만 하고… 속은 것이 아닌가 하는 기분마저 들 수 있다. 게다가 주위에서 당장 필요도 없는 보험에 왜 가입했느냐는 부정적인 말들을 듣는다면 마음이 크게 흔들리게 마련이다. 이때 보험컨설턴트가 연락을 하지 않으면 배신감 때문에 청약철회나 실효를 결정하게 되는 경우가 많다. 설령 보험계약을 유지한다 하더라도 가망고객을 소개해 주지 않게 된다.

따라서 성공한 보험컨설턴트들은 보험증권 전달의 단계를 대단히 중요하게 생각한다. 마치 운동경기에서 공격을 아무리 잘 해도 수비가 약하면 이길 수 없듯이, 접근부터 종결까지 아무리 훌륭하게 이루어져도 고객의 마음이 변해 보험계약이 실효가 나면 아무런 소용이 없기 때문이다.

보험증권 전달의 목적

보험증권 전달을 체계적으로 할 때 다음의 효과를 얻을 수 있다.

1. 고객의 보험 니즈를 재확인시켜 주어 만족감을 높인다.

불안해하며 후회하고 있는 고객에게 다시 한번 생명보험의 필요성과 가입한 보장 내용 및 가치를 설명해 줌으로써 가족을 위해 현명한 결정을 했다는 사실을 재확인시켜 준다. 만족한 고객은 보험계약을 계속 유지해 나갈 것이다.

2. 소개확보의 기회를 얻는다.

보장 내용과 보험컨설턴트의 서비스에 만족한 고객은 가망고객을 소개해 줄 가능성이 높다

3. 배우자 계약이나 추가계약을 얻을 수 있다.

만족하지 못한 니즈를 명확히 인식하게 되면 빠른 시일 내에 추가계약을 고려하게 된다. 일단 고객이 된 사람은 가망고객일 때보다 보험컨설턴트의 이야기를 더 잘 받아들인다.

4. 보험컨설턴트에 대한 신뢰가 깊어진다.

일반적으로 판매가 끝나면 찾아오지 않는 여타 세일즈맨과 달리 마지막까지 고객을 위해 최선을 다하는 모습은 고객으로부터 신뢰감을 얻는 데 도움이 된다. 고객과 신뢰가 깊어질 때 평생에 걸친 동반자 관계가 가능해진다. 보험증권을 직접 전달하는 것을 시간 낭비인 것처럼 생각할지 모르지만 실제로는 단골고객을 만드는 작업이다.

보험증권 전달의 준비 단계

1. 보험증권의 내용을 확인한다.

가끔 보험증권의 인쇄 내용이 틀리는 경우도 있다. 회사로 보아서는 있을 수 있는 일이라 해도 해당 고객에게는 치명적인 사항이다. 보험증권은 일반적인 가정에서 '재산목록 1호'이기 때문이다. 철저하게 확인해야 한다.

2. 필요한 모든 정보를 고객 카드에 기록한다.

특히 자녀들의 이름과 나이, 고객의 관심사항들은 향후 고객과 관계를 유지하는 데 필수적인 정보다. 추가계약 가능 시기 등도 기록해 두는 것이 좋다. 기억은 쉽게 지워진다.

3. 소개확보를 위한 질문을 준비한다.

고객의 가족, 친척, 동료, 지인과 관련된 질문을 준비하여 소개확보를 잊지 않도록 한다.

4. 청약서를 검토하여 청약 시의 상황에 대해 검토하고, 가망고객의 니즈 및 욕구와 실제 가입 내용을 비교한다.

면담 중에 고객이 제기했던 거절과 해답을 반복하고, 고객이 가입한 이유를 상기시키며, 아직 충분하지 못한 니즈를 확인시켜 준다.

5. 보험 안내장, 보장설계 자료 등 전달할 자료들을 정돈한다.

이때 보험증권에 보험컨설턴트의 명함을 첨부한다. 어떤 보험컨설턴트는 명함을 두 장 첨부하여 한 장은 고객이 보관하고, 다른 한 장은 가까운 사람에게 전달해 달라고 부탁하기도 한다.

6. 준비가 완료되면 빠른 시간 내에 보험증권 전달을 위한 약속을 요청한다.

보험증권 전달이 늦으면 늦을수록 고객은 불안해하며, 청약철회 등 잘못된 결정을 내리거나 다른 설계사들에게 기회를 빼앗길 확률이 높아진다.

보험증권 전달 요령

1. 축하의 말을 한다.

보험 가입 자격을 갖춰서 보험계약이 성립된 것을 축하한다. 보험증권
이 가족에 대한 사랑의 표시임을 알려 주고 돈으로 살 수 없는 귀중한
재산임을 확인시켜 준다.

2. 보험 가입의 목적을 재검토한다.

사랑하는 가족의 행복한 미래를 위해 필요한 자금을 재확인하고 보험
의 역할에 대해 강조한다. 보험의 필요성에 대해 명확히 인식하도록
해야 한다.

3. 가입 내용에 대해 재설명한다.

가입한 보험을 통해 누릴 수 있는 혜택에 대해 ①고객이 사망할 경우
②고객이 오래 살 경우 ③고도 장애가 될 경우 ④보험을 중단해야 할
경우로 나누어 다시 설명해 준다.

4. 보험약관 및 첨부한 자료에 대해 설명해 준다.

5. 다음 판매를 위한 준비를 한다.

만족하지 못한 니즈에 대해 강조하고 우선적으로 해결해야 하는 니즈
에 대해 확인한 후 차후에 추가계약을 할 수 있는 시기에 대해 논의한
다. 배우자나 자녀에 대한 보험 가입도 논의할 수 있다.

6. 보험컨설턴트의 서비스에 대한 가치를 설명한다.

보험컨설턴트의 주된 업무는 보험을 판매하는 것이 아니라 보험금을 지급하는 것임을 명확히 알려 준다. 보험을 유지하기 위해서 최소 연 1회 보험 내용 재검토는 물론이고 각종 서비스 방문을 할 것임을 밝힌다. 보험계약의 유지는 보험컨설턴트와 고객의 공동 책임임을 이야기하고 최선의 보전 서비스를 할 것을 약속한다.

혹시 다른 보험 설계사가 대체계약을 권유할 때는 반드시 사전에 상의할 기회를 달라고 요청하는 것도 필요하다.

7. 가망고객 소개를 요청한다.

보험증권 전달 시 활용 가능한 가망고객 소개요청 방법은 여러 가지다. 어떤 방법으로든 중요한 것은 반드시 소개를 요청한다는 것이다.

8. 다시 한번 축하의 말을 한다.

다시 한번 현명한 결정을 한 것과 고객이 된 데 대해 축하의 말을 한다.

보험증권 전달은 보험계약의 청약 단계처럼 불확실하고 긴장된 상황이 아니다. 오히려 현명하게 결정한 사항에 대해 확인하고 축하해 주는 축제의 자리다. 진지하고 체계적으로 보험의 가치와 보험컨설턴트의 가치에 대해 전달할 수 있어야 한다.

면담 시에 배우자를 동석시키는 것이 대단히 중요하다. 배우자가 계약의 내용, 특히 보험금 지급 방법 등에 대해 알고 가장의 소중한 뜻을 깨닫는 것은 보험 계약의 유지에 큰 도움이 된다. 보험증권 전달을 통해 고객은 '재정적 안정'과 함께 '마음의 평화'도 얻게 되는 것이다.

MDRT 세일즈 성공 비결 192가지

001 Don't come to me to help you get rich, come to me to help you from becoming poor.
내 일은 당신이 부자가 되도록 돕는 것이 아니라
가난하게 되지 않도록 돕는 것이다.

002 We are paid for results produced, not the amount of time we put in.
우리는 일하는 시간에 따라서가 아니라 결과에 따라 보상받는다.

003 Attitude is a little thing that makes a big difference.
태도에서 아주 사소한 것이 커다란 차이를 만든다.

004 Things are never as good as they ought to be, but are never as bad as they sometimes appear to be.
기대에 부응하는 만큼 좋은 일이란 결코 없지만, 가끔은 최악으로 보이는 일도 사실 그렇게 나쁘지는 않다.

005 If you are not on the phone or face to face with a potential client, then what are you doing in the business?
가망고객에게 전화를 하거나 고객을 만나지 않는다면, 이 일에 몸담은 당신이 하고 있는 일은 무엇이란 말인가?

006 People will flock to anyone who can help them see their future.
사람들은 자신의 미래에 대해 알려 주는 사람에게로 모여든다.

007 **The best sales people don't always make the best presentations but they always ask the best questions.**
훌륭한 세일즈맨은 프레젠테이션을 잘 하는 사람이 아니라 적절한 질문을 잘 하는 사람이다.

008 **Handicaps are given to exceptional people to equalize the competition.**
핸디캡이란 공정한 경쟁을 위해 예외적으로 뛰어난 이들에게 주어진 것이다.

009 **Think of the loved ones that will be left behind - then sell what is needed.**
뒤에 남겨질 사랑하는 사람들을 생각하고 그들에게 필요한 것을 판매하라.

010 **Obstacles are those things you see when you take your eyes off your goals.**
장애물이란 당신이 목표를 잃어 버렸을 때 보이는 것들일 뿐이다.

011 **Mr. Prospect, your spouse isn't going to ask me what kind you had. She's going to ask how much you had.**
선생님, 당신의 배우자는 당신이 무슨 보험에 가입했는지 묻지 않습니다. 당신이 어느 정도의 금액을 가입했는지 묻겠죠.

012 **If a road doesn't have any obstacles, it probably doesn't lead anywhere.**
길 위에 아무런 장애물도 보이지 않는다면 그 길은 당신을 어디로도 인도하지 않을 것이다.

013 **Life is a series of self-fulfilling prophesies. Don't dwell on your fears, focus on your dreams and believe because they will come true.**
인생은 예언을 스스로 실현해 가는 과정이다. 두려움에서 벗어나 당신의 꿈에 초점을 맞추고 믿어라. 반드시 이루어질 것이다.

014 **spouses and widows think differently.**
배우자와 미망인은 생각하는 것이 다르다.

015 The seeds of winning are sown while losing. Are you sowing for the future?

승리의 씨앗은 패배했을 때 뿌려진다. 당신은 지금 미래를 위해 씨앗을 뿌리고 있는가?

016 If you're going to be a champion, feel like one, look like one, act like one.

챔피언이 되고 싶으면 챔피언처럼 느끼고, 챔피언처럼 보이도록 하고, 챔피언처럼 행동하라.

017 Experience and education are a must.

경험과 교육은 필수다.

018 Whether you think you can or think you can't, you're right.

당신이 할 수 있다고 생각하건 할 수 없다고 생각하건 당신의 생각대로 될 것이다.

019 There is nothing softer than water. Yet it can overcome anything in nature.

물보다 더 부드러운 것은 없다. 그러나 물은 온 세상을 뒤덮어 버릴 수도 있다.

020 It's funny thing about luck. The harder I work, the more luck I have.

행운은 참 재미있는 것이다. 더 많이 일한 만큼 더 많이 얻게 되니까.

021 If you can prospect, you can do anything. If you can't prospect, there's no substitute.

가망고객을 발굴할 수 있다면 당신은 무엇이든 할 수 있다. 가망고객을 발굴할 수 없다면 대안은 없다.

022 Habits are first like cobwebs, later like chains.

습관이란 처음에는 거미줄 같다가 점점 단단한 쇠사슬이 된다.

023 Take care of your clients today and they'll take care of you tomorrow.

당신이 오늘 당신의 고객을 돌보면 내일은 그들이 당신을 돌보게 될 것이다.

024   The biggest problem down the road is maintaining enthusiasm.
일을 계속하면서 가장 큰 문제는 처음의 열정을 유지하는 것이다.

025   Travel that extra mile to find opportunities galore, for not many salespersons use that part of the road.
풍부한 기회를 얻으려면 더 먼 길도 여행해 보라. 많은 세일즈맨들이 즐겨 찾는 그 길 말고.

026   The issue isn't price. The issue is value.
가치가 문제다. 문제는 가격이 아니다.

027   When you're in heaven, don't leave your family in hell! Have adequate life assurance!
당신이 죽어 천국에 있을 때 남은 가족을 생의 지옥에 남겨 두지 마라. 지금 당장 적절한 생명보험에 가입하라!

028   It is easier to work 8 hours than to worry 24.
하루 종일 걱정하는 것보다 하루 여덟 시간 일하는 편이 더 쉽다.

029   God gives every bird food, but he does not put it in the nest.
신은 모든 새에게 먹을 것을 준다. 그러나 둥지까지 주시지는 않는다.

030   Have you ever been sorry for doing the right thing?
옳은 일을 해 놓고 후회한 적이 있는가?

031   Always tell the truth, that way you never have to remember what you said.
항상 진실을 말하라. 그러면 당신이 한 말을 기억할 필요가 없다.

032   The will to win is not as important as the will to prepare.
승리하려는 의지보다 준비하려는 의지가 중요하다.

033   Don't count your years ; make your years count.
시간을 세고 있지 말고 당신의 시간을 값지게 만들어라.

034 Live everyday as if it were your last — someday you'll be right.

오늘이 당신의 인생에 남은 마지막 날인 것처럼 살아라. 언젠가는 정말 마지막 날이 될 것이다.

035 The past can not be changed, but the future is what you want it to be.

지나간 시간은 바꿀 수 없다. 당신의 의지로 바꿀 수 있는 것은 앞으로의 시간, 미래뿐이다.

036 The person who does things makes many mistakes. But he never makes the biggest mistake of all-doing nothing.

인생에서 사람들은 수많은 실수를 하게 마련이다. 그러나 정말 커다란 실수는 아무것도 하지 않는 것이다.

037 Defeats can make you bitter, or they can make you better.

패배로 인해 당신은 고배를 맛보겠지만 그만큼 당신은 발전한다.

038 Today is the day I will do what I promised I would do.

오늘이 바로 당신이 하겠다고 약속한 것을 하는 날이다!

039 Motivation is an inside game.

동기부여는 내면의 게임이다.

040 What you become tomorrow will be based on the personal responsibility you take today.

오늘 당신이 갖는 책임감에 따라 내일의 당신 모습이 달라진다.

041 Stop comparing yourself to others. Compare yourself to your potential.

다른 사람과 자신을 비교하지 마라. 당신이 가진 잠재력과 현재 모습을 비교하라.

042 People who say they never had a chance, never took a chance.

한 번도 기회가 오지 않았다고 말하는 사람은 기회를 놓친 것일 뿐이다.

043 If you want to run with the big dogs, you must get your puppy self off the porch!

커다란 개와 함께 달리길 원한다면 강아지를 가둬 키우지 마라!

(큰 사람과 어깨를 나란히 하려면 어린아이 같은 생각에서 벗어나야 한다.)

044 If it is going to be, it is up to me.

앞으로의 일은 당신 자신에게 달려 있다.

045 A good reputation is still the best form of advertising.

훌륭한 평판은 언제나 가장 훌륭한 광고다.

046 I have only four competitors — death, disability, illness and old age. My job is to see my clients before one of my competitors does.

내 경쟁자는 오직 네 가지 — 죽음, 고도 장애, 병, 늙음이다. 내 일은 그것들이 내 고객을 만나기 전에 내가 먼저 고객을 만나는 것이다.

047 Luck and effort work together as a team. Luck sends opportunity knocking on your door, but you must open the door to let it in.

행운과 노력은 같은 조(組)다. 그러나 행운은 문을 두드려 기회가 왔다고 알리기만 할 뿐, 그 문을 열어 행운을 들이는 것은 당신의 노력이다.

048 It is not my job to be served. It is my job to serve.

봉사받으려고 하지 마라. 봉사하는 것이 바로 우리 일이다.

049 Love is the only thing that pays a dividend to both the borrower and the lender.

사랑은 빌린 자와 빌려 준 자 모두에게 이익을 나누어 주는 유일한 것이다.

050 The secret of life is to know who you are and where you are going.

인생의 비밀이란, '나는 누구인가' 그리고 '나는 어디로 가고 있는가'를 알아 내는 것이다.

051 People do things for their reasons — not yours.

사람들은 모두 자신의 이유 때문에 일한다. 당신의 이유 때문이 아니다.

052 Don't waste time waiting for inspiration.
Begin and inspiration will find you.
영감이 떠오르길 기다리며 시간을 허비하지 마라.
일단 시작하라. 그러면 영감이 당신을 찾으리라.

053 Pray often. Pray not for a sale, but for something far greater ; pray
for perseverance.
자주 기도하라. 판매성과를 위해서가 아니라 그보다 더 중요한 것을 위해.
가령 인내와 노력을 달라고 말이다.

054 Success is a journey, not a destination.
성공은 여정일 뿐 종착점이 아니다.

055 Success is more a product of our attitude than of our aptitude.
성공은 당신의 재능이 아니라 태도에 달려 있다.

056 Experience is the best teacher, but the tuition is high.
경험은 훌륭한 스승이다. 하지만 수업료가 만만치 않다.

057 Many of us spend our whole lives waiting for our ship to come in.
The problem is, we never sent one out!
많은 사람들이 배가 돌아오기만을 기다리며 생을 허비한다. 문제는 배를
출항시킨 적이 없다는 것이다!

058 Tomorrow's flowers come from the seeds planted today.
However, some seeds take longer to germinate.
오늘 뿌린 씨앗은 내일 꽃을 피운다.
그러나 싹을 틔우는 데 더 오랜 시간이 걸리는 것도 있다.

059 The future has an annoying habit of arriving ahead of schedule.
미래는 우리가 세운 계획보다 앞질러 도착하는 좀 성가신 습관을 갖고 있다.

060 Work hard and have fun.
열심히 일하라. 그리고 즐겨라.

061 Today's preparation equals tomorrow's achievement.
오늘의 준비는 내일의 성공이다.

062 Somewhere, sometime, you will buy life insurance. Why not buy it now, when it's cheaper!
언젠가 어디선가 생명보험에 들 것을 왜 보험료가 조금이라도 쌀 때, 바로 지금 들지 않는가!

063 Buy a little of tomorrow at today's prices.
보험이란… 오늘 내는 비용으로 미래를 조금 사 두는 것이다!

064 Take a negative and make it a positive.
부정적인 것을 취하여 긍정적인 것으로 만들어라.

065 Confidence is the father of achievement.
자신감은 성공의 아버지다.

066 We are what we repeatedly do. Excellence, then, is not an act, but a habit.
우리가 반복하는 것들이 우리 자신을 만든다. 그러므로 탁월함은 어떤 행위가 아니라 습관이다.

067 Attitude and activity are the keys to success.
당신의 태도와 활동량이 성공의 열쇠다.

068 If it's not written down, it didn't happen.
서면으로 작성하지 않은 것은 아무런 의미가 없다.

069 Time spent in preparation is insurance against failure.
준비를 위해 쓰인 시간은 실패에 대비해 들어 둔 보험이다.

070 The time to fix the roof is when the sun is shining.
태양이 비칠 때 지붕을 고쳐라.

071   Each day is a chance for a new start.
하루하루가 새로운 시작을 위한 기회다.

072   We must do a good job for the public and make a good living for ourselves.
남을 위해 열심히 일하고, 또 당신의 삶도 풍요롭고 윤택하게 만들어라.

073   Definition of insanity — doing the same things over and over but expecting different results.
같은 일을 반복하면서 결과가 다르기를 기대하는 것은 정신병이다.

074   Success is narrowing the gap between potential and performance.
성공이란 당신이 가진 무한한 잠재력과 성취의 간격을 좁히는 것이다.

075   Every morning I get out of bed with the attitude that I'm going to change someone's life today.
나는 매일 아침 눈을 뜨면서 '오늘도 또 누군가의 삶을 변화시키리라' 는 생각을 한다.

076   FFF — Find Facts First.
우선 사실부터 발견하라.
(FFF는 'Fact & Feeling Finding' 이라는 세일즈 프로세스의 한 단계다.)

077   Change your habits one at a time and they will change you.
한 번에 하나씩 습관을 바꿔 나가면 어느 새 당신은 변해 있을 것이다.

078   To have your purpose defeated is better than to have no purpose at all.
목표달성에 실패하는 것이 목표가 전혀 없는 것보다 낫다.

079   To be a winner, don't be a whiner.
승자가 되려면 불평하지 마라.

080   This very moment is a treasured gift. That is why we call it The

Present.

바로 지금 이 순간이 우리에게 주어진 값진 '선물'이다. 그래서 우리는 그
것을 '현재'라고 부른다.

('선물'이라는 뜻의 present는 '현재'라는 뜻도 지님.)

081 Success doesn't come from closing easy sales. Success comes
when we lose hard-fought sales and we come back to fight again.

성공은 판매를 쉽게 종결하는 데서 오는 것이 아니다. 어려운 판매에서 실
패하고 난 후 다시 싸움에 도전하는 데서 온다.

082 People only need insurance when they cannot have it.

사람들은 보험에 가입할 수 없을 때에야 비로소 보험의 필요성을 느낀다.

083 It takes both rain and sunshine to make rainbow.

무지개가 뜨려면 햇살뿐 아니라 굳은 비도 있어야 한다.

084 Fear of failure causes more failure than anything else.

실패에 대한 두려움이 더 큰 실패를 부른다.

085 Professionals are defined not by the business they are in, but by
the way they are in business.

프로를 구분짓는 것은 그가 하고 있는 일이 무엇인가가 아니라 어떤 방식
으로 일을 하는가이다.

086 The best kind of life insurance to own is that which is in force when
you die.

가장 훌륭한 생명보험이란 당신이 죽었을 때 유지되고 있는 생명보험을 말
한다.

087 Keep your face to the sunshine and you cannot see the shadows.

해를 향해 서면 그림자는 보이지 않는다.

088 A calm sea never made a skillful sailor.

바다가 늘 평온하기만 하다면 노련한 항해사가 만들어지지 않는다.

089 · Selling is still essentially a problem-solving process.
판매는 본질적으로 문제를 해결해 가는 과정이다.

090 If the bull didn't have horns, everyone would be a matador.
소에게 뿔이 없었다면 모든 사람들이 투우사가 되고자 했을 것이다.

091 The one who wins is the one who works.
열심히 하는 사람은 못 당한다.

092 Find out what everybody else is doing — then don't do it.
평범한 사람들이 하는 것을 따라하지 마라.

093 Life assurance doesn't cost — it pays.
보험은 돈을 내는 것이 아니라 돈을 받는 것이다.

094 Living is giving ; By helping others, we help ourselves.
인생은 주는 것이다. 타인을 돕는 것은 곧 스스로를 돌보는 일이다.

095 One daisy doesn't make a spring.
작은 데이지꽃 한 송이가 피었다고 해서 봄이 온 것은 아니다.

096 Planning today will make future decisions much easier.
오늘 세운 계획은 내일, 그리고 그 다음 날의 결정을 훨씬 쉽게 해 준다.

097 If you want more, make yourself worth more.
더 많이 얻기를 원하는 만큼 자신의 가치를 높여라.

098 It's not what you know, it's what you do with what you know.
알고 있는 것보다 아는 것을 행하는 것이 어렵고 또 더 중요하다.

099 Success comes before work only in the dictionary.
'성공'이 '일'보다 앞에 오는 경우는 오직 사전에서뿐이다.

100 It is better to be a has-been than one who never was.

한 번도 못한 것보다는 한 번이라도 해 본 것이 더 낫다.

101 **You can't spell success without 'u' in it.**
'성공'이라는 글자를 들여다보라. '당신'이 있지 않은가?(u=you)

102 **If you need a helping hand, you'll find it at the end of your arm.**
도와줄 손을 찾는가? 그렇다면 멀리 볼 필요 없다. 당신의 팔 끝에 달려 있지 않은가?

103 **The time has come for you to write your own destiny.**
이제 당신이 스스로 운명의 시나리오를 쓸 시간이 왔다.

104 **Misses are all in a day's work for an eagle.**
실수란 독수리에게는 일상사에 불과하다.

105 **Get excited about your goals. If you don't get excited about you, then no one will get excited about you.**
당신의 목표에 열광하라! 스스로 열광하지 않는 사람에게는 아무도 열광하지 않는다.

106 **Time is too slow for those who wait, too swift for those who fear, too long for those who grieve, too short for those who rejoice ; but for those who love, time is eternal.**
시간은 기다리는 자에게 더디고, 두려워하는 자에게는 너무 빠르며, 애통해하는 자에게는 너무 길고, 기뻐하는 자에게는 너무 짧다. 그러나 사랑하는 사람에게 시간은 영원하다.

107 **One thing you can give and still keep is your word.**
남에게 주면서 스스로 지킬 수 있는 단 한 가지는 당신의 말이다.

108 **A quitter never wins ; a winner never quits.**
포기하는 자는 승리할 수 없고, 승리하는 자는 결코 포기하지 않는다.

109 **Don't tell the client what you know, ask the client what he or she**

wants.
고객에게 당신이 아는 것에 대해 이야기하지 말고 고객이 원하는 것이 무엇인지 물어라.

110 **Good luck always brings happiness, life insurance always brings security.**
행운이 행복을 주는 것이라면 생명보험은 안정을 주는 것이다.

111 **Money is like oxygen — you need enough, not some.**
돈은 산소와 같다. 충분히 있어야지 약간으로는 안 된다.

112 **There are no problems, only opportunities.**
문제란 없다. 오직 기회가 있을 뿐이다.

113 **Help people solve their problems and you don't have to worry about sales.**
사람들이 안고 있는 문제를 해결하도록 도와라. 그러면 판매는 걱정 없다.

114 **No matter how many values you gave your family, cash value will keep them going.**
당신이 가족에게 많은 가치를 남겨 주었더라도 가족에게 현금(보험금)이 없다면 아무 소용 없다.

115 **If you want to see the rainbow, you have to endure the rain.**
무지개를 보고 싶다면 비를 견뎌야만 한다.

116 **The future cannot be predicted ; it can be prepared for.**
미래는 예측할 수 없다. 준비할 수 있을 뿐이다.

117 **The choices we make dictate the lives we lead.**
우리가 하는 선택이 우리 삶의 모습을 결정한다.

118 **To sell life insurance successfully you need a system.**
생명보험 세일즈를 성공적으로 하려면 시스템이 필요하다.

119 Failure is a detour, not a dead-end street.
실패는 우회로이지 막다른 길이 아니다.

120 Be a yes and can-do person, not a no and cannot-do person.
부정적인 사람이 되지 말고 긍정적인 사람이 되라.

121 Figures don't lie, but liars figure.
숫자는 거짓말을 하지 않지만 거짓말쟁이는 어림잡는다.

122 Focus on your strengths and delegate your weaknesses.
자신의 강점에 초점을 맞추고 약점을 밀어내라.

123 Get a good idea? Use it today, if it works you can use it again tomorrow.
좋은 아이디어가 떠올랐는가? 오늘 당장 사용하라. 효과가 있으면 내일도 사용할 수 있다.

124 Life insurance is at its best when the policyholder is at his or her worst.
보험계약자가 최악의 상태일 때 생명보험은 최선의 가치를 발휘하게 된다.

125 Never slam a door shut. Close it gently so you can open it again in the future.
어떠한 상황에서도 문을 쾅 닫지 마라. 언제 다시 그 문을 열게 될지 누가 알겠는가.

126 If you don't step up to the plate, you will never hit a homerun. Keep swinging.
타석에 서지 않으면 홈런을 칠 수 없다. 멈추지 말고 방망이를 휘둘러라.

127 Remember the four Ps : Prior Preparation Prevents Poverty.
4P를 명심하라. 앞서(Prior) 준비하면(Preparation) 앞으로 다가올지도 모를 역경(Poverty)을 막을 수 있다(Prevents).

128 One thing done well everyday is progress.
One thing deferred everyday is chaos.
매일 한 가지씩 잘한 일은 진보이며,
매일 한 가지씩 지연된 일은 혼돈이다.

129 You can't steal second base and keep your feet on first.
1루에서 발을 떼지 않으면 2루까지 도루할 수 없다.

130 Be not afraid of going slowly, be only afraid of standing still.
천천히 가는 것을 두려워 말고, 멈춰 서 있는 것을 두려워하라.

131 Make yourself do the things you have to do, when it ought to be
done, whether you like it or not.
당신이 꼭 해야 하는 일이면 그 일이 좋든 싫든 해야 할 시기에 해야 한다.

132 Do a little each day and the job gets done.
하루하루 조금씩 해 나가면 결국 해내게 된다.

133 A person wrapped in his or her own ego makes a small parcel.
자기 자신만으로 포장된 상자 안에 대단한 것이 있을 리 없다.

134 Don't wait for your ship to come in - swim after it.
배가 다가오길 기다리지 말고 배를 향해 헤엄쳐라.

135 Values may change, but these basic needs never change : to love,
to be loved and to feel worthwhile.
가치는 변할지 모르지만 기본적인 욕구는 변하지 않는다. 사랑하고, 사랑
받고, 가치 있는 사람이라고 느끼는 것 말이다.

136 Life is good and the future holds tremendous promise.
인생은 아름답고, 미래는 커다란 가능성을 내포하고 있다.

137 Even the best insurance companies reinsure their risks.
훌륭한 보험회사들도 리스크에 대비하여 재보험에 가입한다.

138 There is no room for negativity in this business.
우리 일에 부정적인 것이 끼어들 틈은 없다.

139 Always take one more than you think you can handle or you'll never know your true potential.
자신이 할 수 있는 것보다 좀더 높게 목표를 세워라. 그러지 않으면 당신 안에 있는 진정한 잠재력을 알 수 없다.

140 An appointment per day keeps the manager away.
하루 한 건의 약속이면 매니저가 필요없다.

141 How often does something positive happen to somebody who's negative?
부정적인 사람에게 긍정적인 일이 얼마나 자주 일어나겠는가?

142 Hard work pays high dividends.
열심히 일한 만큼 대가가 따르리라.

143 Prospecting is like shaving, you must do it everyday or one morning you will wake up a bum.
가망고객 발굴은 면도와 같다. 매일 하지 않으면 어느 날 아침 거울 속에서 건달을 보게 되리라.

144 Don't tell me how much you love your family, show me.
가족을 얼마나 사랑하는지 말로만 하지 말고 보여 달라.

145 If you always live with those who are lame, you yourself will lean to limp.
항상 절름발이와 동행하면 알지 못하는 사이에 당신도 다리를 절게 될 것이다.

146 Success is the ability to withstand failure after failure without losing enthusiasm.
성공이란 실패 후에도 열정을 잃지 않고 그 상황을 극복하는 능력을 뜻한다.

147   Our lives never become clear until we become focused.
      초점을 맞추지 않고 어떻게 우리의 삶이 선명해질 수 있겠는가.

148   Positive thoughts are the wings of success.
      긍정적인 사고는 성공의 날개다.

149   Get out of your office. You have to make contacts if you want to sign
      contracts.
      사무실을 벗어나라. 계약을 성사시키려면 우선 사람들을 만나야 한다.

150   There's no future in living in the past.
      과거 속에 사는 사람에게 미래는 없다.

151   Ours is a business of power, love and discipline.
      우리 일은 힘과 사랑과 훈련으로 이루어진다.

152   Refuse to swim in the pool of mediocrity.
      '평범'이라는 이름의 풀(pool)에서 헤엄치길 거부하라.

153   Life insurance is the greatest love letter you can write.
      생명보험은 당신이 쓸 수 있는 가장 위대한 사랑의 편지다.

154   Even if you are on the right track, you'll get run over if you sit still.
      당신이 지금 옳은 트랙 위에 있더라도 가만히 앉아 있으면 다른 선수들이
      짓밟고 넘어갈 것이다.

155   Mr. Prospects, if you love your wife and kids, you will love this plan.
      선생님, 당신이 아내와 아이들을 사랑한다면 미래를 위한 이 계획도 사랑
      하게 될 것입니다.

156   Life insurance has a price. You pay a little now or your heirs pay
      much more later.
      생명보험은 치러야 할 값이다. 당신이 지금 조금씩 지불하지 않으면 당신
      의 상속자가 나중에 더 많이 지불하게 된다.

157 Our job is not easy but our mission is simple : See the people.
우리 일은 쉽지 않지만 사명은 간단하다. 바로 사람들을 만나는 것이다.

158 The best preparation for tomorrow is to make good use of today.
내일을 위한 가장 좋은 준비는 오늘을 잘 활용하는 것이다.

159 Create positive, powerful environments and magical things will happen.
긍정적이고 힘이 넘치는 환경을 창조하라. 마술 같은 일들이 일어날 것이다.

160 The only difference between I am and where I want to be is what I do.
현재의 내 모습과 자신이 바라는 모습의 차이는 '내가 지금 무엇을 하는가'에 있다.

161 Learn from the mistakes of others. You can never live long enough to make them all yourself.
다른 사람의 실수를 보고 배워라. 그것을 답습할 만큼 시간이 많지 않다.

162 If there is no wind, row.
바람이 불지 않으면 노를 저어라.

163 The nice thing about teamwork is that you always have others on your side.
팀워크가 좋은 점은 항상 내 편이 되어 주는 사람들이 곁에 있다는 것이다.

164 Grow bigger by doing it better.
더 나은 한 걸음 한 걸음이 모여 큰 성장을 이룬다.

165 Work where you are most needed — a torch shines brightest in the dark.
자신을 가장 필요로 하는 곳에서 일하라. 횃불은 가장 어두운 곳에서 가장 밝게 빛나지 않던가.

166 Persistency's bottom line is high touch, not high tech.
유지의 근본적인 힘은 고도의 감동이지 고도의 기술이 아니다.

167 Equal may not be fair ; fair may not be equal.
동등한 것이 공정하지 않을 수도 있고, 공정한 것이 동등하지 않을 수도 있다.

168 Don't walk away from negative people. Run away from negative people.
부정적인 사람들을 슬슬 피하지 말고 당장 멀리 달아나라.

169 I think I can, leads to I knew I could.
'할 수 있다' 고 생각하면 나중에 '해낼 줄 알았다' 로 바뀌게 된다.

170 The golden rule : He who has the gold makes the rules.
황금률이란 '황금을 갖고 있는 자가 규칙을 만든다' 는 뜻이다.

171 Some men dream of great accomplishments. Others stay awake and do them.
어떤 이는 위대한 성공을 꿈꾸지만, 또 다른 이는 깨어나서 그것을 행한다.

172 Good sales ideas are of little value until they are implemented with enthusiasm.
아무리 훌륭한 세일즈 아이디어도 열정으로 실천하지 않으면 하찮게 된다.

173 The secret in life is learning how to hit the curve ball, not waiting for life to stop throwing them.
인생의 비밀은 당신 앞에 커브로 날아오는 공을 치는 법을 배우는 것이지 날아오는 공이 멈추기를 기다리리는 것이 아니다.

174 Losers take chances ; winners make choices.
패자는 우연을 기다리고 승자는 선택한다.

175 The first part of I cannot, is I can.
'불가능' 이라는 말에는 '가능' 이란 말이 들어 있다.

176 If you think the grass is greener on the other side of the fence, fertilize your side.

울타리 밖의 잔디밭이 더 푸르게 보인다면 당신 잔디밭에 거름을 더 주어라.

177 To try is to risk failure, to do nothing is to insure it.

시도에는 실패의 위험이 따르지만 시도조차 않는 것은 실패를 확고히 하는 일이다.

178 Failure to plan is a plan for failure.

계획하지 않는 것은 실패를 계획하는 것이다.

179 To accomplish great things we must not only act, but also dream ; not only plan, but also believe.

위대한 것을 이루고 싶은가? 행동하고 꿈꾸어라. 계획하고, 또 믿어라.

180 It is easier to adjust ourselves to the hardships of a poor living than it is to adjust ourselves to the hardships of making better one.

가난한 삶이 주는 고통과 시련에 적응하는 것이 보다 나은 삶을 향한 고난을 견디는 것보다 쉽다.

181 Call them now before someone else does.

다른 사람이 먼저 전화하기 전에 지금 전화하라.

182 Aim for the stars ; you might miss and hit the moon.

별을 겨냥하는 사람은 실패해도 달은 맞힌다.

183 Do it now — relax later.

지금 하고 나중에 쉬어라.

184 Always remember the three-foot rule : Anyone within three feet is a prospect.

'세 걸음' 법칙을 명심하라. '세 걸음' 이내에 있는 사람은 누구나 가망고객이 될 수 있다.

185 Buying life insurance is like going to the dentist : No one really looks forward to it, but they feel great after they've done it.

생명보험에 가입하는 것은 치과에 가는 것과 같다. 치과에 가는 것을 좋아하는 사람은 아무도 없지만, 갔다 오면 매우 만족하고 안심한다.

186 Selling life insurance is like playing sports : You can't always win, but you should always try to be competitive.

생명보험을 파는 것은 스포츠와 같다. 항상 이길 수는 없지만 경쟁력 갖추기를 게을리 하면 안 된다.

187 It is not where you stand, rather, it is the direction you are headed.

문제는 '당신이 어디에 서 있는가' 가 아니라 '당신이 어디를 향하고 있는가' 이다.

188 Two of the biggest challenges in business today : Get attention, be remembered.

오늘날 사업에서 가장 중요한 도전 두 가지는 주목받는 것과 기억에 남는 것이다.

189 My goals, like a good golf swing, are very simple - keep my eye on the ball and follow through.

내 목표는 멋진 골프 스윙처럼 아주 단순하다. 공에 시선을 맞추고 끝까지 뻗는 것이다.

190 Whatever you can do, or dream you can do, begin it.

당신이 할 수 있거나 할 수 있다고 상상하는 것이라면 어서 시작하라.

191 Make sure your appearance says competent, capable and successful.

확신에 찬 모습으로 자신감과 유능함과 성공을 느끼게 만들어라.

192 Always ask. The worst thing they can say is no.

요청하고, 또 요청하라. 가장 최악의 경우는 'NO' 라는 대답뿐이다.